2020年
上海民生发展报告

2020 Shanghai People's livelihood Development Report

王泠一 主编

序一　从特斯拉效应看上海城市创新

要　英

近年来,中国社会为了社会高速发展的需要,不断宣传创新,提倡创新,而复旦大学国际文化交流学院汉语言专业商务方向2016级本科生,在学习了"创新理论"的始作俑者、世界级经济学家熊彼特的著作《经济发展源于创新》后,他们结合身边的案例,谈出自己的心得,以下就是部分内容。

一、赵晙原(韩国):上海特斯拉的成功是技术创新和制度创新的综合

埃龙·马斯克在我心中就是现实的钢铁侠,他的人生就是一个又一个传奇,从小开始,他学习编程、设计太空游戏,后来创办在线金融服务和电子邮件支付业务的公司。而他的太空探索技术公司,名副其实的私人企业制造了可降落的火箭,之前3次发射都爆炸了,这意味着数千万美元的烧毁。但最终他成功发明了能回收的火箭。他还有太阳城,太阳城是一种安装服务,在家里安装太阳能光伏系统可降低房主的电力成本,利用太阳能来运转家里的任何电器,这是一个全新的革命,利用全新的供应来源于新技术的结合,而我这里想谈的是他与上海的合作,即特斯拉项目。

在中美贸易战激烈之时,2019年年初临港特斯拉上海超级工厂所在地破土动工,上海积极开放的营商环境给予了特斯拉源源不断的贷款、土地开发、项目审批的专门服务清单。到11月,特斯拉上海超级工厂建成。其间华尔街对特斯拉在股市颓势的负面评价滚滚而来,而特斯拉以意外的盈利年末逆袭,使华尔街分析师们目瞪口呆。

我以为,上海之所以能够给马斯克巨额的贷款以及其他专项政策,是因为上海看中的是特斯拉的技术,以及马斯克的创新光环。因为特斯拉是电动汽车公司,即以电能为基础的汽车公司,其实研发电动汽车的公司非常多,但是特斯拉是当中最成功的公司,电动汽车是21世纪最伟大的发明,因为综合了新技术的使用,开拓了全新的汽车市场,而且保护环境。因汽车造成的环境污染是众所周知的,地球已经回不到以前的样子,现在拼命也只能保持现状,特斯拉出现之前,大家也知道环境污染的严重性,但是汽车是人类的移动工具,是日常生活中不可缺少的一部分,所以就忽视了环境污染。

特斯拉的成功点简单地说,除了技术外,还有他的营销方式,特斯拉不像其他的公司,而是先发明了电能的运动跑车,这辆电动跑车居然比一般的燃油跑车开得快,这是特斯拉让大家集中目光的关键,并且以不高的价格出售。除去了汽油的消耗,增强了电池的效能,突出了经济优势,特斯拉自然而然就赢得了大家的赞扬,成了汽车行业的新主人。

我认为,不断在技术、营销等方面的创新是马斯克聪明的部分,而他更聪明的部分是选择了上海,在上海他得到了最温暖最有保障的各个发展要素的支持,希望我心中的英雄继续飞翔!

二、张佳音(乌克兰):发现新市场、发现原料的新供应来源就是创新

我的一个朋友从奥地利来上海看我,之前他刚刚从非洲回来。他跟我讲了一个在莫桑比克投资啤酒生产经营的故事,而我正在为写这篇文章冥思苦想的时候,这个故事给了我谈创新的灵感。

在莫桑比克,主要农作物之一就是木薯。木薯是在400年前被葡萄牙人从巴西引进非洲的一种富含淀粉的根茎类蔬菜。在非洲,平均每年有5亿人在吃木薯,5亿人的人均消费量为80千克。而2010年的调查数据显示,莫桑比克有230万个木薯农场,因为交通的限制以及价值不高等原因,大多数农民从来没有把木薯卖到市场去。在这个时候,一家叫米勒的公司——世界上最大的啤酒生产商之一,发现了商机,并开始了行动。

那时非洲人口占全世界人口的16%,啤酒产业在非洲市场的比例为

5%。米勒公司决定用木薯在非洲酿造啤酒,并与DADTCO公司达成了一个广泛的框架协议。米勒公司主要作为投资商,来投资木薯啤酒项目,DADTCO公司负责提供一个团队来管理农民和技术上的需求。如此一来,不仅解决了莫桑比克的就业问题、提高了当地的经济水平,还将原来啤酒产业占据市场的5%提升至92%。

从这个案例可以看出,"创新"可以使一国经济得到发展。正是由于米勒公司发现了新的市场、新的原料供应来源,接下来利用自己手上的资本与DADTCO公司实行的新的企业组织形式,一起使用在非洲价格低廉、数量庞大却不受关注的木薯,酿造当地人也可以负担得起的啤酒,与此同时,米勒公司也获得了丰厚的利润。

三、中岛龙一(日本):不要忽视了"守业"的企业家精神

我个人认为,对于企业家来说,除了不断"创新"之外,有一个为大众甚至经济学家们所忽视的企业家精神,就是——守业。以我的祖国日本为例,存在着大量的百年老店,这些企业更换了很多的经营者,他们的成功恰恰是墨守成规,保持着原来的配方来维护自己的品牌,因为他们的技术就是一个独门配方。例如在日本家喻户晓的国民饮料——可尔必思,从100年前,即1919年开始销售以来,配方从未修改过。当然其他国家也有这样的企业,比如中国著名的云南白药,也是100多年前的清光绪二十八年(1902年)研制出来的。这些企业家难道就不能称为企业家吗?

我认为,守业的企业家在现代社会更难能可贵,因为现代社会是一个技术快速进步、信息爆炸和国际化的社会,而企业家能正确认识企业的定位,兢兢业业工作,跟上时代的潮流,让过去创立的公司现在还能很好运行,保持甚至提升经营业绩也是一个不差的甚至是出色的企业家。最近日本大公司如东芝、川崎公司爆出的决算粉饰等事件,显示出大公司的年工序列制导致决策层老化而跟不上现代社会潮流等弊端。总之,在瞬息万变的时代,坚持传统的东西,比如技术和工艺等更加困难和可贵,而坚持守成同时又能够让企业成功运转,背后就是思想与眼光能与时俱进的企业家,他们就像闪闪发光的星星一般,让空有想法而没有付出行动和努力的人们仰望。在现代

社会,只要能敏锐发现并抓住商机,无论是创新或是守业的企业家,必定构成满天繁星的美丽夜景。

四、桐生安莉沙(日本):什么是企业家精神?

众所周知,企业家是创新的主体,企业家要破旧立新,要冒很大的风险。而正是非物质的"企业家精神"鼓励着人们不断创新。他们追求成功,不是为了享受,而是为了成功本身。我的父亲桐生孝志就是这样一位真正的企业家。

我的父亲是一名环境管理及环境保护工作者、研究员。他在30岁的时候创立了环境保护管理处,公司的名字叫"Eco-nite water purify system by takashi.kiryu"。他的工作是调查研究东南亚(主要是马来西亚、泰国、老挝、斯里兰卡、印度)、非洲(肯尼亚、尼日利亚及周边国家、南非)、中东(约旦、黎巴嫩、摩洛哥、阿拉伯联合酋长国)和中国(北京、上海、内蒙古、四川等地)等一些发展中国家的水污染问题。然后用他发明的污染水过滤器(Eco-nite filter)和污染物沉淀剂(Eco-nite tablets)来把污染水变成可以直接饮用的纯净水。

一开始他在研究过程中遇到很多问题,比如说东南亚、非洲国家的一些河流水污染实在太严重了,过滤几次都除不了里面的对身体有害的细菌。但他回国后继续研究,最后他改善了过滤剂的配方和加强了过滤器的功能,再次飞到当地去实验。这次成功了,一些东南亚国家比如菲律宾、马来西亚、印度,都很高兴地从他那里买了很多过滤剂和过滤器,现在包括很多非洲国家比如肯尼亚、南非、尼日利亚等国的家用井和水龙头上都使用上了他发明的产品。

毕竟他在途中遇到了困难,但他没有半途而废,他把这些困难变成他的一个启发点、加油站来更加努力的克服难题,他终于获得了成功。

我的父亲跟我说:"我不是想赚钱,就是想帮助发展中国家地区的人们可以健康、安全的饮用水,还希望我的发明可以减少环境污染,这是我唯一的希望。"这句话听起来真的是一个想助人为乐的人——我父亲的一句名言吧。

这句话在我心里一直有深深痕迹,影响十分深刻。将来我在社会中遇到很多事情,不管开心或者不开心的,不管困难还是不困难,我都会做一个像我父亲那样助人为乐的人。

在我看来,父亲就是熊彼特所说的企业家,他追求成功,不是为了享受,而是成功本身。通过自己的努力,把脑海中看不见的构想,变成看得见的现实,这件事本身对他来说就是一件其乐融融的事情。

五、韩智琇(韩国):谨防创新的另一面

熊彼特被西方经济学界称为"创新"概念的始祖。他最具盛名的言论就是有关"创造性破坏"的论述。如:"不断破坏旧的东西,不断创造新的东西,不断在内部革命经济结构,这个创造性破坏的过程才是资本主义的核心。进行这种革新的人就是企业家,追求企业革新的精神就是企业家精神。"也就是说,企业家能够以创造性的破坏、新的结合、与众不同的思路来创新。

当然,"创造性破坏"带来的经济利益是显而易见的,它不仅带来了经济增长,还带来了保健、福利、文化等方面的巨大发展。不断发生的"创造性破坏"改变了世界。以汽车发动机为例,尽管造成环境污染等诸多问题,但任何一家汽车公司都无法摆脱旧时发动机的原貌。从周围来看,像汽车发动机一样需要革新的事情堆积如山。

而我认为,如果无批判、无条件的赞美创造行为,会走上歧途。因为,多数企业追求利润最大化,他们希望先出售的产品马上消失,新生产的产品卖出更多。从结果上看,消费者不得不购买新产品。

这种情况在销售智能手机等 IT 领域很容易被觉察。2007 年发生的次贷危机事件也是所谓"创造性破坏"带来的悲剧。以消费者的名义,产生了多种金融商品,但结果很多金融公司破产,引发了世界水平的经济混乱。这是"创造性破坏"的典型事例。

经过革新,各种制品、服务正在大量生产,但有些情况下出现了数量增加,品质下降的现象。这是为了出售产品而故意断绝好的产品,减少售后服务等事例。

从宏观上看,"创造性破坏"的盛行,从总体上可能阻碍社会发展,另外

在构建国家革新系统方面要看到全局。虽然目前出现了多种革新技术,但这必须要充分研究对国家和世界能否起到积极作用。比如说,近年来社会上出现的一些所谓的金融创新:P2P、互联网网贷、信托等,让不少没有接触过金融产品的民众进行投资,从满怀赚到大钱的希望,变成了本金被骗的结局。这明显的就是披上创新外衣、骗过专业审计机构和监管层的"金融骗局"。

在追求个人利益或个别企业利益的"创造性破坏"盛行的时代,人们也许忽视了它给国家整体发展带来的障碍,因此,为了保证国家的创新政策取得成功,需要明确区分"创造性破坏"和"破坏性创造",而且必须以这个结果为基础,准确预测可能带来长期的发展。

(作者单位:复旦大学国际文化交流学院)

序二　邓六金班：以新的长征续写红军将士美好心愿

王泠一

2013年10月，徐汇区政协委员叶维琪热心地为其老友吴卫星的儿子张罗婚礼。叶委员找到我，要求我出席的理由为新娘子是位育初中化学老师，其校长是徐汇区知名人士，在主桌上需要我这么一个能说会道者作陪。我欣然接受赴约！

婚礼在崇明举行。餐桌上，同样远道而来的龙世明校长兴致勃勃地向我介绍了新娘徐欢老师如何优秀，并自豪地宣称自己的初中如何出色，以后这对新人的孩子应该跟着母亲就读位育初中。那么，在初中之前的教育安排呢？首先肯定是幼儿园吧！我们正越俎代庖聊着，新人来敬酒了。主桌上的人都很文明，没有谁让新郎谭国豪喝白酒。但总得交流一下吧！

婚礼是我第一次和新人见面，说话时间也不长，话题干脆就集中在未来孩子的读书上。我告诉新娘：在她学校附近也是同一个天平街道学区，就有一个极为出色的机关建国幼儿园，其前身就是红军战士邓六金大姐创办的华东保育院；该幼儿园一贯注重爱国主义启蒙教育，同时在生态环境教育方面是全国的典范，是上海最早实施爱鸟周和节水周活动的教学单位。新娘、新郎则当即表示非常向往！

一会儿，新娘、新郎自然得去各桌依次敬酒。但我们主桌上的龙世明校长对邓六金大姐"不去做大官"而当孩子王很感兴趣，于是我就继续"讲党课"。我告诉本桌嘉宾：该幼儿园陈列室里悬挂着邓六金的大幅肖像，当然还有其他有来头的黑白照片。经常有孩子在慈祥的邓六金奶奶肖像前询问：她是谁？她是干什么的？也有快毕业的孩子以及家长想知道：她干过什么？通常老师们的标准答案是：她参加过二万五千里长征、创办了华东保育院、是机关建国幼儿园的首任园长。

邓六金，福建上杭县人；1911年9月出生于赤贫的客家人家庭，10多天后就被送至另一个贫农家庭当了"童养媳"。1930年，她为了反抗养父母的包办婚姻，走上了革命道路。其实，朱毛红军在1929年就已经进军闽西了，毗邻的上杭和永定两县则是日后苏维埃政权的中心区域。而毛泽东诗词中的"红旗跃过汀江，直下龙岩上杭""路隘林深苔滑。今日向何方，直指武夷山下"，说的就是红军开辟闽西根据地的事情。1934年，邓六金参加了中央红军。随后就是二万五千里长征，邓六金是三十位女战士之一；途中有3人留在地方工作，到达陕北时有27位，包括贺子珍、邓颖超、蔡畅等著名先驱。在长征途中和抗日战争的艰苦岁月里，邓六金看到了太多革命者把孩子托付给老乡的骨肉分离场景。

淮海决战前夕，邓六金的华东保育院应运而生，直接收养烈士子女和军事干部的孩子，极大地鼓舞了人民军队的士气。1949年后，保育院随华东局机关迁来如今的上海建国西路，并更名为机关建国幼儿园，邓六金大姐自然成为新生的人民幼教事业奠基人，之后其校友中出现了很多科学家、艺术家和将军等中华人民共和国栋梁之材。

以上就是我婚礼上主桌微党课的基本内容，龙世明校长还提议要让幼儿园的孩子们能够记住。一晃6年过去了，新人一家本已淡出了我的生活。忽然在2019年5月陪建襄小学红领巾慰问劳模王承的公益活动中，需要和徐汇教育局团委书记对接。在约定碰头的宜家商场门口，我俩都迅速认出了对方，这团委书记就是当年的新娘子徐欢！自然问起孩子，她告知是个男孩，而且就在机关建国幼儿园呢！

这让我很兴奋，"六一"节后去幼儿园看望男孩谭宏弈。园长顾萍热情地接待了我，她也为这个佳话倍感惊奇；并和我讨论了红色基因传承的课题。我还把邓奶奶的主要事迹编写成类似于《三字经》的快板词，方便孩子们以舞台表演的方式进行传颂。随后，在徐汇区教育党工委、天平街道党工委及家长们的积极支持下，9月2日上午、新学期的开学第一课，男孩谭宏弈所在的中(三)班被命名为"邓六金班"。这也是上海第一家以红军战士名字冠名的班级！不忘初心，正当其时！

序二　邓六金班：以新的长征续写红军将士美好心愿

开学第一课,在大雨滂沱中拉开序幕,似乎就是风雨同舟的象征。徐汇区人大副主任朱成钢和区教育局领导王亦群、沈滔来了,天平街道党工委书记高路和副主任董明、团委书记黄海君来了;优秀志愿者代表管敏晖(园林绿化工程师)、优秀家长代表杜旻(东方体育日报社董事长)以及谭宏弈同学的一家(含爷爷)也来了。根据我为孩子们原创的快板词《邓六金》,他们穿着小红军的天宝蓝军服倾情演出;领头的孩子则是白衬衫,胸前绣着鲜艳夺目的五星红旗。之前我和顾萍园长深入沟通过,这个"邓六金班"未来两年的主题教育活动特色就是国旗颂。

换言之,"邓六金班"就是国旗班,而这鲜红的旗帜飘扬的地方,不正是红军将士梦寐以求的理想高地吗？于是在揭牌仪式上,机关建国幼儿园团支部书记翁思怡老师深情地演唱了"邓六金班"的班歌《五星红旗》。我原创的歌词如下：

曾经二万五千里长征,曾经烽火连绵在沂蒙。马背上驮着家园的痛,更是那前赴后继闪闪的星辰。哦……只见那一颗颗星,一颗颗红星;一颗颗红星相聚。呀啦索,那就是五星红旗。

今天的人民当家作主,今天的日子幸福安康。园丁们浇灌中华的梦,更有那为了孩子所有的一切。哦……我看见一棵棵树,一棵棵果树;一棵棵果树相聚。呀啦索,这就是机关建国。

仪式上,王亦群代表区教育局发表了热情洋溢的讲话;徐汇区教育党工委书记姚黎红也给幼儿园师生发出了国庆贺信。当领导们为"邓六金班"揭牌之后,主持人姚佳妍老师让我谈谈体会。我告诉孩子们,15年前是一位叫王纪远的外公(时任徐汇教育党工委书记、继任天平街道党工委书记)告诉我机关建国幼儿园的前身叫华东保育院,并提请我搞清楚创始人老红军、邓六金奶奶的办院(园)事迹。我和孩子们说以后一起讲好邓奶奶的故事,他们都愉快地答应了。

而我告诉老师、家长以及嘉宾等成年者的是：邓六金在天平社区区域生活和工作了三年半。最初国民党特务破坏活动猖狂,还有杀手摸进她的家和警卫发生了激烈的枪战。她是无所畏惧的,全身心地投入了富有开创性的中华人民共和国幼儿教育事业。和战争年代相比,建国西路上的孩子们生活条件逐渐好了,但邓六金始终坚持一条：保育院不能超过社会一般的物质水平,绝不能搞特殊化。这个人民共和国的初创时期,邓六金最大的挑战是如何安慰100多个烈士子女。节假日,她一方面规定不许任何家长派车接送孩子;另一方面自己和老师们总是和烈士孩子一起度假,想方设法地宽慰他们,或是看电影,或是做游戏,或是逛公园,或是唱儿歌,就这样慢慢地烈士的孩子把她当作了妈妈,把建国西路当成了自己的家。

邓六金去北京后,继续在国务院机关事务管理局从事幼儿教育事业。她离休后,则和红军老战友一起不断为老区教育增加投入"鼓与呼"。除了工资,她没有其他收入。2003年去世后,她全部积蓄按其遗愿捐给老家的上杭县实验小学建造了个图书馆。图书馆命名为"鑫鑫楼";"鑫鑫",六金也!2011年,福建隆重纪念邓六金百年华诞。此后,龙岩地区优秀少先队就被授旗为"邓六金大队"。

也就是在机关建国幼儿园的开学第一课上,接受庄严委托的我,代表龙岩地区所有的"邓六金大队",对"邓六金班"的设立表示热烈的祝贺、对天平街道党工委和徐汇区教育党工委表示真挚的感谢。同时,我还代表中央红军长征出发地的长汀县博物馆邀请顾萍园长(兼党支部书记)在方便时,带老师们去寻根。

(作者单位:上海社会科学院)

目录 | Contents

序一　从特斯拉效应看上海城市创新　　　　　　　　　　　要　英 / 001
序二　邓六金班：以新的长征续写红军将士美好心愿　　　　王泠一 / 001

总报告一

推进长三角一体化示范区建设专题调研报告
　　　　　　　　　　　　　　上海市全国人大代表专题调研组 / 003

总报告二

扶持实体经济与释放企业活力专题调研报告
　　　　　　　　　　　　　　上海市全国人大代表专题调研组 / 017

总报告三

推动新时代上海退休干部工作高质量发展
　　　　　　　　　　　　　　上海市委老干部局专题调研组 / 033

总报告四

关于上海闵行华漕转型发展的观察和思考　　　　　　　　王泠一 / 043

总报告五

访谈曾宪一校长：引领社会体育风尚的汇学精髓　　徐诚鸿　张程硕 / 053

总报告六

对话光启小学校长曹庆明：跳水冠军摇篮的家国情怀　　刘　俊 / 061

白衣天使篇

杨慧峰：用心守望"生命之托"的最后驿站　　张锋平 / 067
枫林剪纸：以海派非遗致敬白衣战士　　王泠一 / 072
上海市第八人民医院"医二代"夏令营纪实　　翁點懋 / 075
白衣天使的情怀何以感动亚洲留学生　　要　英 / 079
礼赞七十华诞：从五院发展看老闵行的腾飞　　方文轩　戴楚浩 / 084
武汉保卫战：闵行红领巾致敬五院逆行英雄　　方　前 / 088

国际视野篇

全球化交互平台：复旦留学生眼中的进博会　　要　英 / 095
坐标：从《新民周刊》看上海媒体的东方价值观　　要　英 / 100
李子柒：中国文化软实力还是人类共同梦想？　　要　英 / 109
海内存知己：见证中意人文交流进入新时代　　王泠一 / 115
如何跨越时空让上海世博后一代知晓白求恩？　　王泠一 / 123
建襄小学致敬普希金　续写人文交流新佳话　　王泠一 / 127

基础教育篇

关于幼小衔接绘画素养微调研之分析　　方文轩 / 133

焦轶萍：在徐汇实验小学点燃滨江边的心愿　　　　　　　　　　张　薇 / 142
人人有自信的社区必然就是和谐社区
　　——记梅园中学李斌中队与尚艳华对话　　　　　　　　王　承 / 145
田林东路8号：见证画笔中的人生第一粒纽扣　　　　　　　王泠一 / 150
徐汇海派历史读本《南洋魂》的由来及感悟　　　　　　　　赵　卿 / 153
南模红：红在国防教育志如松　　　　　　　　　　　　　　王泠一 / 160

金色年华篇

在帮助别人的过程中感受到同样的快乐　　　　　　　　　　朱韬融 / 165
我是一个战胜胆怯和寻找春天的"诗控"　　　　　　　　　李潞伽 / 170
我的成长故事：鹦鹉、《史记》和沉得住气的朋友　　　　　董禾林 / 176
大同一中：让你像鲜花一样绽放的芬芳沃土　　　　　　　　王文瑾 / 181
体会他人对自己的爱：为什么记忆是一种优点？　　　　　　孟尤尤 / 188
世代风华：从泰国留学生的视角看顾维钧　　　　　　　　　要　英 / 197

聚焦朱泾篇

朱泾结缘三年间：感知一片生机勃勃的希望田野　　　　　　王泠一 / 203
上海永太：一家民族服装品牌企业的自信密码　　　　　　　秦万年 / 209
心系国防三代情：诞生在大茫村的一个拥军佳话　　　　　　沈建明 / 215
充分发挥巾帼力量　助力美丽乡村振兴战略　　　　　　　　徐　吉 / 218
金山就业促进中心之大茫宅基送岗目睹记　　　　　　　　　王泠一 / 223
朱泾二小揭牌沪郊首家东方体育日报中队　　　　　　　　　王漪涟 / 226

缅怀先贤篇

白求恩故居：格雷文赫思特小镇上的祭奠　　　　　　　　　刘　芳 / 233
百年回眸：顾维钧校友在巴黎和会之后　　　　　　　　　　郑　蓉 / 237
林徽因——从大学校徽到新中国国徽的设计　　　　　　　　要　英 / 242

不忘初心：雷经天六十周年祭 　　　　　　　　　　　　王泠一 / 246
王亚文：战斗在黎明前的十里洋场 　　　　　　　　　王泠一 / 252
东北老航校：中国空军英雄诞生之地 　　　　　　　　姜浩峰 / 258

天平德育篇

天平德育圈：以德育人的新时代社区探索 　　　　　　高　路 / 267
天平街道：致敬人民艺术家秦怡 　　　　　　　　　　王泠一 / 270
园南小学致敬敦煌学　点燃我和我的祖国 　　　　　　王泠一 / 274
洪雨露：俯首甘为孺子牛的教育家 　　　　　　　　　许蕴章 / 280
菊花台二十年祭：无数牺牲换来的光明 　　　　　　　杨承龄 / 286
天平德育圈集体收看国庆 70 周年阅兵式 　　丛海燕　黄海君 / 290

众志成城篇

平战结合与三位一体的徐汇行政服务中心 　　　　　　吴欣一 / 295
白衣战士出征武汉　瑞金天使抗击疫魔 　　　　　　　刘思源 / 299
市八医院：二宝妈妈周春燕出征记 　　　　　　　　　朱　健 / 303
高安路一小：晚报凝聚着的亲情寒假 　　　　　　　　王泠一 / 307
中国加油：韩国友人力挺武汉保卫战 　　　　　　　　王泠一 / 311
东京塔：日本地标闪亮祈福中国红 　　　　　　　　　要　英 / 315

跋一　探访宜家家居商场 　　　　　　　　　方文轩　徐诚鸿 / 319
跋二　二娃和我的色彩 　　　　　　　　　　　　　　王泠一 / 322
跋三　在姚明母校感恩祖国 　　　　　　　　　　　　曹　敏 / 326

总报告一

推进长三角一体化示范区建设专题调研报告

上海市全国人大代表专题调研组

2018年11月5日,习近平总书记在首届中国国际进口博览会主旨演讲中明确支持长江三角洲区域一体化发展上升为国家战略,赋予长三角一体化发展更高的定位、更深的内涵、更广的空间、更强的动力。2019年5月13日,中央政治局会议审议通过《长江三角洲区域一体化发展规划纲要》,上海青浦、江苏吴江、浙江嘉善被定为"长三角生态绿色一体化发展示范区"(以下简称"示范区"),作为实施长三角一体化发展国家战略的核心区域,示范引领长三角地区更高质量一体化发展。为更好地把握长三角一体化发展的重大机遇,推动区域高质量发展及长三角一体化示范区建设,本报告在深入调研的基础上,既考虑三地诉求,又谋求长远发展,探索研究如何在示范区建设上实现创新资源的深度融合、优化配置及共享转化,使示范区成为在空间便捷、资源配置、产能协作、基础设施、公共服务等方面具有功能布局互动和良好协调机制的共同体。

一、区域特点

示范区跨沪、苏、浙三地行政边界,范围包括上海青浦、江苏吴江、浙江嘉善全域,分别位于各自所在城市的边缘位置。该区域总面积2 351平方千米(青浦669平方千米,吴江1 176平方千米,嘉善506平方千米),常住人口308.72万人(青浦121.9万人,吴江131.98万人,嘉善54.84万人),户籍人口172.9万人(青浦48.9万人,吴江84万人,嘉善40万人),人口密度1 261人/

平方千米。该区域区位地理状况良好,机场、高铁、城际、高速公路等多层次交通体系健全,同城化交通网络基本形成,基础设施较为完善;节点城镇、小城镇、乡村等共存,空间类型多样,功能形态丰富,产业基础较为雄厚,拥有多元化发展的动力支撑;自然文化资源丰富,生态环境优越,是江南古镇群落最集中区域,也是江南水乡文化及吴语文化的代表性区域。近年来,吴江、嘉善接轨上海意愿强烈、行动积极,成为长三角一体化发展的前沿活跃地带,已形成突破行政区划、统筹规划协调的内在动力。

(一) 交通

示范区交通体系健全。青浦区内有上海市郊第一条一级公路318国道,东西方向有A9沪青平高速公路、A8沪杭高速公路、A12沪宁高速公路以及连接上海虹桥机场与苏州的苏虹公路贯穿全境,南北方向有同三国道、外青松公路和嘉松公路,形成纵横交错、道路密集的陆路交通体系。吴江是苏州主城区面积最大的板块,境内苏嘉杭高速、常嘉高速、227省道、京杭大运河纵贯南北,沪苏浙高速、318国道、太浦河横穿东西,轨道交通4号线连接苏州主城,未来沪苏湖、通苏嘉甬两条城际高铁贯穿交汇。嘉善境内沪杭高铁、沪杭铁路、沪杭高速公路、申嘉湖高速公路、杭州湾跨海大桥北岸连接线穿境而过。

(二) 经济

青浦、吴江、嘉善经济总量在所在地区位列中下游,存在较大的上升空间。2018年,青浦、吴江、嘉善分别实现地区生产总值1 074.3亿元(在上海16个区中排名第12,增速为6.4%)、1 930亿元(在苏州10个区县中排名第5,增速为7%)和582.60亿元(在嘉兴5个区县中排名第4,增速为7.5%)。三地2018全年一般公共预算收入分别为572.4亿元、202.90亿元和61.60亿元。按常住人口计算,三地2018年人均生产总值分别为88 130元/人、146 234元/人和106 236元/人。

(三) 产业

示范区产业发展处于工业化中后期阶段。青浦出口加工区整合优化为青浦综合保税区。华为、中核建设项目落地,与威马汽车、网易公司、金光集团、安谋科技等一批重点企业签署战略合作协议。吴江民营经济发展繁荣,民营企业总数超7万家,拥有世界企业500强一家、中国企业500强四家、中国民营企业500强五家。四大主导产业中,丝绸纺织、电子信息达1 000亿能级,光电通信、装备制造达500亿能级。四大主导产业共实现产值2 904.42亿元,占规模以上工业总产值的82.1%。累计拥有上市企业16家,"新三板"挂牌企业54家。拥有国家级开发区1个、省级高新区2个、国家级科创园4家、众创空间4家、企业技术中心10家、国家"千人计划"55人、国家级企业博士后科研工作站46家。嘉善拥有嘉善经济技术开发区和嘉兴综合保税区B区两个国家级平台和省级通信电子高新技术园区、姚庄省级经济开发区、省级现代服务业集聚区,2018年年底签约的中新嘉善现代产业园被列为浙江省"万亩千亿"新产业平台,初步形成以电子信息、现代装备制造(精密机械)、品牌木业家具为主的产业体系,集聚世界500强企业12家、上市企业6家。

(四)生态

示范区拥有优越的生态资源禀赋。青浦全区河网密布,湿地资源丰富,全区湿地总面积16 855.6公顷,占全区国土总面积的25.2%。全区共有植物190多种、700多万余株。白鹭、牛背鹭、夜鹭、黑水鸡、黑斑蛙、金线蛙、虎纹蛙等野生动物都在湿地上生息繁衍。吴江以"千年水乡百湖之城"著称,全区列入省级保护湖泊名录达56个,占全江苏省的40%。太湖岸线长47千米,是太湖水质最好、空气最优区域,拥有一类空气、二类水质。嘉善获国家生态文明建设示范区、国家园林县城、浙江省森林城市、浙江省"绿水青山就是金山银山"样本。

二、一体化推进基础

(一)谋划一体化

青浦、吴江、嘉善积极参与长三角一体化示范区谋划。三地达成七方面共识,梳理出一体化示范区重大项目初步清单(共四大类45项),拟定70余项工作任务。签署《青浦、吴江、嘉善2019年一体化发展工作方案》,围绕规划契合、设施汇合、产业耦合、功能聚合、治理融合、环保联合等多方面,共谋一体化发展。青浦、昆山、吴江、嘉善四地签署环淀山湖战略协同区一体化发展合作备忘录以及多项专项合作协议,推动环淀山湖战略协同区融合发展。四地进行多次对接,形成《环淀山湖战略协同区青昆吴嘉一体化对接事项清单(2018—2020)》,包括规划布局、基础设施、产业创新、旅游文化、社会治理、生态环境等不同领域的77项具体事项。苏州南站站城一体化新枢纽规划方案深化设计,太浦河—沪湖蓝带计划战略规划初步方案形成。

(二)生态保护一体化

重点围绕水环境治理推进示范区生态保护一体化发展。青浦、吴江、嘉善三地在一体化生态环境综合治理上达成共识、签订协议,主动发起建立边界水环境、大气污染防治联防联治机制。跨省多边联合治水稳步推进,厘定青浦、嘉善、桐乡、南浔等地交界河湖的河湖长名单,开展定期巡河,创新提出"联合河长制",聘请包括热心群众和社会团体志愿者在内的"民间河长"。青浦加强青西地区现状排查,强化空间资源管控和腾退力度,大力推进青西三镇建设用地减量化。目前二级水源保护区涉及194家工业企业100%关闭,其中清拆完成73家,清拆率37.4%。青浦还将推动一批生态基础设施的项目建设,特别是推动生态廊道建设,从根本上改善区域生态环境。吴江大力推进东太湖综合整治后续工程、水源地生态补偿、元荡等湖荡岸线贯通,并在生态环境保护领域投入大量成本,通过大力开展"治违、治污、治隐患"工作,淘汰污染、高能耗生产设备,提高中水回用率,整治"散乱污"企业,拆除违法建筑,排查"三类"隐患,有效助推城市有机更新,提升生态环境,消除各类隐患。

(三)交通一体化

围绕打通断头路、公交及高铁建设推进示范区交通一体化发展。吴江对接上海东航路的汾湖康力大道向东延长开工建设,施工单位进场并开始驻地建设。吴江累计开通9条跨公交专线,其中4条为2019年新增,连通乌镇、西塘、东方绿舟、新塍、南浔、商榻、金泽等地。沪苏湖高铁完成方案审查,苏州南站、盛泽站正进行站房交通枢纽概念设计,通苏嘉甬高铁全线初测。嘉善先后开行至上海的省际直达客运班线3条、省际毗邻公交线路3条和免费通勤班线2条,嘉善南站—上海虹桥站仅需23分钟。

(四) 产业一体化

为积极推动示范区总体方案落实落地,并把示范区建设成为四个"新高地",青浦梳理确定产业项目共31个,总投资额509亿元,涉及新一代信息技术、智能制造、高端装备、新能源、先进材料等多个行业和领域,总体呈现出科技含量高、产业集聚度高、产业层次高的特点。吴江举办"2019中国·吴江长三角区域合作洽谈会",总投资500亿元的40个项目成功签约,其中一体化合作项目11个,产业项目24个,基金项目5个。建设中车城市捷运装备长三角区域制造与综合保税区基地,完善示范区交通建设,助推产业层次提升。吴江高新区挂牌长三角G60科创走廊产业合作示范区(医疗器械),部分企业加入G60科创走廊产业联盟。东华大学苏州纺织产业研究院落成运营,上海大学(汾湖)新材料研究院揭牌。国家先进功能纤维创新中心建设方案通过工信部论证。嘉善依托上海辐射效应,先后建立嘉善国际创新中心、上海自贸区嘉善协作区、中荷(嘉善)产业合作园、中德生态产业园、归谷智造小镇等特色园区。

(五) 公共服务一体化

吴江长三角跨省异地就医门诊费用直接结算平台上线运行,与上海交通大学健康长三角研究院达成初步战略合作意向,开展跨区域多点执业备案。嘉善引进上海杉达大学光彪学院、上海师范大学附属学校等教育机构,主要医院与上海中山医院、仁济医院、新华医院等医院有长期合作关系,嘉善市民卡在上海中山医院等各大主要医院实现实时刷卡结算,形成接轨上海的半小时经济圈、工作圈和生活圈。建立沪苏浙皖四地长三角高校毕业生就业去向信息共享机制,吴江与上海交换双方户籍人口用工备案信息。青浦、吴江、嘉善三地气象部门组建联合气象服务工作团队,签发2019年一体化发展工作方案。青、吴、嘉签订教育战略合作框架协议。陆续建立长三角湖区旅游联盟、环淀山湖体育联盟等一系列协作联盟,人大、科技、民政、检察院等多个部门签署合作协议或备忘录,并依托备忘录进行跨区域执行协作。

三、问题与挑战

基于对青浦、吴江、嘉善三地发展现状和一体化推进基础的梳理,结合调研中广泛听取的各方观点以及对示范区建设背景与环境的分析,从问题导向出发,系统分析推进长三角一体化示范区建设中要解决的问题及面临的挑战。

(一)"绿色"与"发展"如何协调

示范区生态绿色发展的要求日趋严格,一定程度上使得资源开发空间受限。如何正确认识"绿色"与"发展"的关系,用绿色去优化发展而不是用绿色去限制发展,成为长三角一体化示范区建设中需要探讨的基本问题。

如生态补偿机制是促进区域一体化发展和生态保护诉求分歧收敛的重要途径。2015年国务院印发的《关于加快推进生态文明建设的意见》中明确"建立地区间横向生态补偿机制,引导生态收益地区与保护地区之间、流域上游与下游之间,通过资金补助、产业转移、人才培训、共建园区等方式实施补偿"。然而,我国的生态补偿实践经验较为缺乏,且在过往的执行过程中往往存在贯彻生态目标不到位、补偿不到位等问题。对于示范区而言,如何精密设计生态补偿机制,从而使其达到预期效果成为一大难点。示范区生态补偿机制设计面临诸多问题。例如,生态补偿原则、触发机制、资金来源是什么;生态补偿的定量分析如何完成,如何制定生态保护标准;生态补偿立法滞后于生态问题的出现和生态管理的发展速度,补偿模式的创新往往缺少相应的法律、法规支撑,使具体补偿操作缺乏依据,如何破局;流域生态服务功能价值如何评估等。此外,在调研过程中,嘉善方面还提出在生态补偿之外对绿色金融等创新模式进行探索。

(二)财税分享机制如何统一

如何分配好税收是实现示范区利益共享的核心,对于保护和提高三地积极性起着重要作用。但青浦、吴江、嘉善三地在财税体制、产业发展、招商政策等方面存在较大差异,构建一体化的财税分享机制存在较大难度。

1. 财力基础存在差异

三地财力基础存在较大差异,加大了税收分享的协调难度。从收入情况看,2018年青浦、吴江、嘉善一般公共预算收入分别为572.4亿元、202.9亿元和61.6亿元,差距悬殊。青浦税收收入以第三产业为主,二、三产业税收占比分别为33.99%和65.99%。吴江以第二产业为主,二、三产业税收占比分别为55.80%和44.10%。嘉善也以第二产业为主,二、三产业税收占比分别为62.34%和37.61%。从支出情况看,吴江的地方政府债务负担较重,明显高于青浦和嘉善,因此尽管其收入情况较好,但考虑到负债比例,其财政状况也不容乐观。

2. 财税体制存在差异

三地有着明显的财税体制差异,因而加大了统筹难度。从财政体制层级看,青浦、嘉善为三级财政体制(嘉善县实行"省管县"的财政体制),涉及中央、省(市)、区(县)3个层级;吴江为四级财政体制,涉及中央、省、市、区4个层级。从税收分成比例看,增值税中央与地方五五分成后,上海与青浦的分成比例为35%∶65%,青浦占总额的比例为32.5%;浙江与嘉善的分成比例为20%∶80%,嘉善占总额的比例为40%。企业所得税中央与地方六四分成后,上海与青浦的分成比例为50%∶50%,青浦占总额的比例为20%;浙江与嘉善的分成比例为20%∶80%,嘉善占总额的比例为32%。吴江实行四级财政体制,其地方所得部分在江苏省、苏州市、吴江区三者之间分成。但在实际操作中,为进一步支持吴江地区经济发展,增值税经中央分享50%后,省级和市级不作提留,剩余50%全部归属吴江区;同样,企业所得税经中央分享60%后,剩余40%全部归属吴江区。因此,吴江的增值税、企业所得税两税留存比例最高(分别为50%和40%),嘉善次之(分别为40%和32%),青浦最低(分别为32.5%和20%)。

3. 产业基础存在差异

三地的产业发展现状基础差异加剧了税收的不均衡。青浦在三地中的产业基础最雄厚。青浦西部以旅游和文创产业为主,朱家角镇旅游资源丰富,拥有上海水上运动场、东方绿舟等旅游资源;金泽镇近年来不断向科创经济转型,陆续引入华为研发中心、市西软件园等优质项目;练塘镇着力发展红色文化、江南文化和水乡生态。吴江产业结构较好,制造业实力强劲,2018年实现规模以上工业总产值3 537亿元,丝绸纺织、电子信息、光电缆、装备制造四大主导产业合计占规模以上工业总产值的82.1%。但同时,吴江仍有近1 000家需淘汰转移的污染型小企业,腾笼换鸟的形势也最为紧迫。嘉善产业基础最薄弱,西塘镇主要以发展生态旅游为主,综合保税区B区目前规模尚小;姚庄镇是传统意义上的农业镇,以发展高效生态农业为主。

(三)土地利用如何统筹

土地资源是区域经济发展的核心资源,如何实现示范区内土地资源最优化配置、减少土地跨地区管理的制度成本、推动土地集约节约和高效利用,从而为产业转型、区域发展、生态建设提供更好的环境是示范区建设所面临的关键问题之一。

1. 土地资源约束趋紧

示范区地处长三角两省一市交界处,尽管与中心城区或主要城市相比仍有一定发展空间,但土地资源依然紧张。青浦2035年规划建设用地目标为228.8平方千米,现状建设用地已超过238平方千米,进入减量化阶段;吴江规划建设用地面积为195平方千米,现状用地为93平方千米;嘉善规划建设用地面积为163平方千米,现状用地为151平方千米。此外,盘活存量用地压力较大,对批而未供、供而未用、闲置土地和违法用地的清理整改难度高,对低效、低产出用地腾退压力大。

2. 土地市场价格存在差异

土地出让价格是市场对区位的反应,示范区三地有着不同的土地市场价格。青浦越靠近上海中心城区的土地出让价格越高,越靠近行政边界的土地出让价格越低;吴江和嘉善土地价格比青浦低,但两地也不尽相同。这也导致土地资源难以在三地进行流转。若是今后在示范区内搭建"土地指标调剂池"统筹利用土地资源,则地价相差部分的收益分享机制也尚待探讨。

3. 城乡二元土地管理特征明显

在宪法规定下,我国城乡土地管理分属两套不同的法律约束,形成城乡土地差异化的权利体系和配置方式。示范区位于两省一市行政边界边缘，存在大量集体土地、农用地，在土地管理过程中面临跨行政区的城乡统筹土地管理制度挑战。此外，目前土地审批控制较为严格，流程耗时较长，也一定程度限制了优质项目推进与区域发展。

（四）公共服务如何共建共享

高质量的公共服务供给是地区经济社会发展水平的重要体现，也是实现高品质生活的前提和基础。如何使公共服务真正实现共建、共治、共享，惠及示范区乃至更大范围的民生，已是示范区建设所关注的重点。如在两省一市中，上海显然具备最强的公共服务供给能力。但长期以来，上海依然面临优质医疗、养老和教育等资源供不应求的问题。在本市需求尚且未能充分满足的现状之下，公共服务的充分共享或面临一定社会压力。在调研中，嘉善方面则认为，上海把优质公共服务投放入示范区，不仅不会对上海本地资源的稀释，相反，还能够更好地起到吸引人才的作用，将没能进入上海的人才留在示范区。

四、政策建议

基于长三角一体化示范区的发展现状，切实回应存在的问题与挑战，并结合调研中得到的相关经验与启发，从制度创新、深化改革、协同发展、平台机制等角度提出推进长三角一体化示范区建设的政策建议。

（一）明确示范区管理机构

建立示范区规划管理常设实体机构，统筹安排一体化发展相关政策，构建有效的区域合作激励机制。以现有的空间规划工作专班为基础，通过沪苏浙三地政府签订联合协议或共同任命等方式，将示范区的规划编制和实施权力下放，具体负责示范区空间规划的编制、实施、管理和监督。同时，吸纳三地的权威规划机构组建长三角一体化示范区规划委员会，吸纳国内外空间规划专家组建长三角一体化示范区规划咨询会等非政府机构，作为区域规划的基本技术班底，为示范区规划及建设提供技术支撑。

（二）构建多元生态保护机制

青浦、吴江、嘉善三地以立法、立规的形式协同建立区域生态管控的标准体系，做好生态环境标准、监测标准和监管执法规范的"三统一"。充分利用科技手段，加强对生态环境尤其是水资源的监测、保护和利用，建立强有力的生态环境保护网络。积极引入与生态环境保护相关的科研创新平台和产业。探索构建多元化的生态补偿机制，最大限度地协调利益冲突。例如，根据各地流入与流出的水质状况确定横向补偿标准；搭建有助于建立流域生态补偿机制的政府管理平台；推动建立流域生态保护共建共享机制；加强与有关各方协调，推动建立促进跨行政区的流域水环境保护的专项资金；充分利用市场机制和多渠道的融资体系等。

（三）强化创新资源布局和共享

培育开放式科技创新生态系统，加强示范区内科技创新领域的广泛合作。优化创新载体布局，将上海的科研机构、产业园区、高校、职业学校等科技创新资源在示范区内进行开放式布局，并立足企业、依托上海的人才、教育、资金、科技等优势，在示范区内打造一批高规格的国家研究实验基地、科技基础数据中心、技术标准检测机构以及联合实验室。深化科技创新资源和重大设施共享平台建设，利用信息化手段促进示范区技术要素对接，打造专业数据库网络、科研教学机构网络、科学数据网络、人才网络等，推进大型仪器、科技成果、企业需求、科研专家、经纪人队伍等资源的共享共用。

（四）构建财税分享机制

合理分享迁移企业产生的税收。对于示范区外的企业迁入区内，可参考京津冀地区产业转移税收分享的办法，迁出企业完成工商和税务登记变更并达产后3年内缴纳的增值税、企业所得税，由示范区和迁出地区按50%：50%进行分享。对于示范区内三地之间的企业迁移，可参考上海目前对于非制造业跨区迁移的规定，以企业迁移前3年缴纳的区县级税收收入年度平均值为核定基数，相应调减迁入区县的收入基数，调增迁出区县的收入基数。建立三地合作设立"资金池"。资金主要来自示范区内企业产生的税收，对于存量企业产生的税收，建议80%留在当地、20%投入资金池，对于增量企业产生的税收,建议20%留在当地、80%投入资金池。资金主要用于支持示范区内跨区域重大基础设施、跨区域重大生态环保项目、跨区域重大公共服务项目,以及符合示范区功能定位的重大产业项目等。统筹招商政策。避免通过比拼企业返税、各类奖补产生的恶性竞争,而要更加注重加强土地开发、产业准入门槛等方面的统筹力度。但同时,统筹并不是统一,招商政策也要保留一定的差异性,以发挥三地招商的主动性。

(五)推进土地开发模式一体化

优化建设项目跨区域土地审批。探索跨区域土地出让备案制,完善土地出让环节的审批流程,示范区管理机构和三地主管部门明确土地使用效益指标,有权对出让的土地进行督查、警告和回收。探索搭建跨行政区的土地收储平台。由示范区管理机构牵头,由两省一市土地主管部门授权,建立示范区土地收储平台,进一步提高土地使用效率。制定标准统一的土地管理政策。在土地利用绩效考核、土地开发强度、容积率制定等管理政策上逐步实现统一。成立跨区域土地资源信息系统。由示范区牵头、各地主管部门参与,将各地土地资源信息、交易信息、登记信息、审批信息等纳入示范区单一信息系统中,方便土地资源查询和利用。探索制定跨区域土地收益分享机制。近期可通过"一事一议"方式对土地指标调剂或转移项目进行补偿,远期可探索研究"挂钩式"收益分享机制,即收益在对土地单价、土地绩效和产业项目等进行权重计算后进行分配。一体化制定土地供应计划。由三地共同根据空间规划和产业发展导向,以确保功能性项目优先为原则,编制年度土地供应计划和利用计划,合理控制土地利用节奏。

(六)推进公共服务协同共享

为解决异地就医结算与医改政策的协调性问题,建议遵循医改所确定的目标,兼顾患者就医需求与医疗资源合理利用,在示范区内建立跨省医疗联合体,落实各级医疗机构功能定位,推进医联体内资源整合共享,提升基层医疗服务能力,规范双向转诊服务流程,探索分级诊疗制度和家庭医生制度一体化模式,将异地门急诊就医纳入基层首诊、双向转诊、急慢分治的医疗服务体系,实现跨地区有序就医。加强示范区公共法律服务一体化建设,创新优化公共法律服务供给方式,整合法律咨询、法律援助、人民调解、司法鉴定、仲裁等相关服务资源,提供便民利民、精准普惠的公共法律服务。通过信息化手段强化示范区内各类法律法规、政策和服务信息的易获取性。

(七)推进示范区空间规划协同立法

建立"多规合一"的空间规划体系,围绕经济社会发展规划纲要目标,统筹各类规划,明晰规划思路,统一规划基础,编制一体化的空间规划,构筑通用基础平台,共同建立管理机制。按照构建"多规合一"空间规划体系的总体目标,研究出台在体例框架、规划编制管理要求、程序及违法责任和处罚力度上相当的、适应示范区发展特点的空间规划管理规范性文件,力争上升成为分级施政的公权力定边界、定责权利关系、定奖惩制度,为市场活动定规则,保障公共利益诉求的管理法规,成为长三角地区乃至全国的空间规划立法范式。

上海市全国人大代表"推进长三角一体化示范区建设"专题调研组
召集人:王建宇　陈晶莹　丁光宏
成　员:殷一璀　丁仲礼　马　兰　王　伟　王　霞　朱国萍
　　　　刘　艳　刘小兵　刘晓云　刘新华　许立荣　许宁生
　　　　花　蓓　李　丰　李　林　沈　彪　张兆安　陈　力
　　　　陈　靖　陈国民　杭迎伟　金　锋　周燕芳　柴闪闪
　　　　徐　征　徐如俊　唐海龙　曹可凡　曹立强　章伟民
　　　　崔　瑜　廖国勋　廖昌永　樊　芸　潘向黎

总报告二

扶持实体经济与释放企业活力专题调研报告

上海市全国人大代表专题调研组

当前,我国正面临着全球百年未遇之大变局,这对我国经济尤其是实体经济发展产生了深刻的影响。从总体上来看:一是国际政治不稳定,全球经济减速,中美贸易摩擦造成外向型实体经济企业生存困难。贸易摩擦涉及贸易平衡、技术转让、知识产权保护、实施机制等方面,产业链的影响也有向各行各业蔓延的态势,这些不稳定因素都严重影响了出口导向型企业的生存。二是国内需求疲软,经济下行压力持续。全球的新兴市场正在不断发展壮大,与我们国家的多个领域产生直接竞争,而且国际大型企业也逐渐转移生产制造能力,影响了地方经济的发展。我国经济正面临投资增速下滑、消费增速放缓、结构性改革进一步深化等问题,这些都是约束中国经济发展的重要方面。

一、我国实体经济发展所面临的问题和困难

(一)人才扶持所面临的问题和困难

1. 人才引进政策盲目,形成恶性竞争

在各地的人才引进政策中,往往会对高新技术行业的人才有较高的需求,各地出台的人才吸引政策往往是一种普惠性政策,以学历、海外留学等条件筛选的人才对于区域高新技术针对性发展起到的作用有限。政府直接出手抢人才,企业需要用人却无能为力,是有违人才体制机制改革方向的。各地争相发布人才政策的现象是合理的,但是在人才政策激励手段和激励力度的制定上存在着跟风现象,同质化严重,这种盲目跟风必将导致国内人

才竞争的"零和博弈",是不可持续的。

2. 留住人才难度不小,政策空间有限

在我国区域经济竞争中,留住人才是一个巨大的问题。对一线城市来说,城市高企的房价以及子女上学问题制约人才长期留在当地,比如上海的一些高新企业,在留住外来人才时遇到30—40岁人才断层现象,这个年龄段的人才需要面对高房价以及子女能否参加中考,决定去留的抉择问题,最终由于生活压力而不得不搬离上海;对二、三线城市来说,创造良好的事业与公共设施供给也是制约人才的重要难题。比如,粤港澳地区通过设立新的规划与人才奖励措施吸引来全国大量的人才,对于境外(含港澳台地区)来粤港澳大湾区工作的高层次紧缺人才给予减按15%所得税的优惠。对于正在发展中的二、三线城市来说,人才的空缺补位需要较长的一段时间来弥补,最终带来了留住人才的两难困境。

(二)减税降费所面临的问题和困难

1. 减税相关配套政策不完善

如增值税抵扣规则过于复杂,要花大量时间和精力审核进项发票和销项发票,特别对于一些中小企业来说,由于缺乏专业人才,难以掌握和处理增值税复杂的抵扣规则。出口退税周期太长,从提交出口退税申请材料到收到款项,需两三个月。同时,税收征管加强以及营改增后,中小微企业面临进项税增值税发票获取困难的问题,降低了企业减税的实际获得感。一些地方政府针对高新企业实施税收增量返还,但并不是将企业多缴纳的税收返还本企业,而是将多缴纳的税收以专项资金投入高新产业中,造成高新企业积极性不高,政策发力不够精准。

2. 制度交易成本居高不下

制度交易成本已经成为区域经济高新技术发展的重要阻碍,成为企业经营的系统性梗阻,对产业结构转型和创新驱动形成了瓶颈制约,并且在一定程度上弱化了产业供给能力的转换和企业微观创新活力的提升。例如,个别地区业务数据不共享、不互通,需办事员重复跑腿;各地行政审批准入标准不一致、实际操作不同步,给企业办理业务带来困惑;还有违规设置前置条件,加重企业负担等。

3. 减税降费措施引导预期不足，企业获得感不强

引导预期的减税降费可以降低不确定性，提高企业获得感，进而增强市场信心。然而，以减税基为主的减税政策文件复杂、实际操作空间较大，信息不对称导致一些企业没有享受到优惠；另一方面，由于减税政策操作具有重复性，造成企业实际减税并未改善。比如，政府针对高新企业与小微企业都有税收优惠政策，企业可以根据自身条件选择其中一种优惠税收政策，两者不可叠加，造成实体企业在面对新减税政策时，没有降税体验感。同时，减税基一般有时限，到期后是否继续执行的主动权在于政府，增加了未来的不确定性，影响社会预期。还有，由于部分园区在招商引资时，已经制定了优惠政策，抵消了中央政府减税降费的效果。在增值税改革方面，也存在着与预期目标不符的问题，主要体现在增值税改革后，应降低企业出厂价格，但是在实际操作过程中，具有较强议价能力的企业占有了剩余利润，使得下游产业的相关企业并不能享受增值税改革的红利。

4. 未来财政收入增速放缓与财政支出刚性矛盾突出

在收入端，我国税收增速与名义 GDP 增速呈现较好的同步关系，经济下行压力加大使得政府面临财政收入增速放缓的压力，未来更大规模减税降费的措施短期内可能导致财政收入增速下降加快。在支出端，支出刚性挤压了减税降费空间。财政政策已经不仅注重扩大需求以实现保增长和稳增长，更多的是要应对社会领域的诸多风险。

5. 企业营商流程审批繁琐

此次代表团在实地调研过程中，企业反映较多的一点在于企业营商流程审批较为繁琐。比如企业在其他地区开立分公司，需要法人本人到当地有关部门办理，带来了时间成本。

（三）土地供给实体企业所面临的问题和困难

与建设现代化经济体系、深化供给侧结构性改革的要求相比，我国土地供给管理仍面临一些问题和挑战。

1. 土地供给管理理念还未转变到位

比如，对土地资源自然属性、经济属性、生态属性和社会属性的认识不够全面，土地资源合理利用和保护观念不强，等等。

2. 土地供需失衡现象依然存在

在一些地方,土地供应与需求脱节,开发强度超出资源环境承载能力,对于发展绿色经济不利。

3. 土地供给引导作用需要加强

土地资源管理机制在保护资源、保障发展方面发挥了积极作用,但实践中仍存在粗放利用和浪费、部分行业和产业用地成本高、农业农村发展动能不足等问题。

(四) 金融扶持实体企业所面临的问题和困难

1. 资本市场难以满足实体企业融资需求

目前,我国发行上市的证券品种已涵盖了股票(A股、B股、H股、N股)及其存托凭证、证券投资基金(封闭式证券投资基金、上市开放式基金、交易型开放式指数基金、开放式证券投资基金)、债券(国债、公司债券、金融债券、可转换公司债券)、权证(认购权证、认沽权证)、资产支持证券(专项资产收益计划、收费资产支持受益凭证)等。近些年来,也通过建立创业板与科创板,降低企业上市标准,以帮助具有潜力的制造型与科技型企业融资。但是,由于中国实体经济基数庞大,上市融资仅能帮助一部分资产优良的企业,对于绝大多数实体企业来说,并未起到作用。一般而言,一家企业若想上市以筹措资金,往往需要面对复杂的审核要求,有的企业投入了不菲的上市成本,却没有上市,失去了发展机遇,影响了上市的效率,加大了融资成本,拖累了企业的发展。

2. 金融诉讼效率不高

随着经济体制改革的深化,一些企业利用破产法的不完善,以破产方式逃避还债,进而导致了大量银行坏账的产生;由于会计、审计、信息披露等标准不高,金融机构诉讼执行效率不高,"骗贷""逃废债"现象屡禁不止。同时,法制环境欠佳,金融债权得不到充分、有效的法律保护,破坏了资金的正常循环,从而导致了金融机构惧贷、畏贷,而信息不对称也影响了银行实体信贷的投放力度。

3. 普惠金融积极性不足

大部分企业普遍是从小微企业或者作坊式家族企业发展起来的,注册资本金少,营业额和运转需要的资金数量明显偏低,导致资金需求的融资额度小,批次较多,频率较高,又没有固定的土地房产,无法给银行贷款提供抵押物,造成融资的困难。目前,尽管我国政府在开展普惠金融取得了较大的进步,但是普惠金融发展依然面临诸多问题:风险高、成本高、收益低、盈利性较差;产品同质化严重,服务体系不健全;小微企业财务不透明、信用记录缺失、信息分散,外部风险分担及补偿机制缺位,缺乏配套的监督管理机制;等等。这些问题均影响金融机构开展普惠金融的积极性。银行等金融机构在贷款给小微企业的动力不足,给实体经济发展带来困难。

4. 高倍利润差额加速虚实背离

在经济转型升级的攻坚期,国内金融部门发展速度已超过实体经济,而且部分地区的金融资产规模也超过实物资产规模,金融部门与实体经济的地位和作用发生互换的表象背后,隐藏了经济失衡的本质,经济体系内的不平衡增加了实体经济的脆弱性。资本的逐利性质决定其必然流向投资回报率较高的领域,实体经济与非实体经济部门之间巨大的利润差,导致整个社会资源向高利润的非实体领域急速流转,虚拟经济与实体经济加速背离,两者在行政管理中存在政策的双轨制。

(五)多种所有制企业政策改革问题

1. 针对外商法相关涉外管理部门还未出台配套措施支撑落地

尽管已经通过了《中华人民共和国外商投资法》,但是在具体落实上,各部门都还并未出台具体的操作办法,使得外商企业还未能充分参与到中国市场中。

2. 国有企业机制改革不彻底不充分,管理人才流失

一些国有企业市场主体地位尚未真正确立,现代企业制度还不健全,国有资产监管体制有待完善,国有资本运行效率需进一步提高;一些企业管理混乱,内部人控制、利益输送、国有资产流失等问题突出。恢复了国有企业领导人行政级别,使国有企业领导人逐步向行政化方向演进。同时由于薪酬制度改革,国有企业的领导层的薪酬受到限制,并不能充分体现其价值,导致大量国有中高层管理人员跳槽。

3. 市场歧视制约民营企业发展

银行在企业信贷方面由于设置了信用等级标准,更加偏好于具备实力的国有企业,需要政府与银行加大沟通力度。同时,在政府购买方面也存在着不同程度的歧视现象,使得民营企业在争取政府采购方面需要花费更大的精力。有的操作层面每次变着法设"坑",导致小微企业劳民伤财,一无所获。

(六)互联网经济挤压实体经济发展

1. 政策双轨制导致实体经济发展困难

不可否认"互联网+"是创新2.0下的互联网发展的新业态,是知识社会创新2.0推动下的互联网形态演进及其催生的经济社会发展新形态。但是,政府在出台政策鼓励互联网商业的创新的同时,存在政策双轨制,比如默认网约车对于较长的路程实施加价功能,但是对于实体企业的巡游车价格则不放开,包括实体企业全员要缴纳社保,而网约车从业者则不缴纳社保,社保成本、用工成本价格机制差异很大。

2. 互联网经济纳税存在漏洞

共享经济是一种商业模式的更新,但是其纳税上存在一定的问题。在共享经济商业模式中,纳税主体很多时候呈现二重性特征,有可能造成对应的税种边界模糊。如滴滴出行的司机大多数是兼职司机,自带车辆兼做专车司机,司机的所得究竟属于个人所得税的哪一个具体项目?类似问题使得共享经济的所得性质划分面临选择困难。无纸化交易与共享经济商业模式融合又为税收监管带来了新的不确定性,如网约车的买方与卖方可以通过网上支付交易完成,避开纳税。同时互联网经济可以基于虚拟网络用较少的成本投入获得较大的产出,但是实体经济则需要承担各种要素的投入。政策双轨导致实体经济发展困难。

二、推动我国实体经济发展的若干建议

(一)强化顶层设计和统筹协调

1. 提升经济包容性,增强宏观经济视野

如何服务好实体经济发展,中央政府需要从多个角度来统筹规划,强化顶层设计,为实体经济的发展创造良好的环境。需要通过深层次、全方位的

市场化改革,进一步提升经济包容性,促进向效率驱动和创新驱动的转变,在改革进入深水区的阶段,通过开放倒逼改革是可行和必要的,当前国内经济社会所出现的深层次难点问题和世界政治经济环境所发生的巨大变化,也让我们更加迫切地感觉到深化改革开放的必要性和紧迫感,因此,各级政府要具有宏观经济视野。

2. 培育战略性新兴产业,增强经济新动能

在新格局下,高新技术产业能够带来更大收益,拉动就业,同时也能够带动绿色经济发展。应以高新技术产业和战略性新兴产业为主导、先进制造业尤其是先进装备制造业为主体,形成先进制造业与现代服务业双轮驱动、产业不断集群化的发展格局。加快传统产业转型升级,加快以高端装备制造、机器人装备制造为重点的先进装备制造项目落地;积极推广和应用物联网、云计算、大数据、人工智能等技术,前瞻布局生物医药、新能源(汽车)、新材料和新一代信息技术等领域;加快发展产品研发、工业设计、现代物流、电子商务等生产性服务业,为实体经济转型升级提供有效支撑。

3. 加强统筹力度,避免同质化过度竞争

由于实体经济所面临的复杂经营环境,中央政府应该着力统筹建立长远产业战略规划,对高新技术、先进制造等领域开展方向引导,使其在空间上能够满足各区域地方政府的需要,避免地方政府盲目投资,从而导致大规模的重复建设,造成同质化过度竞争。各个地方应该根据各自的资源禀赋和发展规划,在充分调研的基础上推动具有地方特色的实体经济发展。同时,应该发挥区域经济的辐射带动作用,完善生产要素供给,为实体经济发展提供有力支撑体系,引领全国实现更高水平、更高质量的发展。

4. 平衡东西部在生产要素方面差异

在此次调研中发现,西部地区反映在供电电价方面存在倒挂现象,即对外输电价格远低于省内用电价格,两者差异加大,使得企业用电成本较高。建议中央政府平衡东西部在生产要素方面的差异,取消由行政因素造成的倒挂现象,减小两者的价格差,使得所有企业能够公平利用政府所提供的要素供给。

（二）改善人才激励吸引机制

1. 各地试点人才公寓，满足人才住房需求

发展实体经济，全面提升城市能级量级，最重要的便是留住人才问题，首要任务便是解决人才居住问题。建议由各地国土资源厅作为主导部门，由购房者与政府按比例出资，共同承担人才公寓建设资金。可灵活建立人才公寓产权制度，由个人产权比例＋指定单位产权比例共同组成，建设共有产权房。在地方工作满一定时间之后，个人可以以优惠价格购置剩余产权比例，实现共有产权向完全自有产权的过渡。人才公寓需要充分发挥政府这只"看得见的手"的作用。

2. 坚持产业留人、人才兴城的战略导向

产业兴则区域兴，产业强则区域强，引进人才的根本目的是开拓和发展新兴产业，人才政策是为了支撑每个地方的战略发展。要大力发展战略性新兴产业，把产业规划和人才引进规划匹配起来，对劳动力需求结构进行测算，使其符合产业结构的调整，达到产业留人、人才助推产业发展的双赢效果。对于人才来说，相比入户低门槛和优厚的待遇，他们更看重的是机遇和未来的发展空间。"引才引智"的同时，更要"用人留人"，把人才留在当地，实实在在地为当地经济发展作贡献。

3. 坚持人才服务的精准导向

人对环境的依赖性较强，人才引进需要地方政府培育优良与宽松的成长环境。人才政策体现了各地对未来发展的需求，但有些城市的公共服务和资源承载能力尚不充足，与吸引人才落户的速度不相匹配。因此，除了给予户口、住房、补贴等优惠政策外，还要同步推进安居、子女教育、医疗、养老等配套政策的制定与落实。要长期留住人才，地方财政在公共服务配套方面必须持续加大投入，持续改善营商环境和政府服务，不断优化城市社会的硬环境和软环境，创造品质生活，提升城市生活的丰富性和舒适度，为各类人才创新创业、实现梦想提供土壤。

4. 推动存量人才再培养

目前，人才政策都是向增量的引进人才倾斜，而这种倾斜有可能会引发一系列的矛盾和不平衡，人才工作，关键是不要以身份画线，而是应以实际的贡献和业绩对各类人才予以公正的评价和激励，处理好增量人才与存量

人才的辩证关系,激发人才。可以鼓励各地设立人才基金,在引进人才的同时,因地制宜地对存量人才进行培养,挖掘人才的发展潜力。

5. 逐步将个税改革覆盖到全部行业

建议逐步将个人所得税减免从片区以及少数行业人才扩大覆盖到全部行业,以减少由于各地人才政策不统一所带来的地区用人摩擦。

(三)落实完善减税降费政策

1. 完善增值税改革

重点是深化增值税改革,提高直接税比重,简化税务申报,优化税务管理,提高征管水平,完善现有减税政策。目前,我国还没有实现三档并两档的既定改革目标。增值税税率三档并两档应尽快实施,16%的基准税率可考虑下调,这在完善增值税税制的同时,也能实现增值税总体税负下降。尽快构建包含事前、事中、事后评估三位一体的全周期绩效评价体系。

2. 在自贸区试点降低企业所得税

降低企业所得税能够保持企业竞争力。相比较于增值税,企业所得税最终由企业承担,而增值税则是由消费者承担。当前发达国家如美国、新加坡、英国以及东南亚发展中国家如越南、泰国等,企业所得税税率已下降至20%以内,低于我国一般企业25%的企业所得税税率。考虑到财政实际情况,建议在自贸区试点施行15%的企业所得税,通过税收优惠吸引增量资本聚集,发展离岸经济,提升自贸区吸引力、竞争力。同时结合税制改革,在完善税制的同时,实现税负下降,而且应当有利于企业公平竞争。

3. 清理规范监督政府涉企收费项目,降低制度性成本

强化外部监督来控制政府行政成本,政府需要梳理涉及企业的收费项目,通过改革减少收费项目,简化企业办事程序与费用,提高企业的行政办事效率。立足区域经济,串联各地政府的信息沟通,让企业办事员减少办事次数。完善减税降费配套政策,如贫困地区财政转移支付、中央与地方财政分享比例、建立地方税体系等。深化机构改革,减轻国家财政负担,释放更大减税降费空间。

4. 简化企业营商流程

政府可以在一些涉及企业行政手续的办理上,简化程序,尤其是减少需

要重复证明的办理。比如企业异地开设分公司,可以在政府官网上录制实名认证视频,优化企业的办理流程,为企业家节省时间成本。

(四)完善实体企业土地供给

1. 统筹兼顾,平衡规划实施的刚性与弹性

在规划功能、开发强度、开发时序的安排上,因地制宜平衡各地块的功能配置和规划控制指标。加强规划的针对性,在坚持"一盘棋"的同时避免"一刀切",体现不同区位的产业基础、空间布局及综合定位的差异性。

2. 增加土地用途管制的包容性

在维持刚性控制总体不变的前提下,适度增加土地用途管制的弹性,实现刚性与弹性、变与不变的有机统一,更好地适应新产业、新业态发展的要求和趋势。规划国土部门在符合控制性详细规划的前提下,应按照"规划弹性引导、土地刚性控制"的原则,研究制定有助于新产业、新业态发展的兼容性地类和相关控制指标,进一步引导土地用途兼容复合利用。

3. 挖潜增容,强化产业空间保障

以容积率调整为杠杆,合理配置产业空间资源。鼓励和引导现有存量产业用地的使用权,在不改变土地用途且符合存量土地利用规划的前提下,通过各种改造手段提高容积率,提高土地的集约利用程度和土地利用效率。对于新供应的产业用地项目,在土地使用权合同和产业发展监管协议明确设定容积率下限要求。

4. 多管齐下,盘活存量工业用地

出台盘活存量工业用地的实施办法。坚持"产权明晰、市场配置、协同推进、利益共享"的思路,出台盘活存量工业用地的实施办法。以工业用地总量动态平衡为前提,加大存量工业用地集中置换、异地用途置换或再配置,切实提高土地利用效率和单位产出效率,拓展产业用地的内涵空间,优化使用效能,完善城市功能。

5. 构建常态化的低效用地退出机制

建立基于综合效益评价的存量建设用地评估体系,明确低效建设用地的界定和判断标准。在项目达产阶段、达产后每3～5年、用地期限到期前进行评估,综合评定项目用地绩效。对布局散乱、利用粗放、用途不合理,以及

不符合安全生产、环保要求和产业政策的低效建设用地进行清理,甚至实行强制退出。引导低效企业退出,对土地保有成本实行差别化的税收征管政策,比如适当合并流转税种、降低税率等,并适当降低土地的转让投资限制,促进土地使用效率,实现土地资产在流动中的增值增效,引导低效用地及时退出。

(五) 深化金融扶持实体企业能力

1. 完善体制机制建设,推动普惠金融发展

在宏观政策层面,应进一步加强货币政策支持,从差额存款准备金、再贷款、普惠金融债券、宏观审慎评估政策等方面,强化对普惠金融业务的正向激励与引导。此外,还应加强财税政策支持,通过贴息、补贴和风险补偿等方式,撬动银行和社会资金投入普惠金融领域。银行应不断创新金融产品,来适应小微企业的融资需求。在监管层面,应建立健全普惠金融监管框架。确定银行业普惠金融常态化考核指标,设立较高风险容忍度,稳妥有序地推进互联网金融风险专项整治工作等。例如,重庆在防范金融风险的前提下,对符合条件的小额贷款公司,经审批取得互联网金融资质,有效地发挥普惠金融的倍数效应。

2. 完善金融机构信贷投向监管,防范对虚拟经济过度投放

金融监管部门应进一步加大监管力度,确保将银行表外理财业务纳入广义信贷考核,促使银行缩小表外理财规模。根据信贷投放规模,按比例计提支持实体经济发展的最低保证金存入央行账户,对金融机构信贷投放实时监测,发现资金大量脱离实体经济进入虚拟经济后,按制度追究金融机构责任,实施分阶段退出市场惩戒。

3. 完善证券市场,加大金融产品创新力度

降低企业上市标准,允许更多高新与先进制造企业通过上市完成资本积累;同时加强证券市场监管,完善企业退出机制。在防范金融风险、确保金融安全的前提下加大金融业开放力度,更好地吸引集聚各类金融机构。围绕实体经济群体所处的行业特点、市场特点及企业自身特点,确定合理的服务定位、价格和盈利空间,立足产品使用对象、贷款用途以及信贷额度等要素,设计满足客户群体的一揽子信贷需求的金融创新产品。

（六）完善不同所有制企业发展政策

1. 尽快建立外商投资法相配套的措施

做好与现有政策的衔接，应规定已经颁布的外商投资准入规范性文件与《外商投资法》抵触的，一律废止。保障经济主权和独立性原则，对负面清单仍应严格执行，以保证相关行业的安全及国民经济的稳健发展。及时制定《外商投资法》实施条例，对于负面清单范围内的仍然适用审批制的外商投资项目，应同步制定和实施审批法规，使审批要求、程序和时限等均有法可依，更有利于提升营商环境。《外商投资法》的通过以及相关配套措施的实施，将有利于中国更好地吸引外资。

2. 继续深化国有企业机制改革

坚持国有企业领导人市场化改革方向，取消国有企业领导人的行政级别，努力培养一支适应市场竞争的企业家队伍，坚持和不断完善国有企业职业经理人制度的改革，警惕和防止国有企业领导人行政化的倾向和趋势。坚持政资分开、政企分开的大方向，坚持建立现代企业制度改革的大方向，遵循产权制度改革和混合所有制改革的基本规律和基本要求。坚持国有企业领导人薪酬制度改革市场化。改革国有企业内部薪酬机制和分配制度，建立起与业绩挂钩的长效激励机制，通过股权、期权等多种模式增强国有企业管理层积极性，提高国有企业领导人过低的薪酬水平，逐步将国有企业领导薪酬机制与人才市场接轨，调动国有企业领导人的积极性。

3. 积极营造民营经济公平发展环境

例如，在政府采购、基础设施招投标等领域不人为设置限制民营企业参与竞争的条款，与国有企业一视同仁，增强民营企业家对经济前景的信心。在国际环境多变以及国内经济疲软的情况下，提高政府购买力，将能够有效地提振企业家的信心。

多种所有制企业在中国市场中所反映的需求并不相同。总结起来是，外资企业期待享受国民待遇，减少干预，能够与中国企业被同等对待；民营企业所关注的则是融资与市场大环境，尤其是对于中小企业来说，更加关注成本与利润问题；对于国有企业来说，体制约束是制约其发展的重要问题，针对国有企业的体制改革，能够释放出国有企业更大的活力。

(七) 推动实体经济与互联网经济融合发展

1. 实体经济与互联网经济政策并轨

互联网与实体经济是互补关系,不是替代关系,所有的互联网都建立在实体经济的基础上。互联网的发展一方面消除传统地域、行业、虚实的边界;另一方面融合了现代经济和传统经济的要素。随着中国和世界接轨的程度日益提高,互联网在现代经济主体的生产、交换、分配、消费等经济活动中扮演着越来越重要的角色。政府在促进鼓励互联网经济发展的同时,也应该注重与实体经济相融合,两者政策一致才能给予实体经济发展空间。

2. 明确互联网经济税收政策,统一征收标准

修订税收征管法,明确平台型互联网企业的披露义务,加强交易信息的把控力度。通过接入电子商务企业的管理平台,实时将从大型平台电商处获得入驻自然人的交易信息推送至主管税务机关。另一方面,加强支付信息的把控力度。由于支付手段的多样化,应当和电子支付提供商(支付宝、财付通等)建立稳定的信息共享关系,完整获知自然人支付信息。采取"电商平台预扣预缴与个人申报相结合",堵塞税收流失;设立网络税务机构,接受社会举报与监督,专司电商税务管理。

上海市全国人大代表"扶持实体经济与释放企业活力"专题调研组
召集人:樊 芸　徐珏慧　朱建弟
成　员:殷一璀　王安忆　王秀峰　王俊峰　朱芝松　汤　亮
　　　　寿子琪　吴光辉　沈春耀　张本才　陈　虹　陈　靖
　　　　陈国民　陈鸣波　邵志清　昃　云　顾　军　黄迪南
　　　　董传杰

总报告三

推动新时代上海退休干部工作高质量发展

上海市委老干部局专题调研组

为加强和改进本市退休干部工作,本市成立专题调研组,聚焦退休干部政治、思想和党组织建设(简称"三项建设")、发挥作用、精神文化建设以及困难帮扶等,采取深入基层单位调研、召开各类座谈会、组织抽样调查等方式,了解工作中存在的问题,提出相应的对策建议。

一、开展新时代退休干部工作研究的背景

开展新时代退休干部工作研究,主要有两方面的背景:

(一)贯彻落实中央、市委有关离退休干部工作部署要求的需要

从中央要求来看,中组部部长陈希强调,"要积极研究解决退休干部服务管理问题";中办发〔2016〕3号文件明确,要"进一步完善退休干部服务管理办法"。从市委要求来看,市委书记李强要求聚焦政治引领,聚焦中心大局,聚焦离退休干部需求期待。市委组织部部长于绍良强调:"要积极研究解决退休干部服务管理问题,加大对特殊困难退休干部的关心慰问和帮扶力度。"这就需要我们从老干部工作部门负责退休干部"三项建设"、发挥作用、精神文化、困难帮扶等相关职能的实际出发,研究落实中央和市委提出的新要求。

(二)主动顺应本市离退休干部队伍变化、更好地满足退休干部多样化需求的需要

从队伍变化来看,目前,全市约50万离退休干部中,退休干部约48.8万

人,占97.6%,并还将逐年增长,成为离退休干部队伍的主体。从需求特点来看,退休干部思想状况活跃,需求复杂多样。调查显示,在思想教育需求上,退休干部的需求内容和形式多样化,如65.1%有意参加老干部(老年)大学学习,且60.5%赞同将党组织关系转到社区;在发挥作用需求上,90.2%愿意带头参加垃圾分类活动,65.1%希望所在社区根据他们的专长分类组织发挥作用;在精神文化需求上,70%对文化娱乐活动感兴趣,近五成愿意就近参加社区组织的各类文化、体育兴趣活动。在困难帮扶需求上,退休干部生活中排在前三位的困难是看病住院、家政服务、生活照顾,并希望党委政府建立困难帮扶机制。这就需要我们适应离退休干部队伍结构、需求的深刻变化,研究如何更好地满足退休干部对美好生活的新期待。

二、本市退休干部工作需要研究解决的问题

近年来,在市委市政府的高度重视下,在全市上下相关部门的共同努力下,本市退休干部工作得到了加强和改进。但从调研情况看,仍有不少需要研究解决的问题:

(一)退休干部内涵和外延尚未清晰界定

在调研中,很多同志反映,退休干部的身份界定目前还不够清晰明确。比如,退休教师、医生哪些纳入退休干部范围,企业退休干部的身份又该如何认定等。这一问题,造成各单位在统计退休干部、开展相关工作时,由于对象范围的掌握口径不一,出现底数掌握不清、工作对象不尽相同等情况。

(二)退休干部工作职责边界亟须规范厘清

退休干部工作涉及组织部门、老干部工作部门、人社部门等,这些部门分别承担相关工作职责。在调研中,不少同志反映,由于没有出台退休干部工作的具体办法,现实中存在部门职责相对模糊、管理职能存在交叉、落实督办不力等问题,造成基层单位在退休干部工作中出现多头管理、各行其是等情况。调查显示,23.7%的退休干部感到退休干部服务管理政出多门,职责不清;50.5%希望市里从顶层设计的角度规范退休干部管理职责边界。

(三）退休干部"三项建设"亟须进一步探索加强

在调研中,不少同志反映,部分干部退休后,放松自我要求,有的甚至思想消极等。比如,个别退休干部党员长期不参加组织生活、不缴纳党费、不与组织联系,问卷调查显示,退休干部党员未到社区报到的超过五成;又如,一些非党退休干部处于无组织、无要求、无人管的"三无"状态,思想状况不如退休干部党员。同时,退休干部党组织建设有待进一步改进和规范。比如,调查发现,有24.8%的退休干部党支部每季度或半年过一次组织生活,很多单位对退休干部党员到社区报到、亮身份没有提出要求;不少同志反映,支部很多工作由支部委员具体落实,希望将其列入工作补贴发放范围;还有的反映,本市开展城市社区退休干部党建试点工作的做法很好,但由于缺乏明确、统一的工作标准等导致工作发展不平衡,很多常规型和功能型退休干部党支部也缺乏必要的活动经费支持,希望对此项工作在制度上予以规范。

（四）退休干部困难帮扶机制亟须进一步完善

中办发〔2016〕3号文件明确,"加大对特殊困难离退休干部帮扶力度,通过开展党内关怀、推进志愿服务、纳入社会救助、拓宽帮扶资金渠道等办法,对身患重病、失能、高龄等有特殊困难且符合条件的离退休干部,给予更多关心照顾",陈希在今年全国老干部局长会上还提出,要积极探索退休干部困难帮扶的有效途径和方式方法。调查显示,只有58.1%的退休干部反映所在单位有好的帮扶措施;一些企业反映,早些年在企业退休的市管局级干部退休金基数低,相关退休干部希望市里出台相关帮扶政策。很多同志还反映,目前本市退休干部困难帮扶主要从福利费中列支,但由于福利费标准不高、存在资金紧缺等问题,希望市里牵头建立长效帮扶机制。

（五）退休干部工作的方式方法亟待改进创新

调查显示,部分老干部工作部门开展退休干部工作的方式方法仍存在不少突出问题。比如,一些单位在工作理念和思维模式上,仍习惯于运用做好离休干部服务的方式方法开展退休干部服务工作,对加强党建引领、突出社会化管理服务大方向做好退休干部工作的研究不够系统深入。又如,面对不断增长的退休干部队伍及其日益增长的多样化需求,一些单位还缺乏利用信息化手段等开展工作的意识和能力。

(六)退休干部工作的相关保障亟待加强

调研显示,目前本市退休干部工作在绩效考核、人员力量、工作经费等方面存在保障不足的问题。比如,市级层面尚未将退休干部工作纳入市管领导班子和主要领导干部考核内容。又如,有的同志反映,目前退休干部参与志愿服务等工作缺乏相关经费支持,如老干部大学讲师授课费和老同志学费报销比例偏低,希望适时研究出台相关政策。还如,一些社区缺乏必要的经费支持,造成退休干部在社区组织开展活动难。

三、加强新时代本市退休干部工作的对策建议

经过调研分析,从本市退休干部工作面临的新形势、新任务出发,我们提出如下对策建议:

(一)凝聚思想共识,切实加强对新时代退休干部工作的组织领导

在新时代背景下,退休干部已成为离退休干部队伍的主体。各级党政部门要从尊重党的历史、巩固党的执政基础的政治高度,进一步深化认识,按照中办发〔2016〕3号和沪委办发〔2017〕8号文件要求,切实把加强退休干部工作摆上重要议事日程。要加大对老干部工作部门负责退休干部"三项建设"等职能职责的宣传力度,破除有关各方认为老干部工作仅仅是做好离休干部工作的思想观念。

(二)明确工作对象,清晰界定退休干部的内涵外延

为解决好为谁服务的问题,从全国来看,一些省市在对退休干部内涵和外延的界定上有许多共同之处。比如,北京市退休干部信息采集范围包括公务员、参公人员、事业单位"管理人员"和"专业技术人员"、国有企业和国有控股企业"管理人员"和"专业技术人员",人员身份认定不清的请各单位组织人事部门把关。山东省退休干部采集范围包括全省机关、事业单位和

企业的退休干部,其中企业退休干部为党委、党委组织部门、国有资产监督管理部门或行业主管部门任命和管理的企业退休人员,或领取了退休干部证的企业退休人员。建议参照兄弟省市做法,结合上海实际,会同组织部门明确本市退休干部范围,为精准做好退休干部各项工作夯实基础。

(三) 完善工作机制,构建科学合理的新时代退休干部工作体系

构建职责清晰、科学合理的工作机制是做好新时代退休干部工作的重要方面。

1. 要针对当前工作中存在的问题,建议本市相关部门协调配合,形成由市委组织部牵头、市委老干部局、市人力资源社会保障局等相关部门协同推进的工作机制,重大问题提交市委老干部工作领导小组研究确定。市委组织部负责牵头抓总,并将退休干部工作纳入领导班子和领导干部绩效考核以及基层党建责任制检查内容;市委老干部局负责全市退休干部政治待遇落实、"三项建设"、发挥作用、精神文化建设、困难帮扶相关工作的指导,加强相关工作研究、制订相关工作计划、部署相关工作任务、进行督促检查;市人力资源社会保障局根据工作职责,负责退休干部相关工作的指导;在加强退休干部政治思想建设、组织开展有关活动、困难帮扶等方面,市委老干部局和市人力资源社会保障局建立联手推进的工作机制。

2. 要引导各区、大口党委及所属单位原则上参照市里的做法,明确部门职责分工,理顺管理关系,完善协调机制,畅通管理渠道;同时,街镇党组织要将居住在社区而组织关系保留在原单位的退休干部党员纳入社区党建工作范畴,并按照上级要求做好非党退休干部有关工作。

3. 要按照沪委办发〔2017〕8号文件要求,适时研究制定加强和改进新时代退休干部工作的办法,提升这项工作的制度化规范化水平。

(四) 突出党建引领,切实抓好退休干部"三项建设"、发挥作用、精神文化建设、困难帮扶等工作

按照中央和市委要求,老干部工作部门要切实承担退休干部"三项建设"、发挥作用、精神文化建设、困难帮扶相关工作。

1. 要以政治建设为统领,认真落实各项政治待遇,建立干部退休分级谈话制度;健全完善区离退休干部党工委运作机制,以组织体系建设为重点,进一步完善退休干部党组织设置,引导退休干部增强"四个意识",坚定"四个自信",做到"两个维护"。

2. 要进一步推进城市社区退休干部党建工作,适时出台加强和改进此项工作的制度规定。

3. 要为退休干部发挥作用创造更好条件:市、区、社区分层搭建供需对接平台,研究在符合规定的前提下给予相应午餐等补贴。

4. 要整合各类精神文化活动资源,加大供给力度,健全工作机制,进一步丰富退休干部精神文化生活。

5. 要关注特殊困难退休干部的需求,借鉴兄弟省市做法,会同相关部门,研究制定困难退休干部帮扶实施办法。

(五)注重理念创新,探索符合新时代要求的退休干部工作方式方法

要按照中央要求,改进新时代退休干部工作的方式方法。

1. 要坚持创新发展理念,将创新贯穿于退休干部各项工作始终,推进思想观念创新、体制机制创新、方式方法创新。比如,以信息化为重要抓手,在加快建立健全退休干部信息库和"上海老干部 APP"建设基础上,进一步提升上海退休干部工作信息化能级和智能化水平,促进老干部工作精准化规范化。

2. 要坚持协调发展理念,深化退休干部党建与发挥作用、"三项建设"与困难帮扶、发挥作用与关工工作、离退休干部党建与城市基层党建等各项工作之间的协调发展、融合发展,特别是要以党建为引领,探索形成"党建+发挥作用""党建+精神文化""党建+困难帮扶"等的机制方法。

3. 要坚持开放发展理念,打破自我循环和封闭模式、跳出惯性思维和桎梏,主动将退休干部工作融入老龄事业发展、城市基层党建、公共文化服务体系等大格局中思考和谋划,在社会化服务管理的大方向下,探索更加符合退休干部需求、更加符合时代发展趋势的工作新路径。

4. 要坚持共享发展理念,既保障退休干部依法共享社会各类养老资源、改革发展成果,又充分动员他们的积极性,助力上海经济社会发展。

（六）健全保障机制，为新时代退休干部工作提供有力支撑

健全保障机制，提供必要的人员编制、经费等支持，是做好新时代退休干部工作的重要保障。

1. 要强化工作力量。市、区老干部工作部门对内设立机构及力量配备进行适当调整，适应中央和市委对退休干部政治待遇、"三项建设"、发挥作用、精神文化建设及困难帮扶等工作提出的新要求；各单位根据工作需要，配备必要的工作力量；街镇根据城市社区退休干部党建工作的职责任务，明确专门工作机构，配备专门工作力量。

2. 要加强经费保障。在退休干部福利费、管理活动经费方面，建议相关部门协同研究，适时提高人头费标准并出台经费使用的具体操作办法，便于各单位具体执行；在退休干部党组织骨干工作补贴发放方面，建议参照北京、重庆、安徽、四川、湖北、江西等省市做法，回应老同志关切，把支部委员纳入补贴发放范围；在城市社区退休干部党建工作方面，建议各试点街镇以项目化运作的方式编制及列支专项经费，并明确各类非建制型（包括常规型、功能型）退休干部党支部活动经费及骨干补贴发放标准和列支渠道。

3. 要建立考核机制。要落实中央、市委文件有关规定，切实将退休干部工作纳入各级领导班子和领导干部考核范畴，并加强经常性督促检查，确保中央和市委各项要求落到实处。

总报告四

关于上海闵行华漕转型发展的观察和思考

王泠一

自闵行区华漕镇以许浦村为典型的拆违工程取得决定性胜利之后,腾出来的物理空间除了用于必要的环保安排和绿化建设之外,转型发展和提升能级就是一道必答题了。从这一区域的优越地理位置全面衡量,城市化新元素的注入和配套显得很迫切。近日,笔者对华漕镇进行了初步考察,涉及该区域的金融开发、国际学校、医疗园区和养老康复机构设置等热点议题。现结合上海市情、区域发展态势和本人的实地观察心得及掌握的市场需求信息,进行如下的转型思考以供交流。

需要强调的是:转型不仅仅意味着经济体量的升级或产业替代,更是社会事业繁荣、国际元素丰富的整体性进步和功能型再开发,同时进一步促进经济发展。

一、华漕可以成为国际基础教育示范区

上海的基础教育,目前被西方国家在内的国际社会公认为世界一流。我曾经接触过上海小学数学教材和师资力量被英国教育部赏识的课题,最近的一次就在2020年春节前夕,包括闵行小学数学老师在内的85位上海同行前往英国支教再获成功,得到了英国教育部、中国教育部和中国驻英国大使馆的高度评价。英国主流媒体进行了充分的报道,除了支教英国当地的小学教员外,还到中国境内采访英资或英国学校,其中就有闵行华漕的英方设立的教育机构。可以说,闵行境内以华漕为代表性的国际基础教育水准,

也是被公认为世界一流的,更是上海的骄傲!

因为以前参加过中韩建交谈判的准备工作,积累了不少韩国人脉,包括韩国驻华使馆和驻沪总领事馆的官员们,以及在沪韩国商会会长。在与我会晤时他们都会提到闵行和赞赏闵行的投资环境好!他们眼中排名第一位的投资环境要素是其国民子女(包括投资者和公共机构人员)是否能在父母工作地接受与其国内同轨的基础教育,并且在孩子高中毕业之际也拥有考入世界一流大学的竞争能力。第二位是医疗保障,除了直接的治病、手术等还有康复型的服务。第三位是和当地投资市场的货币互换条件,在华及上海就是人民币和其韩币之间的自由兑换课题。

韩国国民极为重视教育,包括基础教育,在上海主要是在闵行的韩国家庭也是如此。韩国人和上海也很有缘分,在笔者单位上海社会科学院附近的马当路上就有大韩民国临时政府旧址。其起因是和"五四运动"同岁的"三一运动"在当年的汉城失败后,韩国独立运动的元勋和追随者就流亡到上海,继续从事抗日复国事业。而在那样艰苦的环境中,当年韩国临时政府志士的子女都在上海得到了受教育的援助。

所以,1992年8月24日中国和韩国建立大使级外交关系之后,韩国就谋求在上海开设总领事馆(管辖韩人在华东地区的业务),其中第一项重要工作不是建立在沪韩国商会,而是选址韩国学校。于是在闵行七莘路上很早就有了韩国学校。而2006年7月搬到闵行华漕镇的新建学校占地面积为26 895平方米;建筑面积为18 581平方米。其中,小学部26个班级,初中学部9个班级,高中部11个班级;最新统计学校有1 070名学生,114名老师和15名行政职员。而这个学校招生范围为单一的韩国籍学生,学子年龄段涵盖幼儿园至12年级;其学业完全对接韩国国内基础教育的水准。目前,在闵行韩国家庭的思想观念也在发生着明显的变化,除了在闵行、在华漕继续融入中国市场和中国社会之外,他们相当信任华漕韩国学校的同时,也开始认为复旦大学、上海交通大学和同济大学为世界一流大学;这三所大学的留学生里出现了华漕韩籍学子。

随着华漕韩籍学子在复旦大学国际文化交流学院等知名机构出现得越来越频繁,我认为闵行教育局及华漕镇政府应该考虑相关生源的对接工作。主要目标就是帮助在闵行、在华漕的韩籍家庭了解上海的高校和国家汉语水平考试,必要时举办固定机制的高校留学生招生华漕说明会、适时举办中韩基础教育国际合作论坛,以进一步推介华漕区域发展型的投资环境。教育的真谛是追求获得感,即主要是学子的能力发展空间、家庭包括外籍家庭的国际标准认知、教师的专业化成就感、学校自身的品牌化声誉和区域如闵行或华漕的形象口碑。教育理念和实践成就的交流活动,往往比单方面的招商引资更有说服力。同时,教育能级的自我提升也涉及整个区域发展水准和经济质量的继续进步。在这些方面华漕镇已经初现端倪。

如教育部门最新的统计是:华漕镇现有民办学校包括:民办初中1所(闵行外国语中学),学生490人;民办双语学校2所(诺德安达、美高),学生2 123人;民办摩根亨利幼儿园1所,学生150人;来沪务工人员随迁子女学校1所(华博利星行小学2个校区),学生3 278人;民办三级幼儿园有5所,幼儿2 057人。就目前发展态势而言,镇域内民办教育呈两极分化趋势,随着基础建设的逐步完善,虹桥商务区、国际医疗园区等大量高端企业的入驻,低端民办教育将逐年萎缩,而中高端民办教育必然将面临良好的发展前景。其中,不必忌讳最后淘汰低端民办教育,这是市场选择和社会选择的共同必然。随着这一区域低端制造业的消亡,华漕和闵行不应该继续成为外来务工人口的导入区域;相应地高端制造业和现代服务业的进驻,在提升单位面积利税空间的同时,自然对中高端民办教育需求强烈。

二、以国际医疗园区为枢纽捕捉增长级

医疗卫生,原来在中国社会一直被称为社会公共事业,并特别强调公益性和白求恩精神。从进一步解放思想角度,国家战略体现的医疗卫生健康行动,即强调的是健康,并在政府公共财政安排上予以倾斜。然而中国社会的实际情况是通过改革开放40余年的财富积累,出现了先富起来的群体,国际机构预测中国的富裕人口已经达到了4亿人左右的规模;这部分先富起来的群体,一个显著的特征就是谋求高端医疗和健康服务,并为海外市场所瞄准。马来西亚、泰国等东南亚风景区,就专门开设了对华医养旅游服务项目。与此同时,在华主要是在北京和上海的高端外籍人口也充分信任这两个国际大都市的医疗水平,如果在医疗、康复和市场机制上有所衔接,外籍

人口是愿意在我们的医疗机构里享受服务的。

因此,我们应该承认医疗卫生健康市场的客观存在。在保证群众基本医疗保障的前提下,完全可以开发高端国际医疗园区,吸引高水平国际化的医疗机构入驻,与提升先进健康理念同步,把闵行打造成为上海这一未来的亚洲医疗中心城市的主打区域。通过实地考察,我认为,目前华漕的地理位置已有基础,是可以进一步以转型发展的积极姿态,使这里成为这一主打区域的国际化的核心地带。客观地说,在华漕布局建设一个具有辐射能力的高端医疗健康服务市场机制,不仅是闵行的需要,也是上海完善高端服务格局的需要,更是进一步服务长三角区域一体化的必然。目前,长三角其他城市在先进制造业集聚方面,其配套能力和商务成本都比上海有明显的优势,但是在医疗健康高端服务方面则是完全仰仗上海的。

华漕镇毗邻虹桥机场和上海进博会主场国家会展中心,高速铁路和公路紧密相连;上海市内地铁系统也在逐渐完善之中。因此,通达能力堪称一流。笔者询问了好几家医疗机构的负责人,也都认为选择华漕进行医疗健康高端服务资源的精确布局是及时的,也是富有远见的,并且可以和浦东的国际医疗园区形成呼应。

我在调研中也了解到:华漕的新虹桥医学园区规划面积约100公顷,其中一期约42公顷,二期约58公顷,按照"总体规划、分步实施"的原则进行开发建设。经过数年的筹建,截至目前,医学园区一期医疗项目全部落地,部分诊所和医技服务等项目率先投入试运营,其余项目正在抓紧施工建设;二期同步开展规划调整、土地征迁以及医疗项目招商储备。这一园区的总体目标设计是:建设成为具有国际水准的"医、教、研、康、养、游"为一体的医疗服务集聚区,立足大虹桥、辐射长三角、定位国际化;在闵行区域经济发展和城市化进程中,通过产城融合,拓展提升产业发展内涵,打造城市新名片。可以说,发展新姿态明显。

不过,资料显示:早在2010年4月,这一医学园区项目就获得上海市发改委立项批复。次月,闵行区正式启动园区土地动迁征收工作。9月,新虹桥国际医学中心被纳入原卫生部和上海市"部市合作"项目范围。为了促进园区开发,闵行区设置园区开发建设双重主体——上海新虹桥国际医学中心工作推进小组办公室(事业编制机构)和上海新虹桥国际医学中心建设发展有限公司(国有独资公司,注册资本3亿元,后陆续增资至4.5亿元),分别负责医学园区产业发展规划、招商和医疗项目投融资。2011年12月,时任副市长沈晓明召开专题推进会,提出上海新虹桥国际医学中心的发展应遵循"市场化、高端化、国际化、集约化"原则。而我在实地调研中感觉到,看上去还是像初步运行的这个园区还需新能量注入,尤其是根据高端化、国际化的要求,需要补充3个关键元素。

(一)直升机救援平台。除了常规低空服务体系外,国际贵宾如果是乘坐私人公务机抵达虹桥机场之后,肯定需要通过直升机进行摆渡再抵达国际医疗园区的。

(二)专业律师事务所。目前,我调研中的园区还只是医疗机构的联合体。一旦规模化的国际贵宾需求形成后,就必然会要求专业律师提供与医疗相关的服务。

(三)货币化结算服务。这也是我在调研中发现的一个短板,而接待人员就此也没有实际的主见和思考。汇率和利率,都是未来国际医疗园区所必须熟悉的业务。

三、高端养老服务应积极应用人工职能

整个闵行地区的人口质量目前处在合理状态,年长者幸福、年幼者求学、创业者奋斗、创新者求变,展现出一派欣欣向荣的和谐景象。但是,整个上海中心城区的人口已经基本老龄化,至2025年长三角区域也将必然进入老龄化的状态。

如果从积极乐观的角度来观察,老龄化实际上就是长寿社会的新常态。而且以国庆70周年为时间段概念的话,现在包括上海在内的长三角城市老人都有相应的市场化支付能力,消费需求包括健康服务、私人定制的自由行旅游、具有纪念或庆典意义的聚会、宠物服务,以及能跟上时代节奏的崭新学习型生活需要。

这些市场需求一旦把握得准确,就会形成新型的后持续的消费能级。在对华漕镇的实地调研中,也接触了以幸福家园为理念的老龄化公寓服务项目。但是我发现就是基本上实现了公寓化,特别是在物业管理和常规起

居方面如此,特色上并不明显,甚至和大学宿舍的管理比较接近,而且食堂的伙食供应还是比较机械。

在此,我提议尽快地将人工职能的社会化成果应用于高端养老服务。目前媒体提出了"未来已来"的乐观判断。这些判断和动态报道,往往都是从产业核心竞争力或经济发展后劲角度展开的。那么,人工智能对老龄化生活有啥帮助呢?

这也是前些时间,我母亲向我提出的问题。80岁高龄、教师出身的她智能手机玩得很顺溜,还会编辑视频及远程辅导小孩子学习英语。她的问题,其实也是很多人关心的,因为绝大多数市民基本不会去从事人工智能这个行业,那么这个行业如何亲近?我挺认真地思考了一番,觉得开发得好的人工智能会很有乐趣。

目前,关于人工智能(Artificial Intelligence)的基本定义是:它是研究开发用于模拟、延伸人的智能的理论、方法及应用系统的技术科学,英语的简称就是 AI。人工智能是计算机科学的一个分支,该领域的研究包括机器人、语言识别、图像识别、自然语言处理和专家系统等;人工智能带来的新产品将会越来越聪明。

比如说在华漕的社区或公寓里,可以有一个乒乓球运动员机器人陪伴老人来锻炼。这个机器人只防守,并会积极地喂球,让初学的老人能很开心、很轻松地击中;而让原先有技能的老人则多战几个回合,甚至有些难度才能得分;比赛结束还能评估你的体能和技能,并给出合理建议。同样的科目,还有围棋、象棋和国际象棋以及桥牌等。当然在具体智能设置中,也没有必要让老人们输得太厉害。

这是在室内,天气晴好的野外也可以其乐无穷的。比如说在闵行及华漕的公园绿地举办活动,我就多次发现多种漂亮的鸟儿在树枝上聆听。原来除了给它们喂食及洁净的水,它们还有精神需求呢,它们知道和人生活在一起。如果智能语音系统开发成功,也就是说我们能够说些鸟语给它们听,它们的叽叽喳喳能够通过智能翻译互动,那么人和自然是多么和谐啊!每年的爱鸟周也可进入新境界了。

同样的道理也适用于老人和宠物的互动,如猫经过多年、反复的训练,能够听懂主人大概20多句生活类指令。日本的动物学家已经破译出宠物猫的 100 多句语言和语气的含义,如果智能化人猫互动的对话神器开发成功,那么,我们也就大约能够知道高冷莫测的波斯猫在思考什么问题了。

关于人脸识别系统,其应用范围应该很广泛。如银行业务、个人就医、出入小区、交通出行等方面,都可以提供便利和安全。不过,近日我遇到几位清晨河边的垂钓者,他们对人脸识别系统却并不感兴趣。他们感兴趣的则是应用功能型的鱼脸识别系统,也就是说有个智能神器,最好装备在墨镜或鱼竿上,能够在一定的时间和空间,识别水下的鱼、鳖、虾、蟹等垂钓品种及大致体重;个子小的就放过去,个子大的自然就不客气了。类似产品一旦研发成功,我相信就是消费升级了。

当然,人工智能也不是万能的。如就是在生活乐趣方面,它并不能够替代人类的亲情。老人是要和孙子、孙女或外孙、外孙女亲近的,哪怕就是按照第三代的模样和语音私人定制出机器小孩和老人互动,那也不是我们情感的归宿和需求。

(作者单位:上海社会科学院)

总报告五

访谈曾宪一校长：引领社会体育风尚的汇学精髓

徐诚鸿　张程硕

拥有169年辉煌历史的著名学府上海市徐汇中学，被誉为"西学东渐第一校"。即1850年（与首届伦敦世博会同年）成立于徐家汇的这所百年老校，是近代中国引进当时国际先进基础教育制度的先行者和示范者。我们现在所遵循和熟悉的近现代数学、物理、化学、体育等课程体系，最早就是徐汇中学开设并传播到上海乃至全国的。徐汇中学最初提出崭新的育人理念之际，当时的清王朝还在顽固地坚持科举制，即以八股文来选拔所谓的"栋梁之材"。历史学家们也已经证明：徐汇中学创立之初就展开的国际化体育课程、球类与田径专门项目训练、举办大型校际运动会，以及跨出校门的竞技比赛，开启了上海体育的风气！在本年度徐汇中学秋季运动会之际，笔者就校园体育课题与曾宪一校长进行访谈。

一、体育理所当然是汇学精髓

因为显赫的办学历史和不懈的教学探索，徐汇中学在基础教育和全面发展的育人理念方面已经形成了自身特色体系。其学说被称为"汇学"，在全国同行中享有盛誉。不过，以往家长和教育专家们谈及汇学时总是突出文化科目以及国际交流选项。如今，曾宪一校长从学校均衡、科学发展和学生未来长远竞争力角度出发，特别强调了"体育理所当然是汇学精髓"的观点，让人有耳目一新之感。

曾宪一校长是正高级语文特级教师，但他对体育的热爱和校园体育工作的重视在徐汇教育界享有口碑了。他很钦佩的教育家就是近代伟大的爱国者、徐汇中学的首届毕业生和复旦大学的创始人马相伯;而马相伯从来就是把学生体育从增强国民体质的高度来谋略的。曾校长很自豪地告诉我们:田径最初由徐汇中学呈现在上海之际就出现过轰动;并且通过学校的解释而引领了社会开化。

如学校举行100米、200米和4×100米接力等短跑类运动科目,不仅体现了阳光下中国少年的体魄和竞争力素质,还直接促进了厘米、米、公里(中国传统为寸、尺、丈);及秒、分钟、小时(中国传统为时辰)等现代精确物理单位概念在中国的传播。又过了一些年,徐汇中学的女生也能身着运动服参加短跑、跳远、跳高甚至游泳训练和比赛了,这就进一步地摒弃了封建思维而促进了妇女解放。

而上海体育史也告诉我们:上海是全国口岸中最早引进国际体育比赛和训练器材的港口,如乒乓球、足球、排球和篮球。那引进来以后如何有效展开、如何普及公众呢?翻译体育规则就显得非常重要,这个现在看起来具有战略导航意义的任务就是由徐汇中学的老师们通力完成的;当年的这些汇学成果迅速走向全国。

二、如今的体育特色与国同辉

徐汇中学的体育教学还赋予了爱国主义主题的鲜明色彩。曾宪一校长本身就是个体育迷,他喜欢乒乓球、排球;又因为出生于东北的缘故,自幼擅长滑冰的他还热情于推介冰雪运动项目。我们都知道乒乓球作为中国的国球,不仅群众基础好,而且作为国际体坛的常胜之师,给了我们无数的国家荣誉!而中国女排,作为一种时代精神的象征,更是我们民族自豪感的源泉。曾宪一校长认为:新中国第一位世界冠军容国团前辈代表国家乒乓球队提出来的"拼搏精神",对各行各业都是鼓舞士气的法宝。而在校学生的意志力及抗挫折能力的培养,也得强调拼搏。

而谈到中国女排,曾宪一校长很赞赏郎平的贡献。他在电视机刚刚进入家庭的时候就观看女排国际大赛的直播,那时郎平是著名的"铁榔头"!现在,他更加关注郎平作为中国女排总教练和灵魂的非凡作用。这种作用不仅体现在"升国旗和奏国歌"的竞技体育庄严使命中,还体现在如何专业的、科学的、聚精会神的提高整个团队的组织能力和凝聚力!曾宪一校长认为,这对学校管理工作也相当富有启发,也不仅仅是激励体育老师,就是对其他科目的老师也是专业发展上的指南。

为何如此关注郎平的示范意义呢?曾校长对此强调说:不懂体育就当不好校长,至少是不怎么称职的校长;同时,一个不喜爱体育的学子,也不会是一个全面发展的好学生。现在基础教育理论所突出的"五育并举"和均衡发展,都对学子的体育素养有了更新的要求。曾校长希望:热爱体育并且身体素质一流的汇学学子在离开徐汇中学大门之后,都能够健康地为祖国奉献才华,为母校赢得荣誉。

在曾宪一校长、学校决策层、体育教研组和热爱体育的学子家庭支持下,徐汇中学的体育特色近年来凸显分量,并且着眼于国家需求而展开基础性的训练。如2018年以来的徐汇中学,先后被评为全国足球特色学校、全国篮球特色学校、上海市体教结合先进单位、上海市区属女子篮球二线运动队学校。更富有诗情画意的是:徐汇中学被评为上海市2022冬季奥林匹克(运动)教育示范学校。

三、黄俊彦:丰富体育课程体系

在2019年度徐汇中学秋季运动会的前一天下午,紧张筹备工作中的学校体育教研组长黄俊彦老师专门抽时间接受了笔者的访谈。工作多年而教学经验丰富的他,对学生总是一副热心肠。在访谈中,黄俊彦告诉我们:近些年徐汇中学体育工作,在曾宪一校长的直接关心以及学校各学科同仁的共同关爱下,取得了新进步。

这种新进步,在黄俊彦看来是全方位的。如关于学校秋季运动会的项目,既是过去一年汇学体育工作和学子们身体素质的总检阅,也是新学年的总动员。他介绍今年秋季运动会的特色在于:非常强调综合,且分为3个板块,分别是入场式、体育竞赛、趣味运动。其中,体育竞赛和趣味运动都由团体项目和个体项目组成。和曾宪一校长一样,体育教育组的全体教师都十分看好校运动会的建设性。

关于学校秋季运动会的意义,黄俊彦和所有的体育老师都一致认为:这是一个展现少年意志和青春力量的舞台,更是有榜样精神。无论是单项比赛,还是团体项目,都能体现出学子的精气神,激发了学子们践行"更快、更强、更高"的奥林匹克精神的决心与力量。在黄俊彦看来,体育是能够促进学子的长远发展的。

换言之,促进学子的长远发展理应是徐汇中学体育的发展方向。为了增强学生对体育的兴趣和增强学生体质,体育教研组开设了更多关于体育的课程。其中丰富的高中课程就有足球、篮球、排球、田径、乒乓球等传统类型科目,以及网球、武术、飞镖、健身操、啦啦操和体育游戏等新类型选修课。另外在初中阶段也开设有冰球、射击、棒球、空手道和跆拳道等近年来颇受欢迎的力量型课程。

徐汇中学的各类项目,都积极地参加了上级部门举办的校外竞赛。如在近些年各类学生体育比赛报道中,都能看到徐汇中学的佳绩。黄俊彦如数家珍地告诉笔者:在 2018 年和 2019 年,徐汇中学参加的体育比赛一共有 8 项,它们是 2 个国家级比赛、3 个市级比赛和徐汇区级比赛;同时,也举行了 2 个校级比赛。而徐汇中学的运动员们斩获颇丰,其获得的竞赛优胜项目有区级 15 项和市级 27 项。

那么,学子在体育锻炼方面还有那些欠缺呢?黄俊彦坦率地告诉我们:确实存在着部分学生在身体锻炼中不主动、不积极的现象,觉得不如利用锻炼时间完成其他课程作业,甚至还有一些学生不认真上体育课。调研中还显示:家长们也很少关注孩子在课余时间的自主锻炼,兴奋点偏重于文化课。这当然需要改变的。

四、杨越:以女排精神激励奋进

2019 年 10 月 19 日,秋高气爽、晴空万里。学子们期盼已久的上海市徐汇中学 2019 年汇学秋季运动会,借地上海民航职业技术学院拉开帷幕。曾宪一校长在开幕致辞中强调了体育锻炼的重要性,希望汇学学子德智体美劳全面发展。

趁着学校运动会召开之际,笔者对初三女生杨越同学进行了访谈,从中了解了不少她对于学校体育教育的感受。杨越同学爱好排球,但刚入学校的时候,完全是不熟悉排球或者叫作零起点。正是学校对于体育教育的重视,使她从不会排球到爱上排球。对于这个成长过程,杨越认为,老师、教练们都很优秀,待人也和蔼可亲,既能给学子们专业的基础训练,又能够给求学者无微不至的照顾。在她看来:"排球对我们来说不仅是爱好、是锻炼,更是徐汇学子未来梦想的寄托。"

作为已在徐汇中学开启第四年学习生涯的汇学学子,杨越的切身感受是:"学校重视体育教育,旨在培养我们汇学学子的体育兴趣爱好,发掘我们的潜力。既是锻炼我们的身体素质,也是为了国家培育未来的新一代。"杨越很是推崇曾宪一校长的体育观,即曾校长多次强调过:"一个人的人生的终极目标就是健康与幸福。而健康又分为3个健康:第一身体健康;第二心理健康;第三道德健康。一个人如果身体不好、长期生病,肯定是不会快乐的。所以,任何一个学子想要真正接受素质教育,第一就是需要身体好。在这基础上,其他都有存在的发展可能。"

杨越同学也谈到了女排精神,她眼中的中国女排是不断攀登、超越自我的国家符号。她很钦佩地说:今年秋季,中国女排不仅拿到了2020年东京奥运会的入场券,还在女排世界杯比赛中,更是以十一连胜的不败战绩获得了第10个世界冠军。因此,中国女排得以享有最高礼遇,登上国庆花车,受到亿万国人敬仰!

我们也发现:也许在最近几年的记忆里,中国女排一直代表中国的骄傲。然而真正回顾中国女排走过的更长的奋斗道路,我们更会发现:这一路有坎坷,最可贵的并非是一次次胜利,而是永远在逆境中不言放弃的女排精神。所以汇学学子也要像中国女排一样敢于拼搏、决不放弃;脚踏实地、勤学苦练;无所畏惧、勇攀高峰。唯有用坚强意志一次次战胜困难,才能无愧于自己和新时代!

(作者单位:上海市徐汇中学)

总报告六

对话光启小学校长曹庆明：
跳水冠军摇篮的家国情怀

刘 俊

2019年7月17日，韩国光州国际泳联世锦赛女子10米跳台决赛；两个月后才14岁生日的陈芋汐横空出世。她以439分夺得冠军，这是中国队时隔6年再夺该项目冠军。喜讯传来，上海沸腾，徐汇沸腾！因为，毕业于百年老校徐汇区光启小学的陈芋汐，是地地道道的上海本地姑娘，也是新时代体教结合的徐汇典范。在这之前，同样是光启小学校友的吴敏霞、火亮和掌敏洁，也分别且多次为祖国获得奥运金牌或世界冠军殊荣。可以说：光启小学是跳水冠军的摇篮。

一、体教结合的初心与使命

知道笔者从事校园体育和德育的关联研究，民盟徐汇区委主委于东航和徐汇区教育党工委副书记王亦群不约而同地建议我访谈光启小学校长曹庆明。其实我认识曹庆明校长已15年，引见人是时任徐汇区教育党工委书记王纪远；起因是徐汇区政协到汇师小学调研，向我和其他政协委员们介绍学校改制、新时期课程改革与体教结合、学生健康理念等发展状况的就是曹庆明。不多久，曹庆明调任光启小学校长；之后我和他的碰头，都是同为徐汇区政协委员而在会场间交流。

我当年在上海社会科学院科研处任职，王纪远很认真地建议过我去光启小学调研，调研的题目就是体教结合。而曹庆明校长，那几年更担心体育特长生的升学率如何提高，以及不能成长为专业体育选手后基础教育如何补台？还有就是中心城区学校如何破解运动场地硬件不足？这些课题实在是太沉重了，所以我一直没有按照王纪远"到人民群众中吸取科研养料"的吩咐去光启小学进行实地调研。这回托陈芋汐夺冠喜讯之福，我和曹庆明校长时隔10年后又见上面了。

我们7月23日下午的见面和对话是在天平街道办事处；曹庆明校长也充分了解到以爱国主义教育为主题、以身边道德楷模为榜样的天平德育圈，已经全面实施5年多了。这回我们就发掘校友冠军的德育思政元素、校园体育文化的积极孵化、体育特长生的文化积淀等话题，进行了深入的探讨；也仿佛重新开始了10年前的课题研究。探讨下来，我发现光启小学和曹庆明校长的探索已经走在时代的前列，走出了一条体教结合的新路，蕴含着跳水强国的德育基因和文化动能。

曹校长告诉我：零陵路上的光启小学已经有146年的历史了，原来叫汇南街小学；强身健体、报效国家，一直是校史上教育先贤的育人理念。2002年，徐汇区对基础教育资源进行战略性调整；汇南街小学和天钥桥路小学合并后更名为光启小学。而新的命名，一方面是为了纪念明代杰出的科学家、徐家汇名称的来源徐光启，另一方面则是希望光启小学的学子们能够在德、智、体、美等多方面得到均衡、全面的发展。公办的光启小学目前有20个班级、55位教师和700多名学生。学校的正对面，就是八万人体育场和未来的徐家汇体育城。

二、冠军校友吴敏霞的德育元素

关于体育人才的基础培养方面，新的机制已经逐渐成熟。曹庆明校长具体介绍道：从2009年起，即南丹路小学合并到汇师小学之后，徐汇区的体操和蹦床的小运动员，就全部到光启小学就读了，每年15～20人。他们到小学二年级之后就分流了，其中70%的学生陆续退役；继续从事体育训练者则选择跳水、游泳、体操和蹦床，即主要是水上项目和人体技能科目。而再早些时候，光启小学就已经展开了和东亚体育俱乐部的体育人才合作培养工程。如在徐汇区教育局的支持下，双方一起探索从幼儿园开始进行人才选拔，继而就读光启小学。

其后,光启小学和曹校长还进行过这样的探索:徐汇区少体校的学生和东亚跳水俱乐部的学生,在光启小学进行单独编班(俗称"体育班")。而学子们每天离校的时间不同,如跳水选手是每天中午 12 点 15 分离开;体操一线选手是每天下午第一节课后、体操二线选择则是下午第二节课后离校。当然,老师们最初是有顾虑的:上午正规上课、下午正规训练,体育班的学习成绩能跟上吗?经过学校党支部的努力和老师们的深入讨论,光启小学达成了共识——即为国家培养体育初级人才,进而以合格的小学文化毕业水平输送到市队和国家队,责无旁贷!

曹庆明校长还告诉我,除了在工作激励机制上向体育班老师进行必要的倾斜外,为国家荣誉、为体育事业奋斗的精神激励更为重要;对他、对班子成员、对骨干教师们来说,这既是初心,也是使命。令曹庆明难以忘怀的是:2008 年北京奥运会之后,光启小学邀请到了吴敏霞、火亮回母校庆祝夺冠,之后极大地鞭策和鼓励了这项中国奥运金牌大户项目在学校的积极开展,直接影响了陈芋汐!

而吴敏霞身上的德育元素,让光启小学的老师们更加看重。曹庆明如此对我说:"教过吴敏霞的老师都说她从小就很刻苦,做事情很认真。上午要完成文化课学习,下午要参加训练,一般老师布置的作业,她都要到晚上 9 点钟完成;其他队员都睡了,她也坚持要把作业写完。"曹庆明还强调说:"吴敏霞一直是孩子们的榜样,她没有惊人的天赋和耀眼的光环,她靠默默承受去坦然面对各种质疑;她并不完美,先天性贫血和先天性胯关节、髋关节突出的客观身体条件,让她坚持走这条路比别人都要更艰苦。但最终她就是靠着拼搏和努力,获得了成功。"

三、班主任傅琦眼中的陈芋汐

关于新的冠军,曹庆明说:别看姑娘小,这枚沉甸甸的金牌里可饱含着她 10 多年来多少的汗水和泪水⋯⋯任课老师们也感慨:3 000 多个日日夜夜,她和小伙伴们努力训练着,每一跳都凝聚着小姑娘的心血。提及陈芋汐,她的班主任傅琦更是激动:小姑娘在校学习时非常刻苦,她上午完成文化课程,下午参加训练,课后的预复习,她都坚持训练后认真完成,其他队员都睡了,她仍然挑灯夜读……

傅琦老师是科班出身,毕业于上海教育学院的小学教育专业,1987年毕业后就在徐汇区的天钥桥路小学任教语文学科;后来学校并入光启小学,她就成为光启小学的老师并继续执教语文。对此,我是很钦佩的,因为很不容易的是三十年如一日地坚守在教师的岗位上。我和她是同时代的人,深知1987年时段物价的飙升。那时,青年老师的月工资还不到100元,但徐家汇一碗辣肉面已标价2元;到了20世纪90年代初期,反差更是强烈。不少老师选择了跳槽,或者是到海外去镀金,那个时候能够坚守小学教师岗位,在我心里类似于战士坚守边关。

傅老师自己喜欢的运动项目有乒乓球、游泳、体操和排球,她欣赏的著名运动员则是吴敏霞和孙杨。傅老师也是个伯乐,她很自豪地坦言自己一直看好小芊汐的运动天赋,她还清晰地记得初次见面的情况。因为每届新生入学前夕,光启小学的班主任有家访的传统;虽然是初次见面,小芊汐有些腼腆,但还是很有礼貌地和老师打了招呼。"乖巧、懂事",就是小芊汐给班主任傅老师的最初印象。

之后,傅老师一直陪伴小芊汐在光启小学毕业。从傅老师的介绍中,我还得知小芊汐出生在一个运动世家。小芊汐的父母从小也是运动员,如今父亲是教练,母亲是大学老师。在傅老师的美好回忆里:芊汐妈妈很健谈,待人和气,能够包容和理解他人,也很善于沟通;虽然孩子每天都得训练半天,但还是支持孩子参加各项少先队的爱国主题活动。芊汐爸爸虽然话不多,但做事一丝不苟,也不断给孩子意志力方面的积极鼓励。傅老师还对我强调说:"5年寒暑,和家长相处得非常愉快。"关于爱徒的未来,傅老师也很直接地希望在东京奥运会上看到她再夺金牌。

白衣天使篇

杨慧峰：用心守望"生命之托"的最后驿站

张锋平

誓言很朴素："我希望，从今天，真正能'舒病人痛，缓家属忧'。"2014年12月10日，金山卫镇社区卫生服务中心安宁疗护病区正式启用，作为护士长的杨慧峰，在工作日记本上将誓言一笔一画地写下。一如她始终牢记并践行25年前加入护理团队时立下的誓言般，这句话不仅仅写在了日记本上，更是深深地刻在了她的心里，落到了对每一位病人悉心的照料之中……

一、一句"善意谎言"，却是心底诺言

"阿公啊，你们不要急，住到这里就跟在自己家一样，都会好起来的。""阿婆，没事的啊，慢慢来，住在这里很方便的。"住到这个病区的病人，除了偶尔出现的奇迹，短则三五天，长则几个月，就会完成生命的谢幕。明明知道情况不会好，但见面第一句话，杨慧峰和同事们总会说一句善意的谎言，给病人和家属送上几句安慰的话。这善意的谎言，更是杨慧峰心底的诺言。她希望竭尽所能，在每一位病人生命的最后时光里，能够最大限度地减轻病痛，让生命平静安详有尊严地作别这个世界。

"唉，不如早点死了算了……"2016年2月24日，杨慧峰在查房时又一次听到老张病痛难耐而诅咒自己的话。老张直肠癌晚期，入院后刚止住咳嗽，又开始呕吐得无法进食……在一次次的开导交流中，杨慧峰早已摸透了老张的心理。这次，她决定和老张"谈谈死亡"。因为在平时的聊天中早已知道老张或多或少对佛教有些信仰，于是她就滔滔不绝地讲起了对生死的

看法,还特意和他谈论"死往何处"的问题。

见杨慧峰讲得头头是道,老张还真是被震住了。很长时间,他都聚精会神听着,视线片刻也没有离开杨慧峰的目光。"小杨,你不是共产党员吗?"老张认真听完后,疑惑地指着杨慧峰胸前鲜艳的党徽。"正因为我是党员,所以更要全心全意为人民服务。在咱们这个病区,不管用什么办法,只要您的疼痛感减轻了,人舒服了,我们的服务就到位了。"后来,杨慧峰还专门请来癌症康复志愿者和一批批的爱心人士,在大家的共同关心下,老张的眉头舒展了,后来还能进食了。

然而,就在医护人员和家人为之欣喜的时候,3月26日晚上8点,老张的病情突变。值班护士打电话给杨慧峰时,杨慧峰因身体不适正在输液,电话里嘱咐值班护士按照老人信仰的仪规办理后事。但杨慧峰还是不放心,就拔掉输液管急匆匆赶到了病房,老张的爱人握住来不及擦去手上血迹的杨护士长的手时感动不已,在杨慧峰的柔和开导中,张老伯面容安详、安然离世。杨慧峰一边联系志愿者,一边安抚悲痛的家属。事情办理完毕,已是凌晨4点,她又忙着为志愿者们煮小米粥。这时,老张的女儿见护士长一夜没休息,就过来帮忙。杨慧峰和老张的女儿聊起老张在医院里的点点滴滴,取出舒缓之《印象》的记录本,打开关于老张的故事——《一个儒雅的老人》,老张的女儿泣不成声:"你们比家属还上心啊。"办理完丧事的老张家属,3次上门来致谢,还送来了"舒缓疗护,菩提花开,最后驿站,功德无量"的锦旗。

实际上,这样的故事常常会在这里发生,墙上的锦旗挂了一层又一层。2018年,安宁疗护病区就接待了200多位生命晚期的老人。他们的需求甚至信仰,也是不尽相同。为了心底的诺言,杨慧峰一直忙碌地穿梭于安宁疗护病区。起初,病区刚成立,人手紧张,缺乏经验,她从病房设置到环境布置,从人员招募到流程设置,无一不是亲力亲为;后来,她着手建立"爱的港湾"志愿者队伍、开展志愿者培训、制定志愿者服务和管理制度、打造志愿者之家、组织志愿者活动;再后来,为了照顾不同信仰的人临终真正的需要,她学习各种宗教知识,请教佛教的临终关怀,接触基督教的唱诗班,寻找天主教的牧师……

不到5年时间,"爱的港湾"志愿者团队从最初的6个人,到目前的238人,总服务时长13 000余小时。志愿者团队也在2017年被评为全国学雷锋志愿服务"四个100"最佳志愿服务组织。

二、不负"生命之托",感化"特殊亲人"

"上午,老寿来了。在同事周洁的见证下,取走了寄放在我这里的钱:7 200+500。花费的情况详细作了说明。另外,高×辉2月份送给我们2个玉镯和一块玉石,一并交付给了老寿。"2015年5月13日,杨慧峰在日记中写下了上面这几行文字,回忆着把自己喊作"亲人"的高先生,现在把"亲人"的钱物交到他父亲手里,她心里面踏实多了。"今天病区迎来了至今最为年轻的病患,高×辉……他孤身一人,没有家属陪伴,甚至连生活用品也没有……'70后'的他,怎么会无人关心? ……'我到这里就是来混日子的,不要问我病情,也不要打听我的故事。'……真不知道,我们能不能温暖他,有幸聆听他尘封已久的往事。"(2015.1.23 工作日记)

"高×辉住院10天了,每天随着他情绪波动……有时候,是痛哭流涕,哭诉命运无常的苦情戏;有时候,是大发雷霆,拍桌子、扔东西的动作片……而更多的时候,他安静地躺在床上,关紧门窗,拉上窗帘……我们就这样陪着让他肆意地发泄……"(2015.2.2 工作日记)40多岁的高×辉是一名晚期肿瘤患者,起初,他脾气暴躁、孤僻,不配合任何治疗,家人也因此遗弃了他。为他找护工,换了一个又一个,因为他脾气暴躁,护工往往做不到一天就不肯干了。然而,杨慧峰和同事们陪伴,慢慢地焐热了高×辉的心。高×辉说食堂的饭菜不合胃口,杨慧峰及同事们就帮他做汤圆、馄饨、饺子……天天换着花样煮给他吃;高×辉不经意间说想吃小时候吃过的点心,杨慧峰想方设法把50千米之外七宝古镇的"七宝糕"捧到了他的面前……

护士节那天,杨慧峰收到快递送来的一束鲜花,小卡片上写着"亲人节快乐!"正是高×辉为她订的。他内心已经慢慢把病区的医护人员当作了亲人。后来高×辉把银行卡和身后事都托付给了杨慧峰这位"亲人"。而看着一天天衰弱的高×辉,杨慧峰找到了他的家人,通过一次次的交流和劝解,在生命的最后时刻,他也终于得到了家人的谅解和关爱,不留遗憾地离开了。

实际上,从每一位病人到来的那一刻,杨慧峰和她的团队就已把他们当成了亲人。杨慧峰和姐妹们已经记不清楚为多少个"亲人"在病房里过过生日了。甚至很多人,在这里过的是第一个有人唱生日歌的生日,也成为他们生命中唯一一次。82岁生日的沈×珍、40岁生日的高×辉、96岁生日的雅贤婆婆、83岁生日的阮大爷……漂亮的鲜花,甜蜜的蛋糕,温馨的祝福,幸福的泪水,无不让人为之动容。病区志愿者活动室墙壁上一张张照片,记录了病人的最后一次过生日、最后一次理发、最后的笑容、最后的告别……也记录着杨慧峰和她的团队为了心底的诺言无尽的付出和温暖的收获……

也正因为这亲人般的守护,这里也曾不止一次诞生过生命的奇迹。比如,2016年6月14日,杨慧峰在日记《出门》中曾提到自己和志愿者们去看望30千米开外的从安宁疗护病区勇敢走出去的蒋阿婆的事情。"如今,谈到死亡已不再恐惧,把身后事都交代给我的蒋阿婆,似乎比别人更坦然,走过了这道门,前面,是另一番景致。"

三、坚守诺言,最高境界在"守心"

"不求门庭好看,但求两脚着实。"这是爷爷曾经跟杨慧峰说过的话,也是杨慧峰为人处世的真实写照。杨慧峰出生在农村一个特殊的家庭,两代都是招的"上门女婿",她口中的"爷爷"实际上应该是"外公"。然而,在这个四世同堂的家庭,那种朴素的善良基因却一直都在默默地传承着。爷爷今年已经94岁高龄。在杨慧峰的记忆中,爷爷有推拿的绝活儿,几十年来,十里八乡左邻右舍,凡是扭伤、抽筋的乡邻都喜欢找爷爷帮忙治疗,但他从来都是分文不取。

杨慧峰的母亲是村里的"老娘舅",前些年还成了"老伙伴计划"的志愿者,常常上门去为年龄更大的老人服务。而父亲也是深受传统文化影响的知识分子,信守"吃亏是福",终生与人为善。1995年,杨慧峰从卫校毕业后,就选择回到了家乡的卫生院,从一名普通护士做起,希望能够用自己的所学为乡邻们减轻病痛。"我志愿献身护理事业,奉行革命的人道主义精神,坚守救死扶伤的信念,履行'保存生命、减轻痛苦、促进健康'的职责。"杨慧峰一直在用行动践行着加入护理队伍时的庄严宣誓。

近25年来,从普通的护士到护士长,她在繁忙的工作之余,从未放弃学习。先后取得了管理学学士学位,国家二级心理咨询师证书,还深入钻研中医,打下了坚实的中医药基础。她说,自己懂得更多一点,就可能帮到更多的人。然而,命运从来不会眷顾任何人,唯有自己更加坚强。2005年,杨慧峰的父亲查出癌症;仅仅1年后,80岁的爷爷又不幸罹患癌症。为求诊一位中医,她带父亲上过长白山;为熬一味中药,8小时守护在煎锅边;为了减轻亲人的病痛,她独自一人39小时往返河南租借治疗仪……

杨慧峰为父亲洗头、洗脚、按摩……可终究没能留住至亲至爱的父亲。《弟子规》中讲到"丧三年、常悲咽、居处变、酒肉绝",从父亲出殡回来的那天起,杨慧峰就开始素衣素食,两件简单的棉布衣裤穿了三个夏天。从家庭到工作,从亲人到病人,杨慧峰说,或许这之间存在着角色的转换,但只要有了"同理之心",一切都会自然而然。

曾在妇产科工作多年的杨慧峰,当时每天看到的都是新生儿,是希望,常会收到喜糖,常会看到整个家庭幸福的笑容。如今,她和她的团队,常要面对的是最后的告别,是生命的谢幕,是悲痛的泪水。当问及这中间心态和角色转换,这位护士长反而显得愈加平静:"生与死,都应该满怀对生命的尊重。""病人把很多事情甚至身后事托付给我们,正是对我们的信任。"也正因为总是怀着同理心,杨慧峰和她的团队,才能够把每一位病人当成自己亲人,才能够不负这"生命之托"。实际上,富有同理之心的杨慧峰,时时处处都以真诚对待她身边的人和事。还是一名普通护士时,有病人送她一麻袋台灯,她原封不动交到院办;有病人家属出于感激送她1 000元购物卡,她婉言谢绝;看到报纸上一则关于白血病女孩的信息,她二话不说捐出了自己2 000元补贴……

杨慧峰带领舒缓疗护天使团获得了"2015年度上海市标杆青年突击队"称号和"2018年上海市五四青年(集体)奖章"。她个人也获得了"金山好人"、"金山区优秀护士"、"金山区优秀共产党员"、上海市优秀慈善志愿服务组织者、上海市巾帼建功标兵、首届上海市十佳社区护士长提名奖等荣誉称号。

(作者:上海金山区金山卫镇党委副书记)

枫林剪纸：以海派非遗致敬白衣战士

王泠一

假如没有这场突如其来的武汉保卫战，元宵节前后，以海派风范著称江南的枫林街道剪纸艺术馆一定是热闹非凡。如今全民抗击疫情格局，让基层干部们在以洪荒之力投入战斗时，也迫切需要鼓舞士气的昂扬号角。"延长了寒假的孩子们已经行动起来，他们或绘画，或诗歌，或致信……让我们感受到了捍卫家园的磅礴力量！"徐汇区枫林街道党工委副书记沈佩青如此感慨。

但沈佩青和她的同事们，更想做些有利于孩子的事情，为他们的寒假贡献一些"少年强则中国强"范例。只是这居家和在线的情况下，如何更好地丰富寒假生活呢？在沈佩青和我在春节里的微信交流中，我们达成了共识——发挥海派剪纸不拘一格、兼容并蓄的艺术优势，以逆行英雄和白衣战士为作品构思母本，发动枫林剪纸馆经常性联络的民间高手和艺术家，一起来为鼠年元宵打造一道曙光！

一开始，沈佩青还有点担心短时间内艺术家们的创作是否会感到为难？虽然海派剪纸在徐汇区、在枫林社区有着强大的群众基础，几乎就如同乒乓球在社区的普及程度。但我认为，艺术家们心中都有一团火焰，不会对孩子的诉求和如此慷慨逆行的白衣战士们没有心灵上的触动。同时，枫林街道党工委和办事处一贯注重社区文化建设，以及根据区域自身优势资源积极营造社区大党建格局。如2019年11月我调研枫林街道时，和其党工委书记王万金就有过一场深入交流。

当时，王万金书记就很自豪地告诉我：枫林街道的行政辖区，集结着上海一批优秀的三甲医院，如中山医院、龙华医院以及上海精神卫生中心等，还有著名的上海医药集团总部也在其社区。枫林社区的居民们科普素养很有基础,在上海、在徐汇也是很有名的长寿社区。因此,街道党工委区域大党建的核心工作理念就是"建设健康枫林"。记得王万金书记还说,这理念得到了好多社区共建单位党委的高度认同和大力支持。我也觉得,社区文化应该与之有个相对应的互动。

我曾告诉王万金和沈佩青,关于枫林海派艺术剪纸馆的缘起,我这个客卿比他们两位东道主更加熟悉。最初是16年前的事情了,那个时候政府部门间的条块分割如同泾渭分明,不像现在可以一网通管、一网通办,做好事难度不小。如枫林街道办事处要在辖区内的东安公园搞个群众性的剪纸交流活动,首先就得获得绿化市容局的批准,接着就是请交警支队来维持公园前道路秩序,当然还要得到文化局的支持,因为剪纸已经进入非物质文化遗产的名录。而剪纸要进入校园得到传承如提议辖区内的东二小学开设相关兴趣课程,一定要得到教育局的批准。

在这种背景之下,要单独打造一个枫林社区海派剪纸艺术馆,是需要勇气和韧性的。在当时徐汇区委书记茅明贵、区政协主席张旗等区领导的鼎力支持下,和同时期姚鹏程、惠雅芳、曾如亭等相关枫林街道负责干部以及我本人的不懈努力下,枫林这一全国首家海派剪纸艺术馆终于建成了,并成为社区群众心目中的艺术殿堂。邻近艺术馆的东二小学也成功地开设了剪纸课程,假期里的孩子们高高兴兴地在非遗传人孙继海老师的指导下,剪出了自己和老师的生肖像。

有一段时间,我还是个蛮积极的决策咨询专家;在市委、市政府的相关会议上会遇到一些权威人士。他们知道我心中有个剪纸馆,也就纷纷提出建议。如曾有上海市纪委的领导询问我"剪纸能否反映反腐倡廉";市卫生系统的负责人则提议剪纸不妨体现白衣天使的形象以及弘扬中医等内容;市体育局自然更在乎上海奥运冠军的剪纸形象。这些意见我都及时地告知了枫林街道,并在作品中得到了一一体现。上海世博会时,枫林剪纸艺术馆还因展出了"清明上河图"作品而轰动一时。

2019年以来,在王万金、章忠华、沈佩青等现任枫林街道党工委领导们的努力下,社区的剪纸艺术又有了长足发展,和徐汇的发展、上海的风范以及新时代的要求更紧密地结合起来了。如猪年之尾,枫林社区党建办公室主任金莉就很自豪地告诉我：社区的群众性剪纸队伍已经形成，再也不必担心传承问题了；而且枫林海派剪纸已经走向长三角，甚至还走进了进博会的国家艺术展示场合，成为艺术家们的口碑和骄傲。而她自己，还特别喜欢一个猪年生肖的作品，好活泼！

时至鼠年春节，保卫武汉迅速演化成为保卫家园、保卫祖国，白衣战士和逆行英雄的光辉形象占据了艺术家们和每个同胞的视野与心头。就像鲁迅先生所说的：中国自古以来，就绝不缺乏为民请命的人。当下，白衣战士成为孩子们和群众心目中的时代楷模和民族脊梁。如在大年夜，第一批驰骋武汉战场的上海援鄂医疗队中就有地处枫林街道辖区中山医院、龙华医院的勇士身影，同时上海医药集团党委也动员了全部资源配置武汉前线。在枫林社区，"健康枫林"概念更是深入人心和家门；群众和孩子齐心协力要把"病毒闷死"，党旗在线上高高飘扬。

与此同时，剪纸艺术家们以对白衣战士的无比尊敬，积极响应枫林街道党工委的号召，为这场决定公共卫生前景的保卫战留下了自己的主题作品。这些作品无愧于新时代，从剪纸艺术的特有角度讴歌了什么是崇高、什么是无畏、什么是牺牲。中国人的特性是乐观的，在元宵佳节来临之际：剪纸和天使如此拥抱。而同时，也是这个延长了的寒假对孩子们的线上艺术熏陶，并值得与更多群众共享。

本文写作之际，被武汉友人誉为"当代王二小"的当地抗疫英雄李文亮医生在2020年2月7日的黎明之前殉国，引发无数悲痛。而我要告诉孩子们的是：既然是决战，就会有牺牲，就会有烈士！前赴后继、赢得决战是勇士们的品格，更是庄严的国家使命。中国必胜！等到春风传佳讯，我们再来告慰牺牲者，我们当然也可以用剪纸艺术来表现这"抗疫第一哨"的不朽形象！

（作者单位：上海社会科学院）

上海市第八人民医院
"医二代"夏令营纪实

翁黇懋

暑期的一个周五,2019年7月12日阴雨天气,我有幸经我的课外德育老师王泠一博士推荐,经八院宣传科朱健科长的邀请,获得了一次非常有意义的课外活动——参加上海市第八人民医院"医二代"亲子夏令营活动。早上8点钟,我就兴高采烈地来到第八人民医院8号楼的会场,放眼一看,都是和我差不多的大、小同学们,一开始,在开营仪式上,几位老师介绍了这次活动的内容和要求。

经介绍知道,本次活动由上海市第八人民医院党办、八院工会、八院社工部以及八院宣传科共同举办,本次"医二代"亲子夏令营活动参加对象主要有:八院在职职工子女、幼儿园毕业班至小学毕业班小同学;医院的医生和医院职工。

听介绍后,我在想:"我这次一要好好参加这次难得的特殊夏令营活动,既能开阔眼界,又能增长医学方面的知识,开营仪式后,我们按照活动的流程,先进行探访超声医学科,我和同学们一起跟着老师们先行来到了超声医学科B超室。"老师对我们说:"各位,你们知不知道B超都是用来做什么的吗?"一看,举手的人一大片,我也举了手,老师随身请了一位同学作答,那位同学说:"B超室一般都是给肚子疼、头晕的病人做检查的。"老师说:"非常正确。"在B超室里我看到了一张床和一台机器,我想:为一位病人做B超,应该先让他躺在床上,然后将机器的扫描仪放在病人的肚子上,就可以看出病人的哪个部位出了问题了。

当第一位同学开始体验时,我很高兴,因为事实和我想的一样,当我体验的时候,突然感觉到有种莫名的害怕,再一想,我没生病,我只是参加活动来的,可能是因为平时来医院大多都是病人的关系吧,想到这我放松了很多,作为体验者,我只扫描了一个同学肚子部位,就已经满头大汗,手酸背痛了,感受到:"呀,平时医生真的好辛苦啊!"但是医生不是像我们这样体验,他们是每天都要接待大概100多位病人,想想都觉得累。此时,我感觉医生这个职业一下子在我心中变得高大起来,变得让人尊敬,我们都要学习好医生的吃苦精神。

接着,我们来到了门诊志愿者岗位,挂号的人真多呀!排着长龙似的队伍。我们看见站在墙边的一位志愿者,他正在认真地接待每一位病人的询问,热情地为他们指路,回答他们的问题。我想这些志愿者这么辛苦,又是这么的认真,他们难道就这样,不休息吗?这时一位老师问那位志愿者:"阿姨,你平时做志愿者累不累啊?"那位志愿者说:"不累,一天都没有板凳坐,就连吃饭也不能坐下来,这种经历都已经习惯了。"老师问:"你什么时候吃饭呢?"志愿者说:"早上3点15分吃早饭,10点到10点半吃午饭,下午4点到4点半吃晚饭。"我感受到了原来志愿者是这么辛苦,为了服务好病人错时用餐,我之前以为志愿者是坐在一边为人们指路和服务的,想来比一般工作轻松多了,可万万没想到会这么劳累,出乎了我们的预料。

再下面,我们要去听一下陈锐医生介绍她自己为什么要选择当医生。陈医生说她小时候,与我们差不多大时,看到这些穿着白大褂的医生印象深刻,有一次她生病了,医生帮她解除了病痛,给了陈医生很大的触动,她当时就开始立志,想成为一名医生,也要为病人们解除病痛!

午饭后,我们听王娓娓医生讲解怎样做心肺复苏,首先把人的上衣脱掉,再双手相扣,掌根放在胸部凹进去的部位,然后双膝跪地,双手用力往下压。听说王医生是上海市第八人民医院老年科的一位主治医师,守护着广大患者的健康。从踏入工作岗位的第一年起,她总会在繁忙的工作之余抽空做志愿者,倡导慢性病管理,参与医疗保障,开展急救培训,至今已坚持了整整9年。王娓娓医生加入上海市红十字会应急救护师资队伍以来,凭着扎实的医学功底,娴熟的操作技能,跻身上海市红十字会骨干师资,主动参与各类急救相关知识的培训,开展心肺复苏、AED使用、搬运等技能授课,惠及近200来名学员。为调动学员们对突发情况的应变速度和处理能力,王医生和其他老师一起商议,设计各种可能发生的危急情景,通过情景模拟演练帮助学员们将急救知识融会贯通。志愿者始终在路上,王娓娓医生不仅将救命技能带给社会,更是一种始终向上、向善的能量传递和渲染,使得这座城市富有生机,饱含热情,以蓬勃的活力迎接八方来客。

然后,我们来到了康复科体验,我们的任务是让这里的病人感到快乐。我们每人都先做好了一个手工,接着我们玩了一次记忆力的游戏,就是违规者拿出3张图,我们分为3组,每组要选出3个人记住分给本组的图片,一个人记住形状,一个人记住颜色,一个人记住方向和位置。我们三组还原完自己的图片后,都交了上去,可是结果证明,没有一个小组的还原是对的。最后我们又玩一种乐高似的玩具,搭一些东西,有些老人也情不自禁地跟着搭了起来,有人搭了个房子,有人搭了个机器人……各种各样没有重复的,听医生说上海市第八人民医院康复医学科已成立近20年,拥有丰厚的医疗技术和完善的设备资源,目前是上海市工伤康复定点机构,上海市康复医师规范化培训教学基地,上海市康复治疗师实习基地;科室现有医护人员40余名,完善的人员配备为患者提供了强大医疗保障,其中多名医师具备20余年神经内科、神经外科、普内科临床一线工作经验,年收治病人达1 000人次,康复医学科竭尽所能为家属分忧,为家庭减负,帮助每一位患者提高生活质量,帮助患者早日重返社会,重塑人生。

最后,我们又来到了老年病科,感受了一下老年餐,护士姐姐跟我们讲,老年餐很清淡,荤菜切片,蔬菜切碎,低脂少盐,营养搭配。我很有幸,在活动结束前还吃了一顿老年餐。感觉做得很好,很清淡、很松软,与我们平时吃的饭菜很不一样!

其间我还听到八院援藏医生方德宁、张玉浩两位老师的感人故事,他们刚到西藏时高原反应严重,工作环境不熟悉,饮食生活不习惯,曾一起在高原反应强烈、剧烈头痛、严重缺氧的情况下,还坚持为武警战士们做了心肺复苏的讲座,开展"进军营"义诊活动;两位八院援藏医生曾在4 500米的高原,为藏族14岁小姑娘做阑尾急性发作手术,在这个高海拔就连吃饭都要喘一会,在医疗条件异常艰苦的条件下,为了卫生戴上口罩,缺氧更加明显,40分钟手术结束后,脱下口罩,张玉浩医生整个嘴唇都是青紫色的;两位援藏医生还到学校开展医学讲座,利用远程会诊来帮助患者!

一天的活动结束了，但我依然还沉浸在活动的热烈、好奇、感慨的气氛中，久久不能平静，感谢八院的朱健科长给了我这次特别的夏令营活动机会，今天的经历让我更深一步地了解了白衣天使们的辛苦和不易，为了病人付出了很多，这次的活动让我深深体验到医院对我们学习生活是何等的重要，在医师们的守护下，才有我快乐的学习和成长，而且听说医生们大多都是学霸，更是让一位即将升入预初的我对医生老师们多了一份敬佩。

（作者单位：上海市西南位育中学北校区预初(6)班）

白衣天使的情怀何以
感动亚洲留学生

要 英

2019年2月25日新学期来临,复旦大学国际文化交流学院汉语言专业文化方向2016级本科生在高级汉语写作课的第一讲,就是打开徐汇文明网,阅读《零距离感受白衣天使的情怀》(2019年2月1日上线),在课堂上用汉语写出自己的心得体会,并在下课前提交了他们的感动。也还因为临近3月5日的学雷锋活动日,所以课堂主题就是认识中国的活雷锋。在留学生们看来,各国都有令人尊敬的职业,医生就是突出例子。以下就是部分同学的真实朴素的情感记录。

一、朱丽亚(乌兹别克斯坦):读方文轩采访记有感

徐汇文明网的《零距离感受白衣天使的情怀》,有一组文章,都是上海的小学生写的采访记,共有3篇文章和3张照片,我被一个穿校服、戴绿领巾的小女孩吸引了,她靠立在很大的黑色的沙发边上,她用左臂支着身体,认真地面对着吕飞舟院长进行采访。我带着好奇,读完了这个叫方文轩的小学二年级女孩的文章。

我被她的文章感动了。首先,吕院长虽然自己是名医,但他并没有介绍自己的经历,而是介绍了院内其他两位名医:参加过国际医防服务队、去抗美援朝前线一年多的俞庆庆先生,还有"中国热带病的鼻祖"应元岳先生。后来,吕院长介绍了自己的将要做的"康联体",他说"医联体"是看病,康联体是关注健康,坚持预防为主,强化"治未病",真是非常温暖的理念。最后,

吕院长谈到自己 2019 年关注新大楼建设、科室搬家、学科建设、人才培养，目的就是要给周围的老百姓提供更优质的服务。

吕院长让我想到了雷锋，因为雷锋也是为人民服务的人。当然雷锋主要是为他人做善事。吕院长跟雷锋的不同是，他做的善事就是他的工作，他的善行正是他为自己所做的。在我看来，吕院长靠良心生活，这正是人们为自己和他人能做的最好的行动，从这个角度讲，他是现代的活雷锋。

除了院长，现代活雷锋当然可以是医生或护士，比如翁同学采访的徐迎佳医生、徐同学采访的姜红燕护士长，当然也可以是一个普通工人，我认为，在所有的工作中，良知是重要的，但更重要的是，脚踏实地通过实施自己的工作，对人民进行无私的帮助。只要做到这一点，那么，无论你是谁，无论你的职业、身份是什么，都是现代的英雄主义的活雷锋。

二、李天（韩国）：医生的使命感

方同学采访吕飞舟院长，谈到了五院的来历、五院的名医、五院的发展和一些科室的情况。

院长说的第一位名医是俞庆庆先生。他的主要贡献是作为国际医防服务队十八队大队长，去了抗美援朝前线一年多，我认为，这就是医生的使命感和奉献。医生的使命非常重大，虽然工资高，但是工作困难。病往往是突然发生的，医生 24 个小时都处于紧张状态，坚持下来的话是需要使命感支撑的。

在韩国，医院的大众评判不错，装备最新的医疗器械、干干净净的环境、特惠的公民保险。但是现在韩国医院工作上的困难很大，原因是医生的人数过少。由于现代科学的发展提高了人均寿命，老龄化越来越严重，因此病人越来越多，但是医生越来越少。在高中或者大学为了当医生，学生之间有强烈的竞争，这是韩国教育的重大问题，需要改进。

前几天在韩国有一位医生过劳死，现在对这件事谈论得很热闹，很多人批判那家医院的院长。我们知道，医生们与一般人想法不同，从医生的角度看，人们对医生态度非常不好，而且不相信，医生要更苦苦地照顾病人，使命感越来越弱。

我觉得每个国家和他们的人民应该尊敬医生的人权,关心医生的工作环境、心理感受,因为医生承担着救死扶伤的重要责任和使命,应该得到人们的高度尊重。

三、金恩永(韩国):他们用雷锋精神服务并改变世界

今天我阅读的材料里,有上海第五人民医院吕飞舟院长、姜红燕护士长及徐迎佳医生的故事,这几个故事让我想起了雷锋。雷锋在中国被称为劳动英雄、人民英雄,他平时牺牲自己、奉献自己的一切。中国人仿效他的精神,为别人牺牲自己。感觉五院的人员就是跟雷锋一样的人。

很多人说医生是精神劳动和体力劳动的一个职业,从事这种职业其实就是和雷锋一样,牺牲自己,完全没有自己的时间,不能享受个人的人生,从头到尾一直为了别人而奉献。

我们每个人的时间都是有限的,出生、长大、衰老、死亡,在这个有限的生命里,姜艳红护士长用自己的热忱、爱心、耐心和细心对待每一个病人,对待每一天的工作。徐医生把时间用于抢救病人,以及不断地锻炼自己的能力、提高着自己的业务水平上。吕飞舟院长一心要把五院办成一个能为百姓提供最好服务的医院,他们都像雷锋那样"把有限的生命投入到无限的为人民服务之中"。

我希望我自己以后也能够成为这样的人,因为我们的人生都是自己选择的,当我们老了的时候,回顾自己的人生,如果能够活得像五院的院长、医生、护士长这样有意义,那么我的人生就是成功的,更是美丽的。

四、大内莉里(日本):伟大的医生

短文的标题中"开灯也能睡着的职业习惯"捉住了我的视线。我本人是一个平时有一丝光线都难以入睡的人,因此十分好奇究竟什么是开灯也能睡着的职业。

文章第一段介绍了徐迎佳的学历,显而易见她是一个名副其实的高才生。接着往下看,我不禁产生了疑惑,这样一个高才生为什么要去那么远的

医院上班呢？

原来是因为第五人民医院的优势，可以更好地帮助她不停地更新自我的医学知识。在读这篇文章之前，我只知道学医的确要比其他专业花费更多时间，但是成为医生之后，还要不断地进行学习和考试是我没有想到的。医生本来就是一个救死扶伤、负责着人的生命的高压工作，在工作的同时还要进行学习与考试，作为一名医生的艰辛使我不禁感叹。

接着往下看到徐医生说同届搞金融的同学经济条件和生活水平都远远高于自己，以及自己的同学大部分人放弃当医生职业时，我感到一丝心酸。可能的确每个职业都有苦楚，但作为一名医生，收入与自身的付出如此不成正比，但依然在自己的岗位上帮助病人，这样无私的奉献让人十分敬佩。

最后一段中解释了我看到的标题"开着灯睡着"的疑问，原来是为了更快随时地投入工作，文章还提及将电话线拉至床边，在处理完工作后还要及时让自己补充睡眠，原来为了工作的需要而改变了正常的生活习惯，这难道不是极其敬业的高尚表现吗？

文中结尾提到"医生面对的是生命"，道理人人都知道，但真的像徐迎佳医生这样做到极致却实属不易。希望医生身边的每一个人，务必有理解的心态、无比的尊敬，去爱护这些过于忘我、过于辛苦的医生们。

五、小娜（哈萨克斯坦）：这不是一般人可以做的职业

我一开始读就对里面说到的五院的工作人员很敬佩，我想也许我以后是不是有机会看到今天文章里说的五院里的他们？

我印象最深的是徐迎佳医生，我对她有非常的敬意，是因为她的专业最难，需要将很多时间交给自己的职业。而且医生压力大，甚至也很少能听见病人的好话，很少有人会回来感谢他们。

徐迎佳医生在胸科医院工作了20多年，她一直在参加考试，她告诉记者小翁："不学习不行，医疗行业的水平不断在发展和进步，必须一直学习才能不断地进步！"这句话很打动我。我觉得什么行业都一样，都需要一直学习。可能当教师的说错一句话能伤害学生的感情，那护士打错一次针就能伤害人家的身体，医生诊错病就可能让病人失去最佳的治疗机会。

有一句话,非常令人吃惊。徐医生说:"学医是非常漫长的成长过程,光读书就用了近25年。"我开头就说我敬佩医生,而听了这句话,我的敬意就更加强烈。要是我的话根本不可能做得了,那么多年的学习怎么才能坚持下来啊!但这仅仅是当医生的入门条件,而正式工作以后,还要继续像永不疲惫的机器一样运转,并且还需要无限的责任心和爱心,这不是一般的人可以做的职业,所以,我只想说,你们是最令我佩服和尊敬的了不起的人!

(作者单位:复旦大学国际文化交流学院)

礼赞七十华诞：
从五院发展看老闵行的腾飞

方文轩　戴楚浩

2019年是中华人民共和国成立70周年。暑假结束前一周，学校给我们布置了一项任务——组建小队开展家庭社区变化调查活动。什么样的地方合适呢？我们讨论了一下，觉得可以去五院了解一下。因为五院是老闵行地区最好的医院，几乎每个老闵行人都去过那里。而年初，五院吕飞舟院长曾接受过本文作者之一方文轩的采访，当时写成的《五院：老闵行人最熟悉的好医院》作为《2019上海民生发展报告》的序而发表。如今，吕院长入选上海市医学领军人才，是闵行医务人员首次上榜。这一次，兼任复旦医学院外科学系副主任的吕院长依然丝毫没有架子，百忙之中于8月27日抽空接受了华二紫竹双语学校小记者的采访，因为他觉得成立115年的五院，为闵行人民服务了59年，见证了中华人民共和国成立70年和老闵行的腾飞。

一、服务国家战略，搬到闵行区

吕院长告诉我们，五院的全称是"复旦大学附属上海市第五人民医院"。五院以前并不叫"五院"，也不在闵行区。1904年，英国人在上海旧公共租界建立了五院的前身"西人隔离医院"。如今的五院已经115岁了，而上海的一些三甲医院都没有它历史长呢！1945年，医院改名为"上海市立第五医院"，这就是"五院"名字的由来。

那么，五院为什么会搬到闵行呢？原来，1956年毛主席指示"上海有前途，要发展"，1958年上海市委提出工业产品要向高级、精密、尖端方向发展。

但是,上海中心城区不够大,很难建设很大的工厂。当时的闵行地域是上海县的一部分,成了上海第一座卫星城,以钢铁和机电工业为主。在原有的上海汽轮机厂、上海电机厂基础上,又新建了上海锅炉厂、上海重型机器厂,这四家工厂每一家占地约1平方千米,被老闵行人称为"四大金刚"。

吕院长说,"四大金刚"每家都有近1万名职工,其中还有不少技术人员,给他们提供好的医疗资源就变得很重要。因此,1960年,上海市政府决定把五院搬到闵行。从此,五院就服务闵行人民直到今天。

二、"华山-五院-闵行"医联体

在吕院长看来,搬到闵行59年的五院,不仅是一家三乙医院,更是"华山-五院-闵行"医联体的枢纽,以区域医疗中心的定位来为闵行老百姓服务。

什么是"华山-五院-闵行"医联体?吕院长向我们耐心解释——老闵行地区原来没有三级综合性医院,从市区搬过来的五院就成了培养对象。2004年,五院成为复旦大学附属医院。这样,五院就可以独立培养临床医学研究生。到了2010年,五院被评定为三级乙等医院,目前是闵行区属公立医疗卫生机构中唯一一家三乙综合性医院。

2016年,华山医院与当时的闵行区卫计委以及五院签订三方合作框架协议,"华山-五院-闵行"医疗联合体正式成立。当时的吕院长已经是华山医院的骨科专家,还是华山医院北院的副院长。他被派到闵行区工作,出任五院院长兼党委副书记。吕院长说,虽然五院是三乙,但三甲的华山医院可以源源不断地送名医来五院。这意味着老闵行的病人,可以在家门口享受到最好的医疗资源。而且,医联体推行的分级诊疗制度,也有利于医疗资源的优化,大家不用一生病就挤到市区大医院去。

医联体也让五院有了很大进步——近5年五院发表论文1 000多篇;2018年,五院历史上第一次获得上海市医学科技奖的3个奖项,其中有一项是针对慢病的管理。什么是"慢病"?吕院长告诉我们,慢病就是慢性疾病,如糖尿病、高血压、心脏病等。现在上海市户籍人口预期寿命达到83.63岁,而闵行区是84.55岁,大家越来越长寿,患有慢性病的老人也越来越多。上海现在很多家庭是独生子女,一旦家里老人生病了,照顾起来是个问题。为此，五院提出了一套方案——老人生病了先去社区医院，治不好再去五院，在五院治疗得差不多了再回到社区医院，出院后在家可以由家庭医生照顾。"医院-社区-家庭"这种无缝连接模式的基础是信息化建设，医院和病人都可以实时关注慢病信息。

对于"华山-五院-闵行"医联体目前取得的成就，吕院长非常自豪。事实上，很多闵行的医改模式，在全国也很出名。我们查新闻发现，现在的闵行已经有8个"医联体"、4个专科联盟和4个社会办医"医联体"，数量种类在上海都是领先的。

三、五院人，到全世界救死扶伤

查看吕院长的资料，我们发现，他是中国大陆第一位接受国际红十字会ERU培训的紧急救援专家，"上海市十大杰出青年志愿者"。在2008年汶川抗震救灾中，他担任华山医院第一批紧急救援队副队长，成功救治北川曲三小学被埋87小时的9岁小女孩蒋玥琪（和我们差不多大），为她进行了3次手术，长期资助其学业，现为四川传媒大学的学生。

吕院长告诉我们，五院也有悠久的援外传统。例如，五院历史上的名医俞庆庆，是中华人民共和国成立前上海医学院的毕业生，曾被评为"上海市卫生系统先进工作者"和"上海市劳动模范"。俞庆庆也当过五院的院长，除了医术精湛，最主要的贡献是作为国际医防服务队十八队大队长，去了抗美援朝前线一年多。

1976年唐山大地震、2008年汶川地震时，五院都有医疗队去灾区支援。吕院长说，五院的医疗人员足迹遍布新疆、云南，甚至更远的北非摩洛哥。五院始终要求这些队员要更好地为当地服务，提高他们的医疗水平。

吕院长具体解释说："我们在后方给他们的支持，包括我们跟新疆有远程的会诊，我们通过互联网远程会诊，及时给他们这样的指导。我们有定期去组织医疗专家去云南、新疆参加医疗活动，培训当地医生，让他们能在一定范围内得到我们五院技术上的支持，也把当地这些医院建设到比较好的一个水准。"

而在暑期刚参加完上海市青少年创业编程与智能设计大赛并获得"人

工智能主题挑战赛"二等奖的我们,听了吕院长的介绍,觉得上海现在推行的5G网络和AI,也许可以给五院远程医疗带来更好的支持——五院专家可以用5G+VR技术,实时指导远程医生做手术。这样,五院就可以帮助更多落后地区的医院了!也许,等我们长大了,也可以通过AI技术来帮助更多的人。

四、健康上海行动,五院再出发

习近平爷爷说过:没有全民健康,就没有全面小康。

2019年7月,国务院正式颁布了《健康中国行动(2019—2030年)》。也就是说,我们要花10多年时间,打造一个健康中国。

为此,吕院长认为,五院要继续做好区域医疗中心,辐射区域内的所有老百姓,为他们提供比较放心、满意、优质的医疗服务,这就是五院的使命和责任。而且,健康中国的愿景和"健康闵行"不谋而合。闵行之前就在考虑做"康联体","以前医联体是看病,而康联体则是关注健康。坚持预防为主,强化'治未病'"。吕院长解释说:以前我们是生了病去医院,希望有好的医疗资源,现在是希望大家强身健体少生病。

在我们采访完吕院长的第二天,《健康上海行动(2019—2030年)》公布,其中提到,"关注老年人群""针对一系列给市民健康和社会经济发展造成重大负担的慢性非传染性疾病,开展防治行动""完善以家庭医生制度为基础的分级诊疗体系,推进区域医疗中心建设"……通过和吕院长的对话,我们突然发现,五院不正是朝着《健康上海行动》的目标在努力奋进嘛!

(作者单位:上海民办华东师大二附中紫竹双语学校三年级(3)班)

武汉保卫战：闵行红领巾致敬五院逆行英雄

方 前

大年初一的夜晚，来不及简易晚餐依然在上海市第五人民医院审议抗疫工作的吕飞舟院长，收到了一封五院所在区域红领巾代表方文轩的慰问信。这让他顿时感到精神一振，并且在百忙之中和同事们及笔者分享了这份特殊时期的新年问候。

因为参与调研闵行公共卫生和全民健康保障课题，笔者熟悉了五院吕飞舟院长和闵行区卫健委主任杭文权等当地白衣天使的事迹，他们也很愿意探索新时代的健康战略。如关于上海在第一时间响应中央号召，组织应急医疗队支援武汉保卫战；杭文权、吕飞舟等同志都认为，疫情就是命令、投入战斗更是白衣战士的天职。所以，在第一时间里、在微信和网络上，人们都看到了闵行区卫健委向全区白衣战士发出的支援武汉保卫战的动员令。旋即在五院，天使们纷纷向院党委请战！

大年三十除夕，在虹桥机场，那是一个热血沸腾的出征场景，那是一个让所有目睹者和看到视频转播者热泪盈眶的爱国壮举。包括五院天使在内的上海第一批白衣战士及媒体战士，来不及吃上几口温馨家庭的年夜饭，匆匆告别挚爱的亲人而毅然直冲云霄随着战鹰投身武汉保卫战。不是他们不知道危险，作为专业骨干的他们，比我们普通人更加明白生死挑战！但初心在、勇气在，使命正在催！

我知道，从宏观上讲这是必将载入史册的逆行足迹；而伟大的逆行精神也必将注入中华民族的史册。另一方面从微观上讲，逆行的场景自然会感动身边的每一个人，当然包括孩子。所以，就有了三年级红领巾方文轩春节里的慰问信。

这封情感真挚、语句朴素的慰问信,反映了孩子独到的感悟。信的内容如下:

敬爱的复旦大学附属上海市第五人民医院吕飞舟院长:

新年好!

虽然我面对面采访您有两次,但这是我第一次给您写信。之所以我要在大年初一写这封信,是因为我发现这个春节过得十分无趣啊。我去哪儿都不行,出门就要戴口罩。直到我看新闻,才明白现在我们国家有一种新型冠状病毒肺炎的可怕疾病。爸爸告诉我:目前全国各地都投入了保卫战。

新闻上说,在此次新型冠状病毒肺炎首发地武汉,那里是一个没有硝烟的战场。国家卫健委派1230名医生和护士去病情最严重的武汉支援,其中就有五院9名护士和2名医生分三批待命。我发现,呼吸内科医生都给我爷爷看过病呢!听说,五院的2名护士已经在除夕夜跟着上海第一批医疗队到达武汉,她们中的一个有9岁的女儿(和我一样大),并写下"不计报酬、不畏生死、随叫随到"的请愿书,另一个是90后的姐姐。我要给她们点赞!我要为她们祝福!

妈妈告诉我,上海目前有110家医疗机构开设了发热门诊,所有疑似肺炎病人都要去那里。而五院是老闵行地区唯一开设发热门诊的,接诊压力很大。您是五院的主心骨,一定很操劳吧?尽管如此,还是希望您多多保重啊!

请允许我代表全家感谢您和五院所有白衣天使们,谢谢你们放弃春节休假和家人团圆的机会来帮助老闵行群众和武汉的病人。我真的很钦佩你们——参加武汉保卫战和在除夕夜出征的五院英雄天使。等到他们光荣凯旋的时候,也请您允许我带上妹妹给他们献上美丽的鲜花;我将再记录一下他们的英勇故事。

加油!逆行的白衣天使!最后,祝吕院长和您家人新年快乐、万事如意!

方文轩

华二紫竹双语学校三(3)班

2020年1月25日

吕飞舟院长在接到这封慰问信之后则表示,这可不仅仅是对他个人的春节问候,而是孩子对白衣天使发自内心的高度赞扬;吕院长在第一时间就告知了正在武汉前线奋战的五院战友!吕院长这样回复方文轩同学:"感谢你和全家人的春节亲切慰问!感谢五院的逆行者,她们和其他上海的战友一样,真正地践行着医护人员的使命和召唤。期待她们的平安凯旋是我们最大的心愿!武汉保卫战必胜!"

吕院长必胜的信念和杭文权等闵行卫健委领导临危不惧的指挥姿态,让方文轩同学感到很安心;她也把这种信念、姿态的图文告知了居家度假的同学们,这样使得这个特殊的寒假变得格外具有意义。那么,吕飞舟这位业内赫赫有名的骨科权威、一家著名三级医院的"60后"院长,怎么和九龄童方文轩成为忘年交呢?

原来,闵行区横跨上海的母亲河黄浦江。从上海地图上看,闵行的形象就像一个心脏;而这黄浦江仿佛就是一条主动脉。五院就坐落在黄浦江的边上,具体的行政区域是江川路街道。方文轩就居住在这个社区,她的妹妹和妈妈都是在五院安然诞生的,所以,全家对五院充满着朴素的感情。方文轩同学所在的学校禀行"知行合一"的教育理念,鼓励孩子进行社会调研。杭文权同志也曾经告诉过我:闵行区是人口导入大区,医疗、教育、体育、文化等各项公共资源需求量极大,区委、区政府的投入自然也十分可观。同时,政府社会事业各部门之间的配合和互动也颇为积极;除了体教结合、校园文化工程,还有医教结合的合作项目。

所谓"医教结合",就是从全民健康的国家战略概念出发:把健康知识送进校园,并鼓励孩子开阔眼界,利用周边环境了解公共健康动态。吕飞舟院长不仅医术精湛、管理有方,还乐意承担投入闵行创建全国文明城区、为未成年人提供实践基地、为江川社区组织好健康咨询志愿者队伍等社会责任。因此,在这样的闵行区域特色尤其是关爱孩子的背景下,吕飞舟院长就和红领巾们成了好朋友。

如去年暑假,为了共同迎接中华人民共和国七十华诞并让孩子们了解自己家乡闵行的成就,吕飞舟院长就亲自接待了方文轩同学率领的红领巾采访小组。方文轩由此也从吕院长口中了解到:五院以前并不叫"五院",也不在闵行区。最初是1904年,英国人在上海旧公共租界建立了"西人隔离医院"。1945年即抗战胜利之后,医院改名为"上海市立第五医院",这就是"五院"名字的由来。那么五院为何会搬到闵行呢？原来1956年毛泽东主席指示"上海有前途,要发展",上海市委1958年提出工业产品要向高级、精密、尖端方向发展。但是,上海中心城区不够大,很难建设很大的工厂。当时闵行是上海县的一部分,成了上海第一座卫星城,以钢铁和机电工业为主。并在原有的上海汽轮机厂、上海电机厂基础上,又新建了上海锅炉厂、上海重型机器厂,这四家工厂每一家占地约一平方千米,被老闵行人称为"四大金刚"。吕院长说:"四大金刚"每家都有近1万名职工,其中还有不少技术人员,给他们提供好的医疗资源就变得很重要。因此,1960年,上海市政府就决定把五院搬到闵行。从此,五院就服务闵行人民直到今天。

看到这样充满情怀的忘年交之间的对话,我认为这对孩子的美丽心灵是个很好的孵育。所以,当方文轩代表全家在大年初一给"老朋友"吕院长写下这真挚的慰问信,也就是十分自然的选择。有这样的红领巾、有这样的白衣天使、有这样的逆行英雄,我就更加坚信中国人民是不可战胜的,武汉保卫战的获胜是迟早之事。由此,我以天平德育圈发起人、上海社科院王泠一博士的七律来表示敬意！

七律·五院出征

王泠一

庚子磨难思良将,五院英雄逆行忙。

九省通衢莽苍苍,白衣天使跨大江。

从来飞舟速破浪,岂有豪杰畏战场。

应天屠魔勇担当,精忠报国更无疆。

（作者：英特尔亚太研发有限公司软件工程师）

国际视野篇

全球化交互平台：复旦留学生眼中的进博会

要 英

复旦大学国际文化交流学院2017级汉语言专业商务方向本科生有近30位学生，国籍比20多年前大大地丰富了：除了日本、韩国、泰国、马来西亚、菲律宾、老挝、哈萨克斯坦，还有欧洲的阿塞拜疆、乌克兰、瑞士，美洲的哥斯达黎加、美国等，国别的丰富意味着中国在全球的朋友越来越多，他们对于进博会充满期许和美丽的祝愿。

一、爱客（哈萨克斯坦）：中国的经济现状与以往的状态截然不同

我曾经是第一届进博会的志愿者，在展台里做翻译工作。当时印象最深刻的就是进博会如此巨大的规模，今年第二届进博会的规模比去年更大！而且我在进博会场馆里当志愿者的时候还有一个深刻的印象就是，来自世界各地的商人都有着不同的思维方式，交流上能够体现出很多不同国家的文化差异，而进博会呢，能够把他们都融为一体，这是非常神奇的！进博会的魅力，让为其工作的我居然马不停蹄的工作却丝毫不感觉到劳累，留下的只有兴奋、美好和成就感！

进博会，即中国国际进口博览会，是习近平主席在2017年举办的"一带一路"国际高峰合作论坛上提出的一项重大提议。就在此次论坛上，习近平主席宣布：从2018年起中国将一年一届的举办国际进口博览会。

进博会是中国政府以支持贸易自由化和经济全球化、主动向世界市场

开放为宗旨而采取的重大举措。进博会不仅对作为主办国的中国大有裨益,对全世界经济发展也产生了巨大的影响。进博会通过有效促进各国间贸易合作,也起着加强各国间文化交流,从而促进全球经济增长的作用。在去年举办的第一届进博会就吸引了来自世界五大洲的172个国家及国际组织,而我的祖国哈萨克斯坦,作为主宾国之一,也积极参与到进博会之中。

作为一名来自哈萨克斯坦的在华留学生,本人为此感到幸福。听到我的这句话,有人会想我只是在奉承中国罢了,其实并非如此。我从中学开始就对中国萌发了一种浓郁的兴趣,当时对中国人民、文化及经济所发生的兴趣到今天也没有熄灭。岂止于此,中哈两国之间的关系,无论是政治交流、经济合作、文化思想的融合交流,都在日益加深。这些都是我到中国留学的原因所在。作为中哈日益密切合作的亲眼看见者,我也希望通过留学中国,成为名副其实的中国通。我觉得进博会不仅为中国带来了许多好处,对我国各方面的发展也大有裨益。

对中国来说,改革开放以来,主要以出口贸易为主导而得以实现经济的快速发展,然而,中国的经济现状与以往的状态截然不同,实现了连一些发达国家都无法达到的经济指标。因此,中国紧迫需要将经济工作重点转移到国内需求,拓展国内市场。就在这种背景下,进博会应运而生,以促进中国国内市场健康、稳定并可持续的发展。

对我国来说,进博会对经济发展也起着举足轻重的作用。我其实认为,站在所有发展中国家的角度而言,进博会对他们来说是个非常良好的机会。因为进博会成为发展中国家向中国出口各种特有产品的渠道。进博会像是一座全世界互相交流的平台,所有参与者均能从中获益匪浅,我国也是如此。哈萨克斯坦通过进博会将丰富多样的农产品、服装等以最美的方式展示给中国消费者,从而取得将我国特有产品出口到中国的良好机会。因此,我个人觉得进博会对所有参与者都不无裨益,对全世界来说是一个满载而归的珍贵机会。

总而言之,进博会既给全球各国带来了分享中国大市场的机遇,也为各国互相合作搭建了一个坚实的桥梁,为全球化的发展作出了积极重要的贡献。

二、佐野由理奈(日本):显示了中国在世界经济方面的领导力

我是在中国的日本留学生,自然而然地关注日企多一些。第一届进博会时日本的丰田汽车等当选为参展联盟的副主席单位,而第一届进博会的交易采购成交额达到578亿美元。在第二届进博会上,日本的展览面积仅次于美国,排名第二。从服务贸易、汽车、高端装备、智能及解决方案、科技生活、医疗器械及医药保健、食品及农产品八大展区的配置可以看出,几乎是全方位的可以在进博会这样一个直接交易的场所进行交易!

相比于其他国家,日本的几乎所有的有机场的城市都有直接飞上海的航班,班次也多,来往方便,日企参展数量多,相信交易额也会是占据前几位的。另外,进入中国的日本企业本来就多,在上海拥有办事处的也为数不少,这样国际性的年度博览会,无疑给日企提供了更加集中、更加直接的交易机会,当然不仅仅是日本,对其他的参展国家亦是如此。

其次,参展的发展中国家还是占多数的。通过这样大规模的博览会,他们可以和出展的先进国家面对面,直接地了解和知晓先进国家的优势之处。同样的,先进国家在展示技术方面优越性的同时,也可以面对面地直接了解这些发展中国家才有的优势,例如贵重金属、农产品,等等。对参展国家及组织,是互利互惠的。

再有,中国政府通过进博会提供的各种优惠措施,肯定会吸引更多的参展国家和组织。在上海这样一个国际性大都市举办进博会,无疑给全球提供了一个有实际内容的巨大交流平台。这就是中国巨大的经济实力的一种体现,也显示了中国在世界经济方面的领导力。我个人认为,进博会会越办越成功,对世界经济的带动,也会起到一定的推动作用。

三、莲香(瑞士):从明清的孤立主义到实现全球强国的目标

众所周知,中国是一个快速发展的国家。中国一直有大量的人口,但是我们也知道中国历史上有一段特殊的时期,主要是明清时期,对外采取了孤立主义的态度,这意味着中国从外部世界孤立出来。第一次鸦片战争(1840

年6月—1842年8月)、第二次鸦片战争(1856年10月—1860年10月),都意味着中国向世界的开放是在枪炮之下无奈的、被动的选择。

而中国凭借着人口多、能力强,终于经过100多年的历史沧桑,迎来了中国经济的繁荣,可谓大器晚成。1979年,改革开放开始,那个时候中国咬紧牙下决心要赶上其他国家,到20世纪90年代末和2000年初,中国在全球贸易中留下自己的足迹。近年来中国已成为世界上最大的出口国家与制造业国家,越来越多的西方企业被中国繁荣的市场吸引并到中国投资。

我觉得,中国国际进口博览会是追赶先进并加快中国经济开放的又好又聪明的主意,这样一来,中国经济可以扩大开放,改善自己的生意与服务。进口商不仅可以在两国之间建立良好的关系,还可以导致贸易依赖,并意味着两个国家长期的友好互惠关系。随着中国与西方贸易伙伴的关系改善,中国市场会引诱越来越多的西方企业跟中国做生意。

中国这么大的国家,它人口众多,购买力特别强,国外企业可以很方便地把自己的剩余产品出口到中国市场。最近中国人口袋鼓起来了,他们的购买欲望不断增加,再说他们的口味也改变了:中国人对西方国家的牌子和产品表现出极大的兴趣。事实上,他们也宁愿买贵一点儿的产品,也不买便宜、质量差的。我相信我们会看到价格要增加,成本要上升,员工工资也在增加。中国在全球市场上将站稳脚跟,中国制造的产品声誉会越来越好,中产阶层不断壮大,社会更大的阶层将是自己摆脱农村的贫困。

最后,作为一个瑞士人,我认为进博会是一个好的举措,希望中国可以通过贸易和外交实现成为全球强国的目标,成为西方国家最大最强的贸易伙伴,早于西方国家的预期,而不是相反。

四、陈綵蔚(马来西亚):我看到的不是祖父、祖母描述的画面

"中国市场这么大,欢迎大家都来看看",无可否认,中国国土面积大,人口基数大,需求自然会变大。这句话同时充分表示中国制造不仅仅走出去,为国际市场提供商品和服务,还鼓励各国走进来,随时欢迎国际企业加入。进博会已在上海成功举办了两届。中国有个传统礼仪,即来者是客,参加进博会的国家代表、外资企业等对中国而言都是"贵宾"。调休放假安排、媒体

认真直播习近平主席的亲临,彰显了中国对这个活动的重视程度。

自2009年以来,中国已连续10年成为马来西亚最大的贸易伙伴,而进博会为马中两国企业提供更多的对接机会,使政府官员及许多企业家能与一些战略领域的潜在投资者对话,谋求更多的合作,进而促进马来西亚对华的出口。

在华将近3年,我看到的中国不是祖父、祖母曾经跟我描述过的画面,我看到的中国是一个发展速度飞快的国家。在这个高科技时代,马来西亚也攀登着科技创新的阶梯。2018年,阿里巴巴宣布在马来西亚设立东南亚区域的首个办公室,而2019年刚公布的马来西亚2020年度财政预算案也提出了向来自中国的投资提供专门渠道。马来西亚拥有商业环境,但是在科技与技术上尚未成熟,借进博会之机,让更多企业了解马来西亚是一个理想的投资和发展产业的目的地,并有望吸引高科技、电子电器等科技类业务。

五、高歌(阿塞拜疆):可以提高人民币的国际地位

我认为,进博会的举办意义重大,对世界来说,可以推进经济全球化进程,有助于不同国家的文化交流,而对中国的国内来说,主要有三方面的作用。

首先,可以提升人民币的国际地位。中国现在正处于从发展中国家向发达国家过渡的阶段,人民币的国际购买力对于中国经济发展起着很重要的作用。进博会的举办加强了中国的人民币在国际上的流通,中国客户在与各国供应商的合作过程中会逐步提高人民币的重要性,从而使人民币在国际上的地位更加重要。

其次,为中国的消费者提供了更多的选择机会,能够更大程度满足中国消费者的需求。近年来中国经济快速发展,人们的消费水平也不断提高。各国参展商带来了自己最具特色和质量最好的产品,特别是高新技术产品,比如先进的医疗设备、智能可穿戴产品等,会极大满足中国的需求。

再次,可以促进中国产业的创新升级。各国高新优质产品进入,会对中国本土产品造成冲击,企业为了提高自己产品的竞争力,就会不断学习和创新,这样,中国的产品就会加速更新换代,在国际市场中占有自己的位置。

(作者单位:复旦大学国际文化交流学院)

坐标：从《新民周刊》看上海媒体的东方价值观

要 英

2019年春季，复旦大学国际文化交流学院高级文化进修班的13位来自全球名校的佼佼者构成了《新民周刊》导读课的盎然生机，他们有东京庆应大学的谷地刊、早稻田大学中文专业的博士生滝田悠二、哈佛大学法学院的准研究生康泰、俄罗斯的地理专业毕业生洛玉莲、韩国的历史专业博士张闰先、泰国拉卡邦先皇技术学院计算机专业的毕业生释鹏达、比利时中文专业毕业的那诺雅、新华网日本中文版的翻译新海敦子……以下就是留学生们用中文记录的部分学习感受。

一、释鹏达（泰国）：《新民周刊》的课程挑战性

从2017年9月开始到2019年1月，用一年半的时间，我学完复旦大学国际文化交流学院的语言课程，我就找下一步的挑战性课程。恰好在学院开设有文化班。我一听这个班的名称，就想在课堂上应该有什么样的内容呢？是不是教我如何泡茶呢？是不是教我如何写书法呢？是不是让我穿上不同时代的汉服？

每个人肯定有对文化班的课程的理想愿望。我呢？也没有例外。开学之后，我才逐渐地了解了高级文化进修班课程的内容。其中有一门课叫《新民周刊》导读，一听"导读"，我的脑子就开始工作了，是不是老师带我们一句一句看杂志文章，或者是不是老师要选一篇文章，然后让我们模仿一下，但是其实并非如此。而是同学们课前自主挑选自己所感兴趣的一篇文章，作

为发言的话题,并根据文章内容,设计好自己的问题,与同学互动。

　　一个学期下来,我感觉课堂引导我们了解了中国文化、中国社会和中国人的思想。若说到中国文化,肯定离不开中国历史,肯定离不开中国思想,因为是所谓的思想造就了博大精深的中国文化。而我们阅读《新民周刊》的时候,不仅能跟得上中国社会的新闻,久而久之,我就了解了中国人对每一件事情的看法。

　　说到思想,我不得不提到泰国改革政府体制的来源,那时有一群人是从美国留学回来的。当他们在美国留学的时候,不仅是吸收到美国的学问、思想,而且还吸收一些美国的政府体制——民主主义。这些爱国的学生就开始来推动改革泰国。说到这儿,老师不要觉得我回国之后就要革命。我觉得这个时代已经过去了,再也不会发生这样的事情。

　　在课堂大家交流期间,有日本同学提到,《新民周刊》的文章一直夸中国,没有哪篇是真实的。但是在我眼中,一点都不觉得奇怪。如果你是个总编,做一本杂志,你也要写人民想听的,国家想听的。若为了得到众人表扬,说你是一个开放的杂志,但是越发表文章国家越乱;如这样的话我不觉得杂志的价值还存在。

　　我觉得在课堂上用每周最新出版的《新民周刊》的内容来讨论,是一场非常好的交流活动。从交流中,我发现,不同的国家有不同的文化,造成了不同的思考方式。有一次,我在讲的内容是关于拼多多跟一家公司合作。本来我以为拼多多会死定了,但是听来自日本的谷地刊同学讲述《拼多多助力百大国民品牌重回一线》,也是开阔我的视野,她介绍完文章内容后,分析说,拼多多通过与上海老字号合作,目的是试图走出一条新的生存之路。这让我联想到在课堂受到热议的话题:中美贸易战中的华为,现在拼多多与上海老字号的合作,其实可能是华为正在做的。我以为,无论中美贸易战最后能战出什么样的结果,华为公司还是不断地和各个国家合作。所以,交流中我们不断修正自己的观点,碰撞出思想的火花,找到最合理的答案,这就是"新民周刊"导读课的价值。

　　如果说《新青年》是"五四运动"代表性刊物,它推动了中国社会的革命,当然中国的社会革命与1789年法国大革命完全不同,革命的目的是改革以及改善中国,这是杂志与文学的力量。100年之后,中国走到今天,在我看来,现在的中国不需要那些社会运动,需要的是维护团结、维护和平社会。所以《新民周刊》这本杂志也体现出自己的办刊目标:宣传现代国民的思想,让国民有共同的目标,这样就能够让国民有信仰,国家有希望。如果外国人用这本杂志来练习中文,不仅阅读、听力、口语各个方面的汉语的语言能力会提高,久而久之,中国文化、中国思想会渗透到留学生的思想中。

二、康泰(美国):《新民周刊》很适合做教材

上个学期我上了一门课叫作报刊阅读,但是在课堂上我们其实不学中国的新闻或者杂志。那门课跟大部分的中文课一样,读读课文,讲讲生词。我那时候还有些失望,看新闻是提高语言水平最好的方式之一。所以,这个学期我看到文化班有《新民周刊》导读这门课我还是很兴奋的,终于可以学习我期盼已久中国的新闻和杂志。上完了这门课之后让我觉得收获颇丰。

我认为《新民周刊》很适合做教材。这本杂志跟国外的《经济学家》或者《纽约时报》的不同点是它里面的文章涉及的内容非常广泛。比如《经济学家》里面的文章一般都会跟商业、经济、国际关系等话题有关,但是《新民周刊》里面的内容每周都不一样,涉猎广泛,内容丰富,题材多样。我个人比较倾向于阅读国际关系之类的文章,而每次阅读的时候我都会学到许多从来没见过的词语和句型。《新民周刊》的编辑内容会让每个学生接触许多新的内容和知识。

《新民周刊》另外一个好处就是其中的大部分文章都会写入作者的观点。有的同学可能会觉得文章里面的观点有些偏颇,但是在我看来接触这些不同的看法也是学习中国文化的一个非常重要的部分。如我比较关心的话题是"特朗普与中美贸易战",有时《新民周刊》里陈述的看法跟美国媒体所表达的很不一样,有了中国角度对于事情的看法陈述,就让我深入了解了中国人是怎么看待这类事件的。

《新民周刊》上课的方式也十分科学。离开了复旦大学之后,许多学生会选择在中国发展或者在他们自己的国家做些跟中国有关的事业。而能够把像《新民周刊》文章里面又复杂又专业的词语和概念用自己的话来表达,是一项非常重要且有必要的语言表达能力。所以我觉得每周让学生选文章

做报告这个方式很有利于培养这一能力。如果要提意见的话,可以要求学生更好的管理时间。我们班有10多个同学,而上课的时候只有90分钟。如果一个同学没有控制好发言的时间,就导致别的学生没有了充分做报告的时间,同时也会失去最后总体总结讨论部分,而这样的损失是影响学习完整性和科学性的,若是硬性实施这样的要求,会使学生用更简洁明了的语言去表达他们的想法,这也何尝不是培养语言能力的方式之一。

三、新海敦子(日本留学生):用中文来了解中国社会

虽然我在东京的中文学校也经常用中国报纸和杂志为教材学习过了,是第一次追随一部杂志学习中国、上海的最新信息,学习中文阅读、发表演讲、交流和写作。参加了才知道,这门课实际上不仅是个杂志导读,也有如此丰富多彩的学习菜单,对我来说机会难得。此外,我认为就想学中文,不一定要大老远过来中国留学,在日本也有好的中文学校。而我们的文化班就是用中文来学习中国文化并了解社会,这个在国内求之不得的事情,何况复旦大学这样的教学水平和条件。所以我特别珍惜这次留学的机会。

《新民周刊》是新闻性较强的一部杂志。每期的专题报道从各个角度分析,很全面。周刊杂志深度难免受限制,社会影响较大的新闻在接下来的一期继续深入分析更好吧。文化栏目也很充实,看到了很多有意思、有启迪的报道。如对贾樟柯的采访、非虚构文学的崛起等,印象深刻的报道也很多。另外,我年纪大了,比较喜欢看纸质杂志,能够从全体的"面"来看一篇篇文章,很踏实。网上看的话,每篇文章就像一片一片的"点"。想看看信息没有问题,但要面对一部杂志的话,还是看纸质杂志更舒服。

文化班的同学都非常优秀,而且每次都准备得很周到,各有所长的表达方式,可以向他们学习的地方太多了。我每次讲话真糟糕,不算语言我本来就不擅长在人面前讲话。机会多了也没有什么进步,很惭愧。知道要想提高口语水平,多多说话最关键,但不知不觉我在家一个人待的时间多,有点后悔。还有,在交流的过程中可以听到世界各地的同学的看法和思维方式,也是颇有意义的一件事。

第一次上课时,要老师告诉我们写作的意义,我就开始写文章了。写文

章等于思考,把思考用中文写下去的过程中,学到的东西也不少。多亏老师一次次的夸奖和鼓励,总算能坚持过来了。不管我的想法多么的荒唐,文字多么难堪,她都耐心地找个较好的地方来表扬,不胜感激。强调一下,文化班的课程基本上都不教汉语的,唯有《新民周刊》导读可以学习语言,我觉得这个很重要,并且是这门课的意义之一。毕竟外国人学中文就是学不完的事情。

四、汪喆(泰国留学生):很难!超级难!但很有意思!

我从小就不喜欢在前台做报告或做表演,来复旦大学留学后,我慢慢改变了,特别是上了这门课以后,是释鹏达说服我来上《新民周刊》导读课的,刚开学的一个下午,我跟释鹏达、祐亮和李恩美等同学聊天,之后就决定来上课!

进301教室的时候没想到人挺多,老师正在解释课的目标,我很不好意思。当时老师给我们每人一本《新民周刊》!当时我一边看,一边查词典,读得很慢。找了几篇文章还是看不明白,叹了一口气。我看看旁边的同学,他们已经看完了!太快了,感觉自己是捏把汗,突然觉得假使被老师叫,就完蛋了。因为自己还没看懂怎么跟他人交流呢,再说当时还不认识的人挺多,好尴尬!好紧张!但是还是被老师点名发言,我能怎么办……在前台上,我只说文章的大概意思,再说自己的感想,看看朋友的脸,好像不太明白我在说什么,感觉自己真的下不来台。巧的是,正好下课了!我叹了一口气,我还活着!

还记得第一次上课时希望能明白朋友在说什么,可我完全听不懂。同学们的汉语水平真的很高,也知道他们很努力,很厉害。准备第二周的发言时,我选择了讲小文章,没有那么难,话题好可爱,像春天的风格一样,内容不多,不过我准备时也花了不少的时间。我知道,报告就是要把自己读的内容的大概意思来跟同学们分享一下,但是好难啊。知道要做什么可是还做不到,还说错,记得我说"一瞬间"出来,当时不知道是书面语,两个月以后才知道发音错了。

我们每周只上一次导读课,压力也是挺大,每周只有两节课,又很少。

我上这门课时很紧张,压力非常大,头发掉了好多,当时就希望有一天会习惯在前台报告。后来,我跟文化班同学慢慢熟悉,要好多了。除了上课以外我们聊天也多了,好开心。不久,我在前台报告就是感觉像是在跟朋友聊天、分享,轻松多了。

课堂学习气氛非常好。因为我在语言班学习的时候,没有那么多说话,口语课也不是那么多地说(我也不知道为何口语课的时候,同学们不太说话,每次每个人对内容是无所谓,没有看法)。对我来说这个课堂很难,超级难!但是觉得很有意思!我在G班学习没有那么难的词语和书面表达,所以我决定了要坚持上《新民周刊》的课,就是说要读的东西也是好长,我慢慢来习惯。

因为有了这门课的学习经历,我逐渐不怕在前台报告了。一开始我每次选择比较短的文章,差不多两三千字。可是有一天听到一位同学说她"今年我21岁了,成人了!不应该选小话题的"啊,我今年也20岁啊,感觉文化班的同学们都非常努力,每次报告都很流利,好像题目和词语是很容易,没有压力一样,如果有的话,我也看不出来,真的很厉害,准备真的非常好,我也跟着他们学了很多,感谢文化班的同学们,另外感谢老师,如果不是老师的鼓励,可能没有今天的我。每次我做得不够好,老师也一直鼓励,让我坚持下去,我慢慢习惯了有难度的水平,一旦我做得不够好的话,自己感觉真不好意思,做好是我的责任。

我学汉语两年了,以前在泰国宋卡王子大学我也算是特别害羞的人,比较内向。居然来复旦大学以后,我变了好多,有更多的勇敢,不怕小事,还能在云南旅游途中敢跟中国人争论,都给我留下了难忘的回忆。不知不觉,这个学期马上要结束了,没想到自己舍不得离开复旦大学。在复旦大学留学一年,我一辈子永远不会忘记。如果有机会再来复旦大学学习,我绝对不会迟疑!

五、洛玉莲(俄罗斯):每篇文章的内容都令人心醉

这个学期我在文化班学习,我们这个学期文化班的课程非常有意思,大部分的课跟中国文化和社会特征有关系的。而《新民周刊》导读课上,同学们每一次报告都能引起我的兴趣,去了解更多关于他们讲的话题,政治和经

济方面的内容,令我认真思考现代社会出现的问题和矛盾。

我曾选跟中国高铁发展网有关的文章做演讲内容。文章的标题是《谁是中国第一个"米字形"高铁城市?》。这篇文章讲的是高铁网发展的状况。记者给读者解释新"米字形"高铁形式是怎样的。米字形高铁网是一个交通系统,它是一种八横八纵的系统,而高铁跟5G一样与个人生活密不可分,事关地方未来几十年的发展。众所周知,某个地方基础设施的发展会给其他行业也提供动力。比如说随着高铁的发展,位置在高铁线路附近的城市的和重要性也可以增加。现在中国高铁网不断得到更新升级,我们可以亲眼看到中国在重新塑造中国的城市等级。一些城市因为高铁建设崛起会提高自己在全国地位,成为新的一线、二线城市。记者把郑州从小镇到交通枢纽和繁华的城市发展的历程作为例子,从1904年郑州火车站(时称郑县站)设立后发展到现在,郑州逐渐成了中国铁路重要的枢纽。

说实话,我觉得《新民周刊》每一篇文章的内容都令人心醉的,每次下课后我急不可耐地找同学们要发表的文章,在家里研究研究。其实我的学术兴趣也跟中国的地理、文化有关系的,所以我非常积极关注中国社会新的发展趋势,特别是在城市规划领域和全国空间的规划消息。比如关于中国高铁发展的题目,让我感到很高兴。通过我读的文章,我获得更多涉及中国某些城市发展和历史的知识。

回忆着我同学分享的文章,特别是"一带一路倡议""脱欧""美中贸易战"的话题给我留下最深刻的印象。我还记得下课回家的路上我们同学之间关于一些文章的讨论。同学们跟我不同的意见,让我换角度来看世界发生的事件和出现的矛盾,有时候也让我改变了自己的观点,来反复思考一些问题。特别是"一带一路"的话题,我从我的同学们的报告中学到了"一带一路"最近发展的现况和将来发展的趋势,还涉及意大利归还中国文物的项目。整个学期,"新民周刊"导读课引起了我对中国发展的更大的好奇心,让我发现我还有很多新的知识领域可以研究和了解。

六、那诺雅(比利时):大家演讲还是非常紧张

我上个学期就已经在文化班学习,"新民周刊导读"课对我来说不是新

课。这个学期的新同学比较多,他们的感觉和我的应该不一样。《新民周刊》的内容每期都不同,我们读的内容与上学期不同,这学期同学多,这一个学期我们总是急着讲完,但还是要推迟下课半小时左右,因为演讲无法结束,时间不够用。

  与上学期最大的不同就是教室里的气氛。上个学期可能是因为同学少,还是因为什么,反正压力没有那么大,大家没有那么怕,气氛很放松。这个学期,我的感觉是一些同学从开学到学期结束演讲时一直都很紧张,估计是学生多、整体水平高的原因吧。即使我们都不在互相审视,很多同学演讲非常紧张,当然演讲不容易,用母语演讲本身就相当难,不用母语而是用外语——汉语来演讲就更难,毕竟我们外国人用汉语来演讲是一个高难度的训练,再说要面对那么多的面孔!可我明显发现,大家进步得很快。虽然是紧张,但是大家都完全超越自己。我们都身在中国,我们来自世界各国,都喜欢中国和中文,通过这门课这样的训练,来提高我们的口语水平也挺好的。

  另外关于演讲时的PPT。我知道大家会按照自己喜欢的方式来演讲。在这种情况下,我坚持认为做PPT很有用。第一,对演讲的同学很有用,因为让他随便演讲,不要看笔记,可以放松一点,用自己的话给大家解释一下。第二,做PPT可以给听演讲的同学一个结构。第三,因为中文不是我们的母语,有时候听不懂一些词。可能是因为发音的问题或者同学不知道生词,但是如果有个PPT的话,可以帮大家确认一下。

  还有,我这个学期自己发表演讲的时候,也改变了原来的方法。即使我一般用演讲的文章都是来自《新民周刊》的,但是根据这个新闻,我也用了来自国外的新闻网站的内容,这样,可以比较一下,在同样的题目下,不同的新闻分析与报道的角度。最后,我想说的是,这门课特别让我们文化班的同学提高我们的中文水平,特别是我们的课程里没有语言进修生班里的口语课,所以《新民周刊》导读课给了我们演讲的机会,这个很重要。

七、安福千寻(日本):能看到最初胆小的自己

  在我电脑上最有纪念意义的文件夹,说的就是记录这半年自己在《新民周刊》导读课上阅读过的文章和笔记的文件夹。打开刷一刷那些文章和笔

记就能看到最初胆小的自己。《新民周刊》这门导读课是要口头报告的,第一周看到了同学们不到1个小时的时间完成准备,开始具有逻辑性的,完全脱稿的精彩演讲。

这门课的同学都是精英和学霸,都具备深厚的专业知识,各有所长。而我是来自一般水平的日本公立大学中文系的,除了中文没有什么专业知识,而且没有养成过每天关注新闻的习惯,不谙世事,再加上我这个迟钝的脑子,不善于在需要动脑子的讨论活动上表达意见。我真的没有信心坚持下去了。以前在语言班学习只要忠实地记住生词、应付考试,就能受到老师们的好评,可是现在好像情况有所不同。跟同学们的实力之差的我很绝望,晚上给爸爸打电话,吐露了自己的心事。可他的回答却比我预料的简单得多:"那你该多关注新闻了!"

过了一个月,虽然下决心每天看新闻,变得更真挚地对待《新民周刊》导读课,但我还是没有勇气选封面文章和政治经济类的文章,觉得自己对那些方面的知识远远不如其他同学们,有难度长篇的文章就交给大家好了。一次老师上课时忽然跟我说,我有选医疗方面主题的倾向,我就内心一惊。但加藤同学说的话改变了我的看法了。她在教室里边准备报告边跟释鹏达同学聊天,说:"尽管这次选的文章也有点难,还有不明白的地方,但是我想学政治和经济,所以要坚持下去!"

我还跟我男朋友讲过《新民周刊》课的情况。我说:"大家都不准备稿子也能流畅地讲出中文。中文学了9年的同学说汉语跟中国人说得差不多,也有已经本科甚至博士研究生毕业的,他们对中国的知识相当深厚。我怎么能不感到自卑?"他说服我说:"虽然你学历还不高,但能跟很厉害的他们一样上课,一样完成报告,这不是已经很厉害了吗?现在向他们学习,几年后你的实力也会不亚于他们!"从此之后,在我眼中的文化班的同学们成了我的理想和目标的写照!

是的,归根结底我想说的还是我们文化班的同学们都很优秀,虽然有时候感到很苦恼,但在留学期间能上到这么有刺激的课,能吸收许多新奇的观点,能遇到只有在留学期间才能遇到的同学们,真是心满意足。

(作者单位:复旦大学国际文化交流学院)

李子柒：中国文化软实力还是人类共同梦想？

要 英

20年前,韩流在其国家政策的支持下,席卷东亚、东南亚,不少中国女性痴迷于《爱情是什么》《冬季恋歌》《澡堂老板家的男人们》等唯美的爱情和琐碎浓郁的亲情之中而无法自拔。而今李子柒在 YouTube 的作品刮起了一阵旋风,她的生活融于人与自然和谐之中。她的一双巧手展示了绿色无污染的稻米、酱油、果酱等农产品,从田间生产、加工、烹饪到餐桌享用的整个流程,连羊毛大氅、竹制家具、竹制龙头、吊床,乃至口红、胭脂等化妆品的生产也无所不能。复旦大学国际文化交流学院汉语言专业语言文化方向2017级本科生,对李子柒现象也高度关注。

一、小兰（罗马尼亚）：李子柒视频展示的美好世界是人类的共同梦想

有时候,我问自己一个很难的问题,我当下生活是不是很美好？而且,我一个人能不能了解自己生活的意义？我觉得可能别人都遇到这些问题,当然大家会有不同的答案。我们非常矛盾,一方面想要那些以前没有的东西,所以大多数人选择住在城市；另一方面又想要以前的东西,所以认为原始的农村非常美好,我个人也是如此,觉得没有什么比在农村过日子更好的方式了。实际情况如何呢？

还是从早上开始说起,在农村人们每天很早起来,他们没有城里人方便,需要的一切都是自己做的。他们上山爬树、砍柴捕鱼,甚至像李子柒那

样,种地、养鸡,甚至连家具也自己做,比如床、秋千等。这样的生活在我看来特别好,因为在手工劳作中带来的是无比的自由感和获得感,一个人从无到有创造了全新的自己的生活。看李子柒的生活,我问自己最后一次爬山在什么时候,根本想不起来,完全忘记我最后一次在自然界中时是在哪里。现在我全部的生活都在上海——世界上最大的城市之一。每天无论是坐地铁,或者逛街,我的周围都有人,见怪不怪的是,我和周围的人都没有什么关系。而在农村就不一样了,周围的人都像是在一个家庭一样,熟悉、亲切,一起劳动。

再看看城里的生活。世界上所有的城市相对于农村,生活十分方便,孩子们根本不知道怎么做最基本的东西,比如做饭使用的食材,来源在哪儿?当然诸如此类的很多东西在城里的人们不需要知道,但是我觉得它们还是重要。我小的时候学过怎么做罗马尼亚的传统饭,但是我的弟弟和他所有的朋友没吃到过,甚至连这些传统菜的名字也不知道。如此一来,我们用不了多长时间会忘记我们的文化、忘记我们的历史,甚至忘记我们自己到底是谁。我认为,保留农村并敬重农村的美好,是一件救农村的大事,也是文化的大事,可以彰显以前的美好,感受与自然并生的自由自在。

总的来说,很多人喜欢批评我们现在的社会和它对人类基本幸福的远离,并认为美好的生活就是在自然里的农村。尽管如此,李子柒展示的美好世界,不能成为城市人现实的生活,科技的发展使我们越来越快地远离这样的美好世界。那么,就把它当成梦想吧!说到这里,其实也就找到了为什么全世界那么多人喜欢李子柒的作品、为什么看一看李子柒的视频就敬仰的原因啦。

二、单伟衡(美国):网红更是一种依靠实力的工作

随着科技的进步,网络的发达,人们往往会在网络上打发时间,出门在外你不可能随身携带一台电视机,所以,手机上能看的东西往往是视频。手机上的视频与电视不大相同,电视节目往往是大明星,而视频呢,只要上传,就可以给全世界的人观看,一种新的职业——网红就诞生了。

而网红的收入也令人难以置信,全美 YouTube 收入排名第一的年收入

高达4 500万美元！这相当于31亿元人民币！这不是普通人拼命工作就可以赚到的。而李子柒在当网红赚钱养家的同时，大大宣传了中国形象，比如活字印刷、孝道、高铁、拉面等田园的诗意生活，将中国文化的美传播到了全世界。她的目的当然是为了自己和奶奶活下去，意外的是为自己的国家做了了不起的事情，要知道有些从事教育的工作者花着国家的钱并没有展示出中国文化的美，甚至让外国留学生感到的是乏味无趣，让人唯恐避之不及，从这点看来，她极为出色。

李子柒成功的背后，是极有创意的主题，高额的拍摄成本，制片剪片的辛劳，这种没日没夜的努力，恐怕是一般人做不到也受不了的。现在网络上有一个很大的弊端，就是喷别人是不会受到法律严惩的，网红辛苦工作，视频下还会出现许多骂他们或者仇恨的留言，这也不是一般正常人的心理所能够忍受以及消化的。我觉得每一个人都有自己的工作、梦想及长处，人们做什么工作并不重要，重要的是不靠偷、不靠抢，靠自己的实力才是最重要的。像李子柒这样的网红，靠自己的创意与努力做出的视频愉悦大众，让大家得到知识和享受，靠自己的能力赚钱，网络"喷子"为什么要喷她呢？各行各业的人要鼓励她，以她为榜样才对。

三、文说雅（韩国）：李子柒需要YouTube这样的平台

在韩国，两年前，所有的人都不知道YouTube是什么，而且很多想拍摄视频的人都是没有这个能力的，但是，最近在地铁、公共汽车里我们可以看到几乎所有的人都在看YouTube视频，很多有能力的人也开始了拍摄，而李子柒的视频就是通过YouTube流传到全球各国，我不能想象没有YouTube的李子柒，因为，YouTube是一种非常有效的传播途径。

首先，我们可以看到各种各样的生活方式。比如说，李子柒拍的就是农家衣食住行的田园生活，而有的人拍的是城市的衣食住行。看这样视频的话，住在农村的人可以直接感受到城市生活是什么样的，住在农村的人可以直接感受到农村生活是什么样的。

其次，我们可以知道别的国家的有名的地方或者文化。YouTube全世界都在用，所以，不能去别的国家的人可以看到外国的情况。对外国人来

说,不用来中国,看看李子柒,就可以知道中国的农村生活。

另外,我们可以在 YouTube 上学习各种各样的东西。比如没有时间或没有钱去学校的人,查 YouTube 的话,就可以看到各种各样的学习视频,我妈妈每天看 YouTube,因为她想要学习唱歌,所以每天看唱歌的视频。像李子柒的视频,其实就是传授着耕种、收获、加工等传统农业与手工知识,加上画面和人都很美,非常好看。因此我认为,想要传播顺畅广泛,一定需要 YouTube。如果没有 YouTube,李子柒还会是走红全世界的李子柒吗?

四、臧美沂(美国):真实不真实不是重点,看着开心就行

李子柒的故事对我来说不是一个耳目一新的故事,一开始我以为她只是一个后面有团体的网红,但当我认真看她那双手时,我才知道这一切都不是假的。能够用心拍摄这些视频也是很费体力的。李子柒是中国独一无二的网红,我认为,她会一直受到中国人以及外国人的点赞。

在很多老百姓眼里,"网红"这个词突然成了一个充满疑问的词。网上有很多网红,各有各的特色。有一种是因为长得丑而出名;还有一种是因为长得美而出名,但奇怪的是他们只会火一段时间。我想这是因为他们只有一个特点,通常只会给观众带来短时间的快乐感。而李子柒的每一个视频都与众不同,我们看着她的视频就觉得很新鲜,尤其是住在城市里的人,这种新鲜感十分强烈。

而且李子柒说过这样的话:"很多城里的孩子不知道大米是树上长的,还是地里种的。"我就认识很多这样的孩子,我也为这件事担心。李子柒的视频不仅给我们带来快乐,同时也给我们很多知识,这就是李子柒为什么火这么久的原因。

李子柒的视频都令我心动。一个孤儿一路走来非常难。虽然她拍摄的不是真实的中国农村生活,但我们看着开心就行了,真实不真实不是重点,李子柒的视频充满着正能量。世界上各种人都有,肯定会有不喜欢你的人,我们不能因为这种人而断了自己的"钱"途。所以我认为,李子柒当时遭遇到网络暴力,就不应该宣布暂时停止更新,作为红人就是一把双刃剑。衷心希望李子柒一直红下去。

五、毛思（莫桑比克）：跟子柒一样，做一个与众不同的你

李子柒是个"网红"，尽人皆知，但没有人能想象到，生活给了她太多的打击，但她依然坚持下去，她有勇气面对失败和不安，意外收获了为淘宝店而拍视频的成功，我个人认为，这是她的根本魅力。

我的经历和子柒在某个阶段很像，而且我来中国之前都不知道自己想要什么，就在这边待了那么久，我才知道要创业，走一个不确定的路，而且在这个过程中也感受到了很多人的不满，但从未放弃过。当初因为没有团队，全部由自己来做，可现在度过了这艰难的初期，我的莫桑比克"京东"算是稳定发展起来了。

李子柒在城里从事过很多的工作，为照顾奶奶回农村后，继续努力工作，最后走红了。看她的作品，我明白了一个道理，那就是：为了让别人懂，我们不需要说很多，讲很多，比如很多老外不懂中文，但仅仅通过眼睛看李子柒在乡村的生活，就可以懂，就可以喜欢！

李子柒走红的时代背景就是城市化的快速发展，很多城里人只管吃，而不懂食物的来源，只享受物质生活，不知如何生产。这样的话，怎么会了解人类文明走过的初始阶段呢？她的镜头对准了现代社会人们日常知识结构上的空白点，这也就是抓住了巨大的商机。视频里可以看到她用了一种创新的方式赚钱，用她拥有的几千万"粉丝"为找她的大企业做广告，而且我们可以看到她所用的工具几乎都是取自自然环境。她的视频真的是太美了！通过现代的传媒手段，把中国文化的传统生活方式带给全世界，展示了一种不同的生活方式，启发我们对自然环境和农村的依恋。在拍到她想象中的理想生活的同时，她找到了最符合自己兴趣也最有可能的谋生手段。从中我们不难发现，在生活给你很多打击之中找到乐趣，是最好的格局。在我们身边应该去找值得做的事情，去做，不管结果如何，至少我们尝试过，就不会后悔。

总之，不是因为梦想而坚持，而是因为坚持而有了梦想。即便没有能力去做一个事情也要尝试去做，生活有时会挖一个坑给你，就比如李子柒，她以淘宝店起步，结果拍摄的视频让她火了，从这一点可以看到她的思考能力

和创新。我也像任何一个平凡的人一样,不会跳广告,因为我希望她能赚钱,尽管李子柒火了很久,而我不希望她和她的团队忘了初心,因为只有对每一个网友好、视频的内容好,才能火得更久!

(作者单位:复旦大学国际文化交流学院)

海内存知己：见证中意
人文交流进入新时代

王泠一

2019年的3月，国家主席习近平国事访问的第一站，选择了地中海边的美丽国度——意大利。在热烈、真挚的气氛中，意大利隆重宣告正式加入中国的"一带一路"行动蓝图。这天，远在魔都徐汇的上海乌鲁木齐南路幼儿园（以下简称乌南）的孩子们，由大班的意大利籍同学发起，举办了一个庆祝习主席成功访问意大利的主题新闻班会；随后，龚敏园长还顺势举办了意大利元素的教学活动周。

一、笔者年少时的意大利元素

看着乌南孩子们欢快的笑脸和精致的创意，让我想起了自己年少时一些意大利元素的往事。和乌南这些精灵般的孩子相比，我是很晚才知道意大利的。那是为了庆祝小学毕业，父亲带我去看了一场电影《牛虻》，述说的就是意大利历史上的英雄人物故事，因此我就知道了地中海。后来母亲给我弄来一本《世界地图集》，初看到亚平宁半岛的意大利国家地图模样，觉得挺有意思的，很像圣诞老人的靴子。

1981年，我在长宁区一所市重点学校读初二，那年我14岁。我其他成绩不好，只有历史课堂上的表现最令老师满意，成绩也是全年级第一。1996年即15年之后，我成为复旦大学历史学博士。初中的历史归老师告诉了我马可·波罗游记和黄道婆的伟大事迹；班主任、数学老师丁建业告诉了我徐光启和利玛窦的友好故事以及合作翻译的名著《几何原本》。这四位历史人物时间上分别为元朝和明朝;空间上都涉及江南、上海、徐汇,这让我对徐家汇充满着景仰!

　　1985年,我成为复旦大学历史系本科一年级的新生。在那年9月开学之初的班级全会上,班主任张广智教授要大家讲讲自己乡土历史上自豪的事情或者人物。来自西安的崔永革同学和来自武威的张元林同学,很自豪地分别介绍了大雁塔和敦煌。我就介绍了上述四位历史人物及在中外关系史上的地位,而中外关系史8年后就是我的博士专业。同是上海籍的同学高永良因家住南市,就介绍了豫园(当时就叫城隍庙)和清末小刀会起义(那时农民起义在教科书上具有崇高的地位);他还特地介绍了农民起义军将领如何同在上海的意大利传教士打交道。

　　西北来的崔永革和张元林都是当地的高考状元,很刻苦,还注重互动。我们上海籍的同学说过故事之后也就意味着班会结束了,但那两位还去图书馆寻找其感兴趣的补充资料;过了一阵子还到宿舍来告诉我马可·波罗到过他们的家乡。由此话题,我和他们关系自然也密切起来;正好西安和敦煌也正是我十分向往的地方。因为考取复旦大学,我得到的父母奖励就是在高三毕业的暑期,去西安看大雁塔、小雁塔还有兵马俑(当时被称为人类历史上的八大考古奇迹之一)。我在西安游玩了半个多月,还坐长途汽车拜谒了西安区域所有的著名皇帝陵园。所以大学期间我和崔永革的共同语言很多,在世界史课堂上我们也共同关注罗马课题。

　　李春元教授用了一个学期,给我们讲古代希腊和罗马。我自己相对地喜欢希腊、奥林匹克及马拉松(我当时经常长跑);我的宿舍上铺同学石建邦更是对柏拉图、苏格拉底等古希腊的哲学家钦佩不已。而崔永革对古罗马以及文艺复兴情有独钟,他能说出每一个意大利著名城市的主要故事和历史上意大利著名人物的事迹脉络,包括马可·波罗和利玛窦。课堂重点给我们讲马可·波罗的老师,是复旦和学术界一致公认博学谦逊的陈绛教授;1993年,我成为他的博士关门弟子。

二、马可·波罗的故事代代相传

　　课堂之外,陈绛教授也是诲人不倦,他告诉我们对马可·波罗游记的解读,特别是时代背景和文化意义。于是,我们复活了很多历史上的细节。眼镜有着悠久的历史,中外史籍中都记载了眼镜最早起源于中国,是中国古老文化、医疗、技艺的遗产。它的发展变迁经历了几千年的历史。在西方国家,眼镜的最早出现是在13世纪末叶。马可·波罗曾旅居中国17年,他深受器重并为元朝宫廷办事,跑遍中国各地。当时他见到元朝宫廷里有人戴眼镜,对此他很感兴趣,在他回国时就把眼镜传到了西方,所以在西方最早制造眼镜的地方,则是马可·波罗的故乡威尼斯。此外,在马可·波罗的游记中还有中国老年人戴眼镜阅读小说及小字的记载。

当年,马可·波罗和父亲、叔叔经地中海来到霍尔木兹,一直等了2个月,也没遇上去中国的船只,只好改走陆路。这是一条充满艰难险阻的路,是让最有雄心的旅行家也望而却步的路。但是他们从霍尔木兹向东,越过荒凉恐怖的伊朗沙漠,跨过险峻寒冷的帕米尔高原,一路上艰难地跋山涉水,克服了疾病、饥渴的困扰,躲开了强盗、猛兽的侵袭,终于来到了中国新疆。一到这里,马可·波罗的眼睛便被吸引住了。他们继续向东,穿过塔克拉玛干沙漠,来到古城敦煌,瞻仰了举世闻名的佛像雕刻和壁画。接着,他们经玉门关见到了万里长城。最后穿过河西走廊,终于到达了上都——元朝陪都。这时已是1275年的夏天,距他们离开祖国已经过了4个寒暑了!马可·波罗的父亲和叔叔向忽必烈大汗呈上了教皇的信件和礼物,并向大汗介绍了马可·波罗。大汗非常赏识年轻聪明的马可·波罗,特意请他们进宫讲述沿途的见闻,并携他们同返大都(北京),后来还留他们在元朝当官任职。聪明的马可·波罗,很快就学会了蒙古语和汉语。他借奉大汗之命巡视各地的机会,走遍了中国的山山水水,中国的辽阔与富有让他惊呆了。他每到一处,总要详细地考察当地的风俗、地理、人情。在回到大都后,又详细地向忽必烈大汗进行汇报。在《马可·波罗游记》中,他盛赞了中国的繁盛昌明:发达的工商业、繁华热闹的市集、华美廉价的丝绸锦缎、宏伟壮观的都城、完善方便的驿道交通、普遍流通的纸币,等等。书中的内容,使每一个读过这本书的人都无限神往。

马可·波罗回到故乡之后,被迫卷入了诸侯的战争。他被俘后,在敌人的监狱里遇到了一位作家难友。他口述,作家整理。他们俩不懈合作,在死神到来之前完成了这部传世之作——《马可·波罗游记》。我觉得马可·波罗的故事,应该让乌南的孩子们铭记,也可以让乌南意大利籍的同学自己来讲述。龚敏园长是上海女性美丽、敬业的典范。她总是在积极探索、勤于学习和捕捉最新素材,老师们也经常会推出如"北京周"那样富有创意的教学活动。龚敏和我最近达成的一个共识就是——国之交,根基在于民相亲;完全应该注重习主席成功访问意大利及对方加入"一带一路"蓝图的机遇,促进小手拉大手,把乌南打造成为中意交流的示范性人文基地。而且一般来说,在徐汇、在上海关于中意人文交流的认知是从徐光启和利玛窦及《几何原本》开始的,即已有400年的光景。如果从马可·波罗及其游记开始,则是800年。而实际上对于孩子、家长和非数学老师来说,马可·波罗游记更有亲和力。

更何况,习主席也撰文高度评价说:一部《马可·波罗游记》在西方掀起了历史上第一次"中国热";马可·波罗成为东西方文化交流的先行者,为一代代友好使者所追随。因此,我和龚敏都认为,应该把马可·波罗的故事持久地传颂下去。

三、友谊更是志同道合的结果

龚敏的热情和孩子的笑脸感染着我,但我总是觉得幼儿园的教学资源是有限的,于是,就给乌南找了个同样热心肠的高级志愿者——那就是我的大学伙伴崔永革。30年前,他大学毕业后回到了故乡西安。一开始,还是从事专业对口的博物馆工作;单位就在大雁塔旁边。1991年,我读研究生时曾经去西安看望过他;他已经转入外贸行业工作,那是中国经济起飞的前夜。我和他聊到了马可·波罗和丝绸之路,都希望中国能够早点摆脱贫困、早点实现盛唐气象的复兴! 崔永革的外贸公司,主要业务就是向意大利出口纺织原料;如当时的羊绒主要就是卖到普拉多,那是意大利的服装纺织中心。我感慨的是:马可·波罗和黄道婆是同时代人,但他和她没有实现交集。而如今,老同学崔永革却实现了中意纺织交集!

1991年,崔永革送我上火车离开西安之后,我就再也没有去过古都,也再也没有见过他。好在伟大的中国人又发明了微信,让我们实现了先贤梦寐以求的"海内存知己、天涯若比邻"的崇高境界。通过微信,我知道崔永革移居意大利已有25年。他目前居住地维罗纳是世界歌剧的故乡,和我的故乡杭州是姊妹城市。莎士比亚剧作《罗密欧与朱丽叶》的故事就发生在维罗纳,罗密欧曾在朱丽叶家的阳台向她求爱,这段爱情故事和朱丽叶的阳台一起留给了后世。维罗纳城内仍保留着朱丽叶的故居,故居中"朱丽叶的阳台"每年吸引着数百万游客。

此番习主席对意大利的国事访问,让崔永革倍感新时代中国人的自豪。他每天热烈地和我在微信中交流着他的感受,以及意大利华人群体的欢呼,我似乎在万里之外听到了他澎湃的心跳。他自然还怀念自己曾经的博物馆岁月,而意大利归还文物黑市中缴获的796件横跨中国五千年文明的瑰宝,更让他激情洋溢。这次回归祖国的文物时间跨度上至新石器时代,下至明清民国时期,且器物种类多样,保存状况较为完好。崔永革认为总体价值很高,是中国历史各时期生产生活场景、精神生活面貌、文明发展进程的实物见证;这也是中意人文交流的新成果!

从我的微信朋友圈发布中,崔永革知道了我是乌南幼儿园的课外辅导员以及乌南黄道婆布艺空间和意大利籍孩子的情况,他也知道了更多我在徐汇区承担社会责任的消息,并觉得很有意义。我则提请他也担任乌南的课外辅导员,为孩子们提供一些意大利当地的图片、资料以及中意交流的素材,他欣然接受。这真是一个神奇的乌南佳话!这正如习近平主席在意大利媒体刊发文章时所引用的意大利著名作家莫拉维亚的名言——友谊不是偶然的选择,而是志同道合的结果!

四、中意高端智库的交流共识

莫拉维亚(1907—1990)是意大利当代著名的小说家。曾任新闻记者和杂志主编,并曾任国际笔会主席。他在长达60年的创作生涯中,发表了数十部长篇小说和中短篇小说集。他以写实的笔法,通过发生在人们身边的平常故事,触到了人的心灵深处。他的作品,在意大利文学界乃至世界文学界都产生了重大的影响。在中国,早在改革开放之初的20世纪80年代就译介过莫拉维亚的短篇小说,之后出版过《罗马女人》和《罗马故事》。2002年,译林出版社推出了莫拉维亚文集,包括《冷漠的人们》等5部作品,由此促进了双边的图书人文合作。

人文合作最高层次的互动,是高端智库间的交流。这里有必要介绍一位意大利的高端学者、一位中国通——米凯莱·杰拉奇先生,是经济学家和意大利经济发展部的副部长。他负责国际贸易与投资,同时他还是经济发展部中国事务工作组的负责人,直接参与和积极推动了习近平主席访问意大利,并与意大利政府签署"一带一路"合作的备忘录。2016年5月,鉴于他作出的杰出贡献,被授予意大利最高荣誉,由总统马塔雷拉颁发了意大利之星的骑士勋章。他连续3年入选成为中国最有影响力的五十位意大利人之一,曾在中国工作十年之久。他毕业于美国麻省理工学院、意大利巴勒莫大学,精通英语、中文,熟悉法语和西班牙语。

而且,意大利已经明确担任2019年11月上海第二届进博会的主宾国;长三角的企业家们也理所当然应该对杰拉奇先生的"一带一路"观,以及其对华经贸合作思路有所了解。2019年4月2日他光临中国国家高端智库上海社会科学院,发表了题为《从北京到罗马:繁荣共赢的丝绸之路》的演讲,并在意大利驻沪总领事陈琪陪同下,与上海社科院院长张道根教授、上海欧洲事务研究专家徐明棋研究员、上海社科院国际问题研究所所长王健研究员等著名中国学者进行了深入交流。

杰拉奇理论功底深厚,他的分析很透彻。比如全球化从区域发展来说是不平衡的,目前这拨成果基本上是发生在沿海地区,有专家研究绝大多数发达地区都在沿海300千米的区域内,所以有大量的内地没有参与进去。另外在全球化过程中有大量的文化冲突,以往全球化更多的是通过殖民、帝国的方式推进,所以存在很多的矛盾。杰拉奇认为,在这个反思全球化过程中诞生的"一带一路"主张是很好的倡议,是中国对人类的重大贡献。且有传承也有新突破,如推进区域贸易、合作、投资,通过降低关税、贸易便利、人文交流等措施加以共鸣。

中国的经济学家认为,加入"一带一路"有助于增进中国以及意大利在全球化进程中的竞争力。王健研究员去年曾去彼得艾弗斯港调研,他发现中远集团接手以后,它的吞吐量在全世界增长最快,从93位上升至36位。现在港口排名明显上去了以后,对意大利亚得里亚海的一些港口也造成了很大的刺激。这次中国意大利签署"一带一路"的合作备忘录里,包括习近平主席访问意大利的演讲当中,都特别讲到港口合作。特别是与亚得里亚海的两个港口——德里雅思特和热那亚港口的合作,通过合作可以把原来区域的竞争关系变成一种合作关系,能够与意大利北方港口计划结合起来、对接起来,从而打造成为中国商品进入欧洲的一个东南门户。这对上海、宁波等长三角的港口城市及企业来说,则是新航线的机会。

五、友好关系转变成发展成果

杰拉奇是位积极的实干家,他还具体说明道:2017 年,意大利马塔雷拉总统访华时,就参加了"一带一路"首届峰会;当时就再次重申了 1970 年,意大利和中国建立外交关系之后,也正是印证了 800 年前马可·波罗时代和中国的友好关系渊源。所以,意大利所有和中国的关系都是基于和平繁荣发展关系的奠定。但是 1970 年意大利和中国建交时,可能很多同事还没有出生。在当时美国是全球的霸主,它引领了国际秩序。但是,意大利并没有去一味地追随美国,所以今年必然会庆祝和中华人民共和国建交 50 周年的日子,为什么像意大利总理、意大利总统在两年之内两次访华,即很好地能够表明——希望能够把长期以来的友好关系转变成实实在在的经贸数据。这是实实在在的成果!意大利现在所做的一切都是秉承同样的理念——并没有改变自己的政策,但是要确保我们今天做的改变一定要有实实在在的改变和效果。这并不只是政策的改变,要确保这个政策能带来实实在在的好的效果。这个效果,也就是经贸数据、贸易和投资。

而关于"实实在在的、好的效果",其实还有重要的一个元素就是人文交流及其往来的便利化,以及企业的投资应更多地惠及百姓的就业,尤其是年轻人的发展机会。杰拉奇表示,他将积极促进签证的便利化、两国人员之间的交流以及在意大利的中国留学生获得更多的工作(实习)经验。对此,上海社科院院长张道根教授高度评价"杰拉奇先生是位有情怀的人、是位积极为公众服务的人"!

说到"年轻人发展机会"这一话题,我忽然觉得这是一个新时代的开始。还让我想起了一位叫黄昕玮的上海女孩。我认识她,是在世博会之后美丽的金山海滨;当时她还在读高中,就表示今后要走自己内心的路而不是父母想象的某种路径。至于"内心的路"是什么,一开始有点矜持的姑娘并没有告诉我。她知道徐光启、利玛窦、马可·波罗以及黄道婆,她对服饰很敏感(我们交流时,电视里有春季流行款式发布新闻),所以我也猜出来了,但我也没有挑明。再后来,她大一了;一身气度不凡的装饰也是她自己打理的,不用猜就知道她在学服装设计了。但她和我强调,她学的是"时装设计",不是"服装设计"! 这有什么区别吗? 我故意问她的。她说前者是设计师干的,突出的是款式、时尚和匠心;而后者是裁缝干的,突出的是耐用、日常和手艺;她自己的目标是一流的时装设计师!

  多么有梦想的一位姑娘啊! 我心里明白她的"诗和远方"就是米兰了。新的时代总是青睐有梦想的年轻人,2014 年在上海就读本科期间,黄昕玮作为交换生就曾经去意大利学习半年。而她大学毕业之后,于 2016 年 9 月赴意大利米兰多莫斯设计学院深造,并获得了时装设计专业的硕士学位! 随后,她在一家当地的意大利公司实习并工作,她的作品让我感到惊艳、活力和时尚,仿佛就是地中海边吹来的暖流,似乎是在问候金山海滨的老朋友! 而有追求的年轻人和时装设计师,往往并不在乎一时成功的产品设计发布。黄昕玮就是如此,她沉浸在意大利地中海文明的诗意之中,徜徉在文化交流的星空下;而不久前,她又毅然辞去了当地公司的职务,开始专攻意大利语了。在此,我希望她有个更好的前程!

(作者单位:上海社会科学院)

如何跨越时空让上海世博后一代知晓白求恩?

王泠一

在我就读幼儿园和小学的时候,白求恩大夫在上海、在中国可是一位家喻户晓的英雄人物。如我和天平街道党工委书记高路,从小就能背诵毛泽东主席的不朽篇章《纪念白求恩》,我们都记得——"白求恩同志是加拿大共产党员,五十多岁了,为了帮助中国的抗日战争,受加拿大共产党和美国共产党的派遣,不远万里,来到中国。去年春上到延安,后来到五台山工作,不幸以身殉职。一个外国人,毫无利己的动机,把中国人民的解放事业当作他自己的事业,这是什么精神?这是国际主义精神,这是共产主义精神,每一个中国共产党员都要学习这种精神。"

白求恩于1939年11月12日,牺牲于晋察冀抗日前线。他牺牲的时候,如今富有影响力的民盟、民建等我国民主党派还没有诞生。后来证明,每一个民主党派成员和爱国人士都曾经长期坚持学习白求恩的"这种精神"。如我熟悉的民盟徐汇区委主委、徐汇教育局调研员于东航,市人大代表、全国五一劳动奖章获得者和民建成员王承,天平德育圈优秀志愿者林国海等,都相当熟悉白求恩大夫的事迹,都感动于他"不远万里来到中国""毫不利己专门利人"!他们知道我的相关德育思路,也希望借白求恩牺牲80周年之际,能够让天平德育圈的学子代表们参与缅怀。这个想法,得到了建襄小学陈静校长的鼎力支持。

陈静校长和高静书记等建襄小学决策层成员,都高度重视学子们的德育氛围营造。如2019年"六一"儿童节前夕,建襄小学就成立了全市首家以劳模名字命名的王承小队;小队长则是如今二年级5班的秦义云同学。天赐良机的是,中国驻加拿大大使馆最近举办了白求恩纪念活动。我们的活动,得到了外事部门的大力支持。

于是,纪念白求恩的主题活动于2019年11月28日下午在建襄小学隆重举行。秦义云同学的演讲,让大家充分了解到了白求恩大夫的家乡、后代、故居保护等第一手近况,还有中国和加拿大民间友好往来的最新案例。也让我更加明确地认识到白求恩就是中加两国的人文互动桥梁,在双边关系处于低谷时,这种桥梁作用更是不可替代的。而包括秦义云在内的王承小队7位同学对白求恩缅怀作品的朗诵,还表现出了语文的意境美。劳模王承本人,已和这个小队的同学们是老朋友了;作为民建成员的他,刚好去延安参加了由中共徐汇区委统战部组织的学习培训活动。除了完成规定培训课程如了解延安时期的统战工作经验、到梁家河了解习总书记当年的艰苦奋斗事迹等,王承还特地按和我的约定去了解白求恩元素。

因此,王承的报告内容很丰富,讲述了白求恩大夫在延安和抗战前线的主要事迹与其最后革命生涯的基本轨迹。王承告诉大家:延安是中华民族的圣地,尤其是黄帝陵是中华文明的精神标识,是全球华人同根同祖的历史见证;延安是中国革命的圣地,是中国共产党人的精神家园,尤其是宝塔山是中国革命的精神标识。目前延安,也已经建成了国家卫生城市;而从延安发端的"白求恩奖章"则是国家对卫生系统模范个人的最高行政奖励。白求恩大夫于1935年11月加入加拿大共产党,他于1936年冬志愿参加西班牙人民的反法西斯战斗。1938年3月,为了支援中国人民的解放斗争,他率领一个外科医疗队来到了延安。

王承在演讲中指出:白求恩大夫在中国停留的时间不足两年,驻留延安不足月余,但延安对他的革命生涯历程影响深远。1938年4月1日午夜,即他抵达延安第二天就在凤凰山见到了毛泽东。他俩长达3个多小时的谈话进行得相当愉快,以至于兴奋的白求恩难以入睡呢。白求恩在日记里是这样描述的:"我在那间没有陈设的房间里和毛泽东同志面对面坐着,倾听他的从容不迫的言谈的时候,我回想到长征,想到毛泽东和朱德在那伟大的行军中怎样领着红军经过二万五千里的长途跋涉,从南方到了西北丛山里的黄土地带。由于他们当年的战略经验,使得他们今天能够以游击战来困扰日军,使侵略者的优越武器失去效力,从而挽救了中国。我现在明白为什么毛泽东那样感动着每一个和他见面的人。这是一个巨人！他是我们世界上最伟大的人物之一。"王承是位很好的历史老师，除了这些生动活泼的史料，他还找到了白求恩和毛主席一起出席延安"五一"活动合影。

接着，王承史诗般地告诉大家：在残酷的华北抗日前线，白求恩还曾建立了一所简陋的战地医院；他坚持"不要让伤员来找我们"，将他的手术台设在距离前线最近的地方……他还在通讯中告诉毛泽东主席："重伤员中百分之七十五可以救过来！"白求恩亲自参与了华北前线的军区卫生学校，亲自制定教学方针、教学计划并亲自授课；他创新战地培训模式，使得一大批八路军的医生、护士和卫生员很快成为战时急需的医务人才。白求恩更是跋涉数千里转战各方，迎着枪炮声搭起战地手术台；仅参加著名的齐会战斗，他就连续三天三夜不睡眠、69个小时做了115例手术，大大减轻了部队的伤亡。白求恩对八路军将士们的评价则是：他们遭遇过残酷，可是懂得什么是仁慈；他们尝受过苦痛，可是知道怎么笑；他们受过无穷的苦难，可是依旧保持着他们的耐性、乐观精神和智慧！

王承最后告诉大家：在牺牲的前夜，白求恩大夫深情地和身边的同志说——"请转告毛主席，感谢他和中国共产党对我的教育。我相信，中国人民一定会获得解放，遗憾的是我不能亲眼看到新中国诞生了……"这年12月21日，毛泽东主席写下了著名的悼念文章《纪念白求恩》。而缅怀活动中，建襄小学的青年教师代表还给大家现场朗诵了这篇不朽的经典作品。为了帮助如今"10后"的孩子们更加直观地理解白求恩精神，我和陈静校长还请来了上海市第八人民医院的骨科医生万马；他刚完成为期两年的国家任务，从援助摩洛哥边远地区的医疗一线回沪。万马医生的述说充满艰辛，还有些传奇，孩子们称他为当代白求恩。

对于万马医生的精湛骨科医术，孩子们很钦佩。不过，他们更加印象深刻的是摩洛哥边远地区生活条件的艰苦。那里不是高山就是大漠，没有完善的手机信号可以和家人联络，也没有娱乐；甚至，万马医生和援摩的同事得自己种绿叶菜来改善伙食。但万马医生不会榨油、养鸡和磨面粉，且时间上也不允许。于是只能很费劲地跑很远的山路到小镇的简陋超市去采购，运输工具则是当地的驴车。活动结束后，我问一位很机灵的二年级女孩邢思琪有啥感想？她很坦诚地告诉我：之前，她和同学们都不知道白求恩。

"而通过这次缅怀活动,大家学习到了白求恩大夫的英雄事迹,学习到了国际主义精神,对医学精益求精的精神以及毫不利己专门利人的精神,是我们新时代小苗苗学习的榜样,我们一定认真学习白求恩精神,努力学习,将来成为一个对社会有用的人。"而她的班主任老师朱丽则告诉我:本次德育活动中队员们了解了白求恩的生平,跟着劳模王承叔叔的脚步探访白求恩大夫在延安的点点滴滴,并从八院援摩医生万马叔叔那里感受到当代白求恩精神,队员们纷纷表示要学习好白求恩大夫以及当代白求恩们的精神。而主持这场缅怀主题活动的建襄小学青年教师张立,则是这样感悟的:"作为本次活动的亲身参与者,我深深地被万马医生等当代白求恩的事迹所感动,对白求恩精神也有了更为深刻的理解。今后要将白求恩同志对待工作极端热忱、精益求精的精神运用到自己的教学上,不断磨炼自己的教学技艺、打造孩子们所喜爱的课堂。这既是我努力奋斗的目标,也应该是我们所有青年教师必然肩负的使命"!

毛泽东主席的《纪念白求恩》一文是这样结尾的:"我们大家要学习他毫无自私自利之心的精神。从这点出发,就可以变为大有利于人民的人。一个人能力有大小,但只要有这点精神,就是一个高尚的人,一个纯粹的人,一个有道德的人,一个脱离了低级趣味的人,一个有益于人民的人。"而对于这段结尾,笔者、高路、于东航、林国海、万马医生和陈静校长等人其实都是非常熟悉的。然而如今得以重温,我们无一例外地再次在心灵上得到了洗礼。我们也都希望伴随着建襄小学青年教师代表的朗诵和王承以及王承小队的述说,使得白求恩大夫的形象和精神在天平德育圈的孩子心中永不磨灭。我们一起做一个高尚的人!

(作者单位:上海社会科学院)

建襄小学致敬普希金
续写人文交流新佳话

王泠一

2019年10月2日,中国国家主席习近平与俄罗斯总统普京互致贺电,共同纪念两国建交70周年。除了祝贺彼此国家成就,两位国家领导人均表示将继续巩固双方战略伙伴关系的关键领域合作,共同引领新时代中俄关系不断取得新成就,携手推动构建人类命运共同体,为世界和平发展作出更大贡献。同日,中俄两国总理也互致贺电,表达了在人文、青少年等各个领域展开充分交流的决心。

消息传到上海,地处岳阳路的徐汇区建襄小学师生倍感振奋。因为,建襄小学新中国七十华诞的主题活动,就是以致敬世界文学巨匠、俄罗斯诗人普希金为抓手来纪念中俄建交70周年。巧合的地利机缘是,普希金铜像就伫立在同一条岳阳路上。校长陈静告诉大家:苏联是第一个和中华人民共和国建交的国家,时间就是70年前的10月3日;后来俄罗斯继承了苏联的外交遗产,所以中俄建交日仍然是10月3日。苏联的"二战"英雄罗申将军是首位驻华大使,他在向毛泽东主席递交国书之后,赠送给周恩来总理兼外交部部长的一批人文交流礼物中就有《普希金诗集》。当然,罗申大使对中国同志解读的普希金是一位反抗沙皇统治的英雄!

上海地方志办公室主任洪民荣研究员在和笔者及建襄小学老师们交流时则提到:其实上海早在中华人民共和国建立之前,鲁迅、田汉等"左联"的革命文学家们就对苏俄文学推崇备至。而中华人民共和国成立之后,上海则继续成为苏俄文学在全国传播的大本营。在上海呢,普希金诗歌的翻译以及进入课堂,还得到了周恩来总理和宋庆龄(时为中央人民政府副主席)

的关怀。宋庆龄在她亲自创办的上海中福会幼儿园里,就多次接待过苏联贵宾;其中,老师和家长给贵宾们朗诵普希金作品《给婴儿》则是常规表演项目。宋庆龄还在其创办的儿童教育主题刊物如《儿童时代》《为了孩子》上,亲自邀请俄罗斯文学翻译大家解读过普希金的诗歌。

建襄小学陈静校长本人当然是普希金抒情诗的爱好者,她的少女时代是在宝岛崇明度过的,初中的时候就接触到了普希金作品。她和很多教育工作者、文化界人士一样,最熟悉和最欣赏的就是普希金的不朽之作——《假如生活欺骗了你》。这是一首跨时代、跨国界的浪漫主义巅峰作品,在中国民间产生了普遍性的共鸣;老师和家长乐于朗诵、品读,学子们也常用来励志和丰富修养,更是学校社团举行庆典活动的首选诗。于是,在纪念中俄建交70周年的喜庆时节,陈静校长和学校文学社团——襄园梧桐社的孩子们,经过精心排练和预先交流,在和煦的秋日阳光下、在中俄共认最美的季节里,来到富有沧桑感的普希金铜像前。

普希金铜像,系上海著名城市形象雕塑,但历经坎坷。据中共徐汇区委研究室主任张渐慈考证:第一座普希金铜像建立于1937年2月10日,是旅居在上海的苏俄侨民为纪念普希金逝世100周年而集资建造的。此后,普希金铜像因战乱而被破坏。改革开放带来了我国城市雕塑的春天,齐子春、高云龙两位雕塑家主动请缨创作普希金铜像并如愿以偿。1987年,即在诗人逝世150周年之际,普希金铜像再次在原址即如今的岳阳路口的三角花园地带落成。也就是从这一年起,后来光荣地成为人民教师的陈静就经常能够在此仰望先贤。而她不久就发现了:上海热爱普希金及其作品的高雅人士甚多,也经常有国际友人前来祭奠普希金;铜像所处区域的天平街道和徐汇区,更是经常性地在此地举办纪念活动。

如今,陈静校长和襄园梧桐社的孩子们,就在普希金铜像前声情并茂地诵读了诗人的不朽名作——《假如生活欺骗了你》和《给婴儿》。而这次活动的具体组织者、被孩子们视为大姐姐的建襄小学语文老师张立告诉笔者:"普希金对我来说并不陌生,但静下心来拜读普希金的诗集,并和孩子们一起来到普希金铜像前大声朗诵他的诗歌却是头一遭。这让我第一次觉得,原来自己可以离大诗人那么近,仿佛他就在我们身旁浅吟低唱。最让我感动的是,我们的朗诵在行人中引起强烈的共鸣;大家或是献上一枝花,或是默默瞻仰……中国人民对普希金的喜爱与怀念,从来没有停止过!"是的,普希金就是中俄两国人民友谊的天然纽带!

有意思的是:有位参加普希金诗歌朗诵的建襄小学二年级女生包莉亚,还是中俄友谊的结晶。她的在俄罗斯新西伯利亚老家的外婆,也兴致勃勃地参加了这次主题活动。外婆认为能够在中国即自己祖国的境外地参加这样的活动,很有意义也非常感动。外婆在活动之余还告诉张立老师,《给婴儿》在俄罗斯反而不是很有名,那是普希金写给自己的孩子的。但外婆觉得建襄小学的中国学生对普希金的诗了解很深,通过这个活动能深深地感受到中俄友好关系;因此,她非常感谢中国师生对其祖国的不朽诗人普希金的尊重。而包莉亚的妈妈斯维特拉娜则告诉陈静校长:自己最喜欢的普希金作品是《叶甫盖尼·奥涅金》,而女儿包莉亚的感受是在这样一个特殊的日子能参加这类活动,感到很自豪,并且对未来能够很好地融入上海的学习和生活增强了自信!对此,陈静校长自然感到十分的欣慰。

包莉亚还参加了班级里的儿童团小队,她和同学们一样戴着绿领巾;她的小队长秦义云非常友爱地专门陪同她参加主题活动。秦义云的父亲秦武平是复旦大学中文系1992年的高才生,明显受父亲影响,父子俩共同喜爱的普希金作品都是《假如生活欺骗了你》。笔者和秦义云同岁的时候,是学俄语的父母用原文给我朗诵这首名作,再给我看译本的;不过,我当时就有疑问:"为什么生活会欺骗我呢?"如今的秦义云生活比我儿时丰富多了,但他经常得参加钢琴和围棋的升级资格考试;虽然付出艰辛可不保证常战常胜。于是,面对挫折,普希金的诗句"不要悲伤,不要心急!犹豫的日子须要镇静。相信吧,快乐的日子将会来临!……而那过去了的,就会成为亲切的怀恋"自然是对孩子最好的心灵慰藉!

秦义云觉得普希金就是自己的知音;他唯一有点遗憾的就是在普希金铜像现场,朗诵的内容似乎少了些。而他母亲则表示:借着襄园走近普希金,这是义云童年最美的诗。对此,张立老师说今后还会继续组织类似的诗歌主题朗诵活动。

就这样,在各方有识之士的热情支持下,建襄小学师生们致敬普希金、致敬中华人民共和国七十华诞和纪念中俄建交70周年的诗歌主题朗诵活动,取得了圆满成功。

(作者单位:上海社会科学院)

基础教育篇

关于幼小衔接绘画素养微调研之分析

方文轩

根据学校的要求,在上海市优秀团组织即徐汇区天平街道团委和上海市优秀志愿者即上海社科院王泠一博士的牵线下,本人得以按序采访到建襄小学校长陈静、上海中国画院画师庞飞、高安路第一小学特级校长滕平、乌南幼儿园特级园长(校长)龚敏。同时,在陈静校长和龚敏园长的鼎力支持下,本人顺利地在建襄小学和乌南幼儿园完成了一个关于绘画素养的微调研。现将有关调研分析如下。

首先,需要说明的是:调研以班级为单位,由学校随机抽样选定。其次,分别由建襄小学张立老师和乌南幼儿园余佳老师,分发和收取调研问卷。再次,本项微调研,涉及建襄小学3个班级即二年级(5)班(45人)、五年级(1)班(35人)、五年级(3)班(38人)和乌南幼儿园大二班(26人);累计2个学校、4个班共144名学生。另外问卷是无记名回答,事先没有安排引导。

因为时间和能力有限,本人只能够设计如此微调研;并从中发现了一些规律:

一、班级规模正在扩大

徐汇区是上海的中心城区之一,本人调研的这三所学校都是赫赫有名,也是家长们心中理所当然的好学校。据了解,本来这三所学校的校长都主张小班化,即控制每个班级的学生数量,这样有利于老师细心观察每一个学生和进行针对性的辅导。不过,由于"二娃"因素的出现,校长们都感受到了压力。表现在班级规模安排上,就不得不扩大班级学生人数。如乌南幼儿园理想的班级是 20 人,但是参加调研的这个大班已经是 26 人了。建襄小学五年级的两个班级,其学生入学时普遍还是独生子女家庭的社会背景,所以分别是 35 人和 38 人的规模。这几年,求学人数增多主要是"二娃"参与争夺教育资源的背景下,建襄小学二年级参与调研班级、学生就多达 45 人。从绘画素养角度,班级规模的扩大各有利弊:有利的地方就是接受绘画素养培育的学生基数也随之扩大了;美术课堂更加热闹了,同学间兴趣的交流变得更加积极而多彩。不利的地方是,美术老师的教学任务明显加重了,因为尽心敬业的老师们是"为了每个孩子的全面发展的"。

二、年级越高,学习绘画的选择自主性就越强

问卷的第一个问题是:是否愿意接触美术教育和绘画训练?对此,乌南幼儿园大班学生选择愿意的是 100%,二年级班级选择愿意的比例则为 82.2%。而建襄小学五年级 1 班选择不愿意的比例高达 42.9%,不过,五年级 3 班则为 7.9%。

问卷的第二个问题是:是否愿意自己的绘画作品公开展览?对此,乌南幼儿园大班学生选择愿意的比例高达 96.1%,即只有 1 名学生不愿意;二年级班级选择愿意的比例则为 68.9%。但五年级学生选择不愿意的比例明显上升,如(1)班和(3)班的此项比例分别是 42.9% 和 21%。而通常学校是很愿意公开展览学生作品的。

问卷的第三个问题是:是否愿意参加学校组织的画展观摩?对此,乌南幼儿园大班和建襄小学二年级学生选择愿意的比例,就分别高达 100% 和 93.3%。但是,在建襄小学五年级(1)班和(3)班,选择不愿意的比例则分别为 37.1% 和 13.2%。本人认为,学校组织的画展观摩往往是很有针对性和观赏性的,应该积极参加。

对比而显示,同样是建襄小学、同样是五年级,"不愿意"的选择方面,(3)班的比例又明显低于(1)班,这是为什么呢?经后续采访了解到:(3)班有 1 名叫郝心榕的女生非常擅长写作且喜欢观摩画展,尤其是建襄小学举办以及参与的小画家作品展示活动,她的观摩画展文章发表之后,班主任老师

就会在第一时间里转发到该班家长群。也就是说,此类举动会对班级同学和家长的美育观点产生影响。

三、亲属爱好美术与孩子积极参加绘画培训的比例基本成正比

问卷的第四个问题是:自己的亲人和长辈中是否爱好绘画?对此,乌南幼儿园大班,建襄小学二年级(5)班、五年级(1)班和五年级(3)班回答"是"的比例分别为57.7%、55.6%、37.1%和35.3%。其中低龄孩子家长绘画爱好者更多些。

问卷的第五个问题是:是否在校外参加专业性的绘画训练?对此,乌南幼儿园大班,建襄小学二年级(5)班、五年级(1)班和五年级(3)班回答"是"的比例分别为61.5%、46.7%、28.6%和31.6%。以此对应选择来看,显然是成正比的。

四、关于年龄和课业状况的变化对美育价值认知的影响

问卷的第六个问题是:如果功课多是否愿意中止学习绘画?对此,乌南幼儿园大班,建襄小学二年级(5)班、五年级(1)班和五年级(3)班回答"不愿意"的比例分别为73%、68.9%、54.3%和65.8%。"不愿意"中止学习绘画,反映了美育本身的魅力。不过,在实地采访中3位校长以及多年从事美术教育的建襄小学孙漩老师都一致认为,坚持是难能可贵的。其背后,几乎是整个家庭的价值观。

五、关于绘画形式主要选项的微调研显示

问卷的第七个问题是:美术学习中喜欢的绘画形式是什么?选项依次是:1.水墨画;2.水彩画;3.油画;4.其他。其他是指素描、版画、泥塑等形式。

调研显示,水彩画是低龄学生们的第一选项,在高年级学生中间仍具有吸引力。对此,乌南幼儿园大班,建襄小学二年级(5)班、五年级(1)班和五

年级(3)班选择比例分别为73%、42.2%、34.3%和44.7%。据上海中国画院画师庞飞的心理学解读是：小孩子对色彩特别敏感，如同对自己衣服颜色的要求相当。

同时，调研还显示随着年级的升高和学校多样化的美术教育安排，其他形式的美育也逐渐受到欢迎。如乌南幼儿园大班无人选择"其他"，而建襄小学二年级(5)班、五年级(1)班和五年级(3)班选择的比例则分别为46.7%、57.1%和60.5%。

有意思的是，随着年龄的增长以及国际化交流因素的影响，油画也会成为选项之一。如乌南幼儿园注重国际元素的交流，因此在大二班的26位学生中已经有6名在学习油画，占比为23%。建襄小学二年级5班、五年级1班和五年级3班分别有2名、10名和13名学生在学习油画，其中五年级两个班的占比分别为28.6%和34.2%。对此，乌南幼儿园余佳老师指出：小孩子学习绘画已经不止一种形式；她自己有两个男孩，目前大娃就读高一小学二年级，偏重的是水墨画。

六、学生美育和发展自信之间的关联

问卷的第八个问题是：你是否认为学习绘画能够增强自信？调研显示总体上是能够增强自信的。因为，乌南幼儿园大班，建襄小学二年级5班、五年级1班和五年级3班回答"是"的比例，实际分别为96.1%、73.3%、54.3%和81.6%。

七、关于自觉接受美育的恒心与年限

问卷的第九个问题是：你的绘画爱好目前为止坚持了多久？选项依次是：(1) 一年；(2) 两年；(3) 三年；(4) 五年；(5) 五年以上。应学生年龄因素考虑，该问题主要考察建襄小学五年级(1)班和(3)班。其中，在(1)班的35位学生中有15位承认从未坚持，而(3)班的38位学生中有9名承认从未坚持；其占比分别为42.9%和23.7%。也就是说，这些学生也短暂接触过美术训练，但不久就放弃了爱好。

建襄小学五年级(1)班和(3)班学生中,坚持绘画爱好3年以内的相对稳定,但坚持5年及以上者属于凤毛麟角,是很不容易的。其中,(1)班坚持5年和5年以上者都是3名,占比皆为8.6%。(3)班坚持5年和5年以上者分别为6名和11名,占比分别为15.8%个28.9%。而(3)班比例相对为高,和班主任老师日常坚持的鼓励作用密切相关。当然,老师也是有个性的,如(1)班班主任老师就喜欢朗诵。

调研中还显示校长的领衔作用以及学生社团意义非凡,这由以下案例来说明:

案例一：探访建襄小学长亭书画社

2019年记者节前一天,作为天平德育圈的一名小记者,我在王泠一伯伯的帮助下,从闵行赶到徐汇区,采访建襄小学和上海中国画院合作的长亭书画社。

为什么要采访？因为今年暑假前我在《新民晚报·夜光杯》发表了《和丰子恺爷爷的"对话"》,在文章最后,我提到希望有机会去上海中国画院了解一下,因为丰子恺爷爷是那里的首任院长。我很好奇,为什么叫长亭书画社？原来,丰子恺的老师是近代杰出文化先驱李叔同,"长亭"就取自他作词的经典歌曲《送别》开头"长亭外,古道边,芳草碧连天……"建襄小学校长陈静说,"给学校书画社取名长亭,是寄寓对中国书画的一脉相承"。而且,两家机构年龄相近——建襄小学是1958年成立的中华人民共和国第一所民办小学,而上海中国画院是1960年成立的。中国画院离建襄小学也很近。2010年的时候,建襄小学就去聘请中国画院的艺术家为孩子们上课。想不到,中国画院的艺术家一口答应了。

在我印象中,上海中国画院里的大人,都是很杰出的画家,为什么会愿意教小学生画水墨画呢？我在中国画院找到了答案。画师庞飞告诉我,上海中国画院是一家学术机构,主要任务是中国画的研究和传承。"作为画家,我们不能高高在上。我们还要走出画室,服务社会。所以2010年,当建襄小学来和我们谈书画社的合作项目时,一拍即合。我们既能为社会贡献一份绵薄之力,又能寓教于画,在日常点滴中做好中国画的传承工作,可谓一举多得。"

建襄小学美术老师方漩从 2010 年开始就参与长亭书画社的工作了,她还送我一本名为《画苑新苗》的画册,里面收录了 9 年来长亭书画社的作品。最让我感到惊奇的是,每一幅画旁边还有一个二维码,扫描之后就是庞飞老师为教材拍摄的国画示范视频,这样就可以让更多感兴趣的小朋友学习中国画了。

方漩老师告诉我,长亭书画社的成员都是建襄小学的学生,有些小朋友从小学一年级就开始参加,一直到小学毕业为止。9 年来,每周都有中国画院的画家定期来给书画社的孩子们免费上课,风雨无阻,从未间断。每年"六一"儿童节,上海中国画院还会举办长亭书画社的书画展。

我在幼儿园时候也学过创意美术,但是念了小学后,因为学业繁忙,所以就没有坚持下去。现在的家长都希望孩子抓紧学习语数外主课,而像画画这样的美育教育只能作为一种爱好,不太受到重视。那么建襄小学的孩子们为什么能够坚持每周一次的长亭书画社项目呢?

陈静校长告诉我,习近平总书记提出"五育并举",其中美育也很重要。而建襄小学一直十分推崇美育教育,通过课程和活动培养孩子艺术修养。孩子们在艺术创作过程中,可以很快乐,提高审美的能力。因此,建襄小学的孩子们也特别热爱艺术,热爱生活。最后,陈静校长说,2020 年是长亭书画社成立 10 周年,她邀请我参观画展。我非常期待那一天的到来!

案例二:高安路一小——让纸的艺术滋养学生

2019 年记者节当天,作为天平德育圈小记者,我去姚明的母校——高安路第一小学(以下简称"高安路一小")采访滕平校长,有关剪纸对于小朋友的美育影响。在采访前我很紧张,因为滕平校长是一个很优秀的特级校长、全国先进工作者、全国"三八"红旗手、全国"巾帼建功"标兵、上海市劳动模范、上海市"三八"红旗手,还获得过上海市园丁奖、上海市少先队"星星火炬"奖章等。

见到滕校长本人,我就没那么紧张了,因为她是一个很亲切的人,对我提出的问题都是一一地耐心解答。滕校长告诉我,始建于 1955 年的高安路一小在 20 世纪 90 年代就是艺术教育特色学校,开设了好多艺术课,剪纸就是其中一门。也正是从那时起,高安路一小每周一节的剪纸课作为一门兴趣课保留至今,让小朋友们自由选择。

我所在的华二紫竹双语学校,美术课上也教过剪纸,我觉得很有趣。而且我所在的闵行区也很重视剪纸,颛桥镇就有一个剪纸文化公园,颛桥剪纸2009年还被列入《上海市非物质文化遗产名录》,成为"海派剪纸"代表之一。而中国剪纸也在同一年入选了联合国教科文组织评选的"人类非物质文化遗产名录"。

滕校长告诉我,美育可以很好地陶冶小朋友的心灵,提高小朋友的审美能力。在美育熏陶下,小朋友会向上、向善、向美,对人的成长有很大的帮助。小朋友要全面发展,语文数学等主课是学知识、学本领,剪纸也是一种本领。"小朋友们在剪纸过程中,知道怎么用剪刀剪一幅美丽的画,这也是一种很好的艺术,能培养小朋友的动手能力,做到心灵手巧。"

这几年,高安路一小的剪纸课程也越来越丰富——不仅有剪纸,还有撕纸、贴纸、折纸……滕校长对此的总结是:"美化生活,培养动手能力,让艺术的美感染我们,滋养我们。"

我后来在高安路一小大队辅导员余闻婕老师的陪同下,参观了学校的美术教室。我在教室里看到了许多小朋友的剪纸、贴纸和折纸作品,还有泥人、立体画和手工作品,想不到剪纸还可以有那么多花样。

滕校长还表示,剪纸不仅存在于美术课上,快乐活动日的兴趣课也有剪纸内容,小朋友们把画下来的东西剪下来、贴出来,就如同春节贴窗花一样。而且,小朋友的剪纸作品,还可以和国际友人交流,让国际社会也了解到中国剪纸艺术也很棒。正如美术教室门口电子屏上所写:"美,无处不在,让我们用美术使生活多姿多彩。"

案例三:充满艺术气息的乌南幼儿园

记者节当天下午,我在高安路一小总部采访完滕平校长后,大队辅导员余闻婕老师陪我步行去附近的乌南幼儿园。因为我只有8岁,也从来没有去过乌南幼儿园。我们从高安路出发一路往北,到了淮海中路经过上海图书馆,走到乌鲁木齐南路后往南走。我当时想,这里的小朋友真幸福,有什么不懂就可以直接去图书馆查资料。

在路上,我看到了许多梧桐树叶,像金色小巴掌一样布满了路面,这是秋天的地毯,似乎在欢迎我们。后来,我从天平社区文化活动中心的闫老师那里听说,这一带属于"衡山路-复兴路"历史风貌保护区,是上海最大的成片历史风貌保护区。

在这里的乌南幼儿园已经70岁了,和中华人民共和国同龄。到了乌南幼儿园门口,我发现幼儿园门口的墙上画着一座房子,左边一个男孩,右边一个女孩,似乎分别抬着房子屋顶的一端,而房子下面是大写的字母N。这样的设计我还从来没见过。

乌南幼儿园的余佳老师在门口迎接我,余闻婕老师就回高安路一小了。这一次"幼小衔接"的任务算是圆满完成。余佳老师把我带到楼上的会议室。我在会议室里看到有书法作品和大小不一的美丽图画,很难想象这些作品都是出自3—6岁幼儿园小朋友之手。当我还在内心感叹的时候,龚敏园长走了进来。

我之前查过资料,龚敏园长是正高级特级教师。她还曾经荣获"全国优秀教师"、"上海市优秀教育工作者"、"徐汇区'光启杯'十佳青年"、徐汇区学科带头人等称号。我很好奇,这么优秀的老师,为什么会愿意在幼儿园工作?

龚敏园长一脸慈祥坐在我身边,在接受采访前先送给我一份特别的礼物——乌南幼儿园小朋友亲手栽种的山楂,洗净后撒上了白糖,放在精致的盒子里。她的这份礼物,已经回答了我第一个问题——乌南幼儿园是怎么培养小朋友的。

在这里,小朋友在游玩和实践中感受自然,获得常识,学会技能。我后来还参观了乌南小朋友种植的盆栽,有些盆栽非常有趣,植物不是种在普通的陶盆里,而是种在小朋友们的旧鞋子里。我想到自己的旧鞋子有不少都留给幼儿园小班的妹妹了。也许,妹妹以后穿不下的鞋子,可以试着种盆栽,放在我家的院子里。

龚敏园长告诉我,幼儿园的孩子不是小学生,不用太重视语数外等学科知识,而是像植物一样自由生长。无论是种盆栽还是学书画,都要让小朋友开心去体验,去感受美好。

采访结束后,余佳老师带我去她教的大二班教室参观。小朋友们刚刚午睡起床,他们很欢迎我这样的大姐姐,带我看他们的作品:图画、手工、盆栽……

过了一会儿,他们开始上美术课,内容是模仿凡·高的《向日葵》。我以前在读幼儿园的时候也学过美术,但从来没有模仿过任何画家的名画。眼前的这些五六岁小朋友,竟然在半小时之内就画完了《向日葵》,让我惊叹不已。

我终于明白,龚敏园长为什么愿意待在乌南幼儿园了。这是一座充满艺术气息的幼儿园!

附:

幼小衔接绘画素养之调研题目

一、是否愿意接触美术教育和绘画训练?	愿意	不愿意
二、是否愿意自己的绘画作品公开展览?	愿意	不愿意
三、是否愿意参加学校组织的画展观摩?	愿意	不愿意
四、自己的亲人和长辈中是否爱好绘画?	是	否
五、是否在校外参加专业性的绘画训练?	是	否
六、如果功课多是否愿意中止学习绘画?	愿意	不愿意

七、美术学习中喜欢的绘画形式是什么?

    1. 水墨画;2. 水彩画;3. 油画;4. 其他。

八、你是否认为学习绘画能够增强自信?   是   否

九、你的绘画爱好目前为止坚持了多久?

    1. 一年;2. 两年;3. 三年;4. 五年;5. 五年以上。

(作者单位:华师大二附中附属紫竹双语学校三年级(3)班)

焦轶萍：在徐汇实验小学点燃滨江边的心愿

张 薇

　　党的十九届四中全会公报庄严地指出："坚持和完善统筹城乡的民生保障制度，满足人民日益增长的美好生活需要。增进人民福祉、促进人的全面发展是我们党立党为公、执政为民的本质要求。必须健全幼有所育、学有所教、劳有所得、病有所医、老有所养、住有所居、弱有所扶等方面国家基本公共服务制度体系……满足人民多层次多样化需求，使改革发展成果更多更公平惠及全体人民。"这一重要论述，让徐汇实验小学校长焦轶萍和老师们都倍感振奋。

　　之所以倍感振奋，不仅仅是因为焦轶萍校长是位有使命感的共产党员，还因为老师们都热爱徐汇、热爱滨江、热爱孩子。她们还特别能够和家长交流思想，了解他们的心愿。尤其对焦轶萍校长而言，家长们的心愿和对孩子的祝福汇集起来就是家校协同发展的美妙交响曲。恰逢近日，徐汇实验小学举办了一年级新生家庭开放日活动。因为已经开学两个月了，孩子们似乎已经完成了从幼儿到小学生的第一步转轨，家长们也应该紧密跟进。家校联动是学校活力的重要源泉。

　　因为是公认的家门口的好学校，爸爸妈妈们来得特别齐，这显然和一些学校母亲为家教主体的格局不尽相同的。也有一些学校，开放日的家长很多是爷爷奶奶或外公外婆。虽然会各有优点吧，但社会学家和教育行家已经从40多年来的实践和调研中证明，父母的亲子教育、家庭互动以及父亲或父爱的直接投入是不可替代的。为什么？因为父亲是理性和勇气的象征，父亲的诺言往往是山一样的担当和沉稳。对于女儿来说，父亲就是力量的化身；对于儿子而言父亲就是伟岸。

焦轶萍校长让学校大队辅导员江小洁老师,把一年级家长们的开放日留言汇集了给我看看;当然这也是学校德育工作的宝贵财富,有助于学校在设计人生第一粒纽扣的具体扣法时更有针对性。我看后自然很受感动、很有收获,同时也再次证明了父母齐心共育孩子的家庭往往更加理性、更能够充分理解和支持学校与校长的教学及发展理念。如一(1)班翁嘉辰同学的爸爸妈妈留言是:"进入全新的小学生活后,爸爸妈妈希望你养成勤思考、不急不躁的习惯。遇到挫折坚韧不拔,乐观向上,诚实勇敢,做一名笑容灿烂、积极自信、豁达大度的男生。爸爸妈妈会始终陪伴在你左右,做你坚强的后盾。愿你扬帆起航,开启崭新的征程。"

同班曹承恩同学的爸爸妈妈则说:"时间过得好快,你都一年级了,在以后的学习生活中,爸爸妈妈希望你找到学习的快乐,在兴趣中学习。在学校的每一天汲取知识,享受过程,开心快乐,健康快乐。"而钱俊豪的爸爸妈妈的心愿很明确:"希望我们的宝贝在老师的教导下,爸妈的陪伴下,茁壮成长!健康、善良、勇敢、坚强!爱学习,会学习,努力成为一名优秀的小学生。"这些祝福都代表着年轻家长对学校、对老师的充分信任,以及对自己孩子品行的第一位要求。

我的女儿杜暄桐,也在一(1)班;她和同学们已经彼此都熟悉了。她的父亲是单位的核心骨干,每天都很忙,最近更是投入进博会的忙碌工作中。然而,赞赏并愿意积极实践焦轶萍校长家教理念的他,依然每天都抽时间陪伴着女儿。最近,一年级的孩子们都开始学习汉语拼音了,杜暄桐爸爸还担心自己的发音不怎么标准,也开始重新温习自己小学时的功课。有意思的是,提倡阅读和家校合作的焦校长还赠送给了杜暄桐一本12万字的《陶行知传》,书中涵盖了伟大的人民教育家(毛泽东主席的评价)陶行知的主要事迹和教育思想。于是,我也跟着精读(实际上是重温,因为我以前读过陶行知先生事迹),杜暄桐和爸爸也在一起精读。杜暄桐还表示等她完全掌握书中的内容了,就要去讲给班上的同学们听;她得到了爸爸的鼓励。自然书中很多字不认识,那一起查字典则多了好多乐趣!

自然,两代人一起学习的过程中肯定会出现不同的价值取舍标准(这是我的定义,小孩子能感觉到)。怎么办呢?听孩子的!孩子在不同的年龄段必然有自己的选择,这种选择往往是为了提高自己和同龄人的地位。如关于陶行知的教育名言,杜暄桐爸爸认为是"捧着一颗心来、不带半根草去";他强调这次重温后特别感动。我也特别喜欢这句话,我愿意关注和介入徐汇实验小学的发展事业,就是带着这样的心愿去的。但是,杜暄桐同学(以前在机关建国幼儿园时老师都称呼她为"杜小公主")选择的大教育家名言是"小孩人小心不小,你若小看小孩小,便比小孩还要小"!杜暄桐还很得意,要求我也能够好好领会这句话。

我说很早就领会过了,我对杜暄桐强调:"在你没有出生和徐汇实验小学没有诞生之前",我就知道这句"小孩厉害"的话了。这让她很吃惊。于是,她问我对她学习陶行知教育思想有啥具体要求。我还真提出了具体要求:一是在下学期的某一天,给班级里的同学们在主题班会上讲几个大教育家的故事;二是掌握了大教育家的主要思想后,观察自己的学校,并从中发现徐汇实验小学和焦校长哪些探索是符合陶行知教育思想的并写文章。对第二个任务,她居然答应了,表示三年级结束时一定要完成。而像这样的约定,通常爸爸是乐见其成而妈妈是担心的。

这,又是为什么呢?因为以我的经验,爸爸不怕孩子失败,这也正是学校需要孩子能够承受的品质。如在留言汇集中,妈妈都希望学校和家庭能够为孩子竖起一道没有委屈的天空;这其实是不可能的,谁能保证"金色的童年"全部都是阳光呢?而爸爸则理性而非片面的理想化。一(3)班肖涵曦同学的爸爸就这样告诫他的孩子:"成长的道路并非一帆风顺,或许会遇见许多的坎坷和挫折,但真正的强者是不会被困难所打倒的,拥有着坚韧不拔的毅力和积极向上的精神。时间能见证成长,梦想因你而精彩,希望你的明天能绽放最璀璨的礼花。"这是我在家长留言中看到的最理性的金句,值得学校全体一年级孩子的家长们共同加以感悟。

孩子、家庭和学校,一起在美丽滨江边成长,应该是焦轶萍校长和更年轻的老师们职业生涯的精彩!作为他们的义务观察员,我会记录浪花的欢腾、海鸥的展翅、蜜蜂的辛勤和果园的芬芳。在我的畅想中:家门口的好学校,正是一个民族走向教育自信和道路自信的新时代见证,更是徐汇教育均衡战略的发展坐标。

(作者单位:中智上海经济技术合作有限公司)

人人有自信的社区必然就是和谐社区
——记梅园中学李斌中队与尚艳华对话

王 承

2019年10月13日,是中国共产党缔造的少年儿童组织——中国少年先锋队(简称少先队)诞生70周年。在这个庄严的少先队建队纪念日前夕,徐汇区梅园中学李斌中队的红领巾代表荣幸地接待了不久前从首都载誉归来的上海著名劳动模范尚艳华女士。他们就阅兵式感受、城市绿色治理、社区发展自信以及生活环境技术的新进步等共同感兴趣的问题进行了深入探讨。以下则是对话纪要。

对话之初,梅园中学毛颖校长向身边的楷模、市人大代表尚艳华介绍了学校李斌中队概况:为缅怀著名全国劳动模范、大国工匠李斌,作为其生前所在凌云社区的主力学校,梅园中学在徐汇区总工会、上海社科院文明办、徐汇教育党工委和徐汇区凌云街道党工委的积极支持下,于中华人民共和国七十华诞前夕成立了以七年级(1)班红领巾为主体的李斌中队。该中队,旨在通过了解身边的楷模、在调研中丰富思政课的资源并为全校共享,以弘扬社会主义核心价值观、厚积热爱祖国豪情!

对此,同样工作在凌云社区并率领团队作出杰出贡献的尚艳华,向梅园中学师生表示了热烈祝贺。尚艳华,目前是上海市徐汇区凌云街道社区党委委员、带教书记。早在8年前,时任凌云街道梅陇三村居民区党总支书记的尚艳华,从引导小区内10名先行者般的家庭主妇成立"绿主妇,我当家"行动小组开始,建立了创新性的"绿主妇"工作室,到成立凌云绿主妇环境保护指导中心,以推广绿色、健康、低碳、环保的生活方式为切入点,在小区的精细化管理工作中起到了重要的催化剂般的作用,充分激发了全体居民参与社区治理和生活共同体的热情。

尚艳华,因此先后荣获全国"节俭养德全民节约行动先进个人"、上海市优秀共产党员、上海市劳模等荣誉称号;而她所带领的"绿主妇"团队,则在2014年荣获中宣部全国十个最美人物之"节约之星"称号。我曾经在时任凌云街道党工委书记朱龙霞(现任职于徐汇区人大)、副书记杨海英(现为徐汇区文明办主任)的引领下,对尚艳华进行过居民区自治及凌云社区党建课题的专访。记得她当时告之:自己最自豪的荣誉就是中宣部授予的这个称号。如今参加国庆盛典观礼、载誉归来的尚艳华,自然又有了新的感悟。李斌中队辅导员田铭怿老师和少先队员代表张瀚宸、何贝琪(女)、郭羽欣(女)、陈筱可(女)、詹翰鹏等同学参加了对话,红领巾们的积极提问首先就涉及尚艳华崭新的国庆自豪感。

一、红领巾的朝气也在支撑着我

张瀚宸同学就问:前往北京参加建国70周年阅兵仪式最大的感受是什么?

尚艳华坦诚相告:这确实是我最激动的时刻,我非常荣幸地作为基层社区的代表,参加了中华人民共和国70周年的庆典活动。我无比的自豪和激动!事实上我还觉得在整个的社会建设当中,最伟大的是我们的老师,老师的职业平凡,但是很伟大!因为老师们培育了这么多栋梁之材,才有了我们国庆庆典上的壮观景象,特别是在雄壮的阅兵式上,我们各种兵种、国之利器方队展示了国威、展示了帅气的自信,让我们感受到作为中国人,我们是无比的骄傲和自豪。更重要的我们今天李斌中队的同学提出问题,我想和大家一起分享这个快乐。现在你们都在学校学习,今年也是少先队建队70周年,那么在这期间我看你们李斌中队的同学们,也是学子中间的佼佼者,所以感谢梅园中学所有的老师能够培育出这么好的同学,未来都是祖国的栋梁,也是中国特色社会主义建设当中的栋梁之材。我这一次能够很荣幸地走上观礼台,实际也代表了所有凌云社区居民,更有红领巾的这份朝气在后边支撑着我,让我们能够更快乐的工作在社区!

二、主人翁的兴趣靠党组织设计

工作在社区,意味着"家是最小国"。在回答田铭怿老师关于如何激发社区居民建设家园的主人翁热情时,尚艳华说:作为居民区书记,我们在服务好居民的同时,就要让我们的居民能够对社区所有的活动、对社区的公共服务、对社区的志愿服务能够感兴趣。那么什么叫兴趣啊,就要靠我们基层党组织居委会来设计。

尚艳华指出:运用一些活动和一些载体,也就是抓手,就显得很重要。最初就是运用如今被称为社区十大品牌的环保项目来作为载体。比如说,某居民如果不愿意做变废为宝即生活垃圾源头减量的活动,则可以去匠心坊制作各种各样的手工环保小工艺品。如果觉得这方面没特长但会织毛衣,就去织爱心毛衣。经过最初七八个阿姨妈妈的动员,也有社区党组织的号召,现在就聚集了近40人的阿姨妈妈来做爱心编织项目。如今,爱心毛衣已经送出近2万件。一针一线总关情,送去的不仅是一件毛衣,同时也是我们上海人民的关爱,即上海人民对我国经济欠发达地区的孩子、老人的一种关爱,这是大爱无疆的一个表现。实际上培育了凌云社区居民的友爱与和善情怀,自然是社会需要弘扬的一种积极风尚。

如果大家愿意做水果酵素,这就叫餐前的垃圾减量。即水果果皮,大家都自觉地分出来,然后到酵素坊去制作酵素,最后制造出一些手工酵素肥皂。还有社区一平方米菜园的种植活动、美丽家园阳台种植活动,即你愿意种水培的社区就有水培的;不愿意种水培的则有土培的,就是每一个人都能够根据自己不同的兴趣爱好而参加自己所乐意的环保活动。这样,团队之间的互动也让社区形成新氛围。就是发动一个主妇带动一个家庭,辐射到楼组,继而在社区形成一种联动,这样的社区才会真正形成一种叫和谐大家园、律动社区、居民一家亲的氛围。这就是尚艳华作为基层党组织即居民区书记最想做的事情,也是她最想看到的幸福景象。

三、社区幸福感就是她的获得感

知易行难!对话中,尚艳华遇到了这样一个问题:就是怎样的理想支撑着奋斗并不厌其烦日复一日地坚持着?尚艳华坦然地说:就是必须坚守的信念,因为社区有那么多老百姓需要幸福啊!她介绍道:梅陇三村有一大特点——在6 000多人生活的这个社区生活共同体当中,60岁以上的老人占了2 470多位。正因为老年人比较多,社区就必须通过实实在在的服务能够让老人走进社区,如休闲散步、聊天的时候能够感受到社区的文化——感受到社区的一种正能量,感受到社区见了面都能有一个人人都微笑的过程。这是社区党建打造健康社区、和谐社区进程中必须要做好的一份工作。作为居民区书记,则必须对接社会各种资源来服务社区的居民,让老百姓真正能够在社区当中体验到安全性和便捷性。所以,在社区党建和社区服务当中必须要踏踏实实的用党员对社区工作的感情,来服务居民,让老老少少都能够感受到生活在这个社区有一定的幸福感和快乐感。

四、绿主妇的事业已经走出上海

李斌中队的红领巾们思维活跃,有代表就提问尚书记:现在您主持的绿主妇以往主要是在凌云街道,您有没有想过把它推广到上海甚至做成一个国家项目?

尚艳华很开心地回答道:李斌中队的立意真够高,红领巾们想得就是远,不愧是国家的未来栋梁之材啊。这个问题提得很好!"绿主妇"事实上从2015年就已经走出上海市。到目前为止,"绿主妇"模式已经推广到上海的70多家社区,主要集中在各个社区生活垃圾源头减量和垃圾分类以及社区自治的项目。

尚艳华认为:更重要的还有党建引领下的社区自治与共治,包括如何发挥社会组织在社区自治和社区动员当中的积极作用。低碳环保理念以及适应各类社区的各种环保项目,都是绿主妇这个环境保护中心的新实践课题。最近的步子则是要到郑州,去参加当地的招标项目即助力对方五大环保民生项目的落地。尚艳华及绿主妇作为专业督导团队在郑州已贡献3年,累计服务200多个社区。尚艳华还告诉李斌中队:全国31个省市的各级代表团都到梅陇三村参访过,事实上这种传播是我们社区也是我们绿主妇团队最自信和最自豪的,因为它不仅仅是绿主妇自身的责任和荣誉,它也代表了我们凌云社区,代表了我们徐汇区,代表了我们上海!

而聆听了李斌中队红领巾和尚艳华的对话,我本人也对社区党建服务居民的获得感、改造生活环境的新风尚有了新的感知,并且坚信:城市,让生活更美好。

(作者:市人大代表、宜家家居工会主席、李斌中队名誉辅导员)

田林东路8号：见证画笔中的人生第一粒纽扣

王泠一

伴随着国庆长假渐入佳境，上海的秋天正在焕发出多姿多彩的魅力。田林东路8号一场别样的学子书画展，也正吸引着热爱生活、歌唱祖国的人们。这里是上海家长心中素质教育的地标，她的正式名称为徐汇区青少年活动中心（以下简称"青中心"）。作为沪上著名课外教育旗舰的青中心，两年前就荣获了全国未成年人思想道德建设工作先进单位的光荣称号；如今这场徐汇学子书画展的主题就是"我和我的祖国"。

徐汇区青少年活动中心的活动内容丰富多彩，主要大的门类有科技、艺术和体育，即科艺体。细分的话，内容自然更加目不暇接。如艺术就有绘画、书法、剪纸、泥塑、舞蹈、歌咏和京剧等百花齐放般的品种。青中心还有个标准剧院，徐汇区重要的庆典活动如徐汇区教育局、各个街道和委办局等，主办的国庆70周年文艺晚会，都在这里举行；青中心的口碑就是艺术博览会。10多年来，笔者经常光顾田林东路8号，不过参加学子书画展活动还是第一次，且对画作印象深刻。

这次展出的学子艺术作品有绘画、书法和手工艺作品，称得上是徐汇区美育教学成果的大检阅。艺术教师出身的徐汇区青少年活动中心主任钱文华告诉笔者：2019年4月，徐汇区率先在全市各区中召开教育大会；明确了五育并举（德、智、体、美、劳）和青少年人生第一粒纽扣的关联认知。如美育，中共徐汇区委书记鲍炳章在大会讲话中是这样强调的："抓文教结合陶冶人文情操。以美育人、以文化人，和区内艺术院团、文化场馆、名人故居联动起来，推动交响乐、戏剧等高雅艺术进课堂，构建校内校外、多元共享的美育课程体系。"钱文华说,这对她和青中心全体教师都是个极大的鼓舞和鞭策;而5月,青中心就谋划以书画展献礼国庆。

笔者所熟悉的民盟徐汇区委主委、徐汇区教育局调研员于东航,常和同事们交流德育心得。他认为孩子们的画笔既能反映生活雅趣,也能用来描绘上海和祖国的精彩片段。爱孩子的于东航,特地为庆祝中华人民共和国七十华诞书画展和徐汇学子书画作品集写了序。他用诗一样的美丽语句告诉大家:"挥笔添彩、飞墨比心。面对包含小作者挚爱情感的一幅幅作品——笔墨复刻出秦汉隋唐,色彩点化出春秋山乡,画卷述说着上海记忆,作品彰显的是中华人民共和国辉煌……上海师范大学美术学院、上海市美术家协会、上海市书法家协会专家经过慎重遴选,从徐汇区幼、小、中学生近800位参赛者的作品中,推出代表性佳作予以展示并汇集成册。作品门类包括书法、儿童画、国画、版画、水墨画等,还有陶艺、泥塑、纸艺、综合材料等手工制品,可谓身手不凡、琳琅满目。"他还充满深情地呼吁:"就让我们做一回小艺术家们的'忠粉'吧!爱祖国,纪念中华人民共和国70年的卓越,更祝福她的未来!"

我被他的肺腑之言所感动,同时我也是爱孩子的,喜欢欣赏孩子们笔端的情感表达。书画展主持人、青中心的毛颖老师本身就是位出色的书法家,不过她给我的任务是给获奖的幼儿绘画作者颁发获奖证书。我正在默念着证书上的名字,一位笑容清纯、举止文雅的女孩落落大方地走来,告诉我她就是获奖者陈怡辰;她还热情地向我介绍她的获奖作品——《祖国妈妈 节日快乐》。她色彩运用得很得体,线条勾勒清晰,画面主角是幼儿园里快乐的女孩和男孩。女孩的模特应该就是她自己,只是画面上有点害羞。画面上的女孩右手紧紧拽着5只红彤彤的气球,仿佛一松手就会腾空而去;而她漂亮的连衣裙上还有好多象征热爱祖国的红心。她画笔下的男孩(模特应该是她幼儿园里很投机的玩伴),则是睁大着机灵的眼睛,用双手比画着自己迎接国庆时激动的内心。陈怡辰创作时5岁,一晃参加书画展时已经6岁、大班。我耳背,小女孩很耐心地告诉我她的学校叫盛华幼儿园,就在她家附近。而她的家则在华泾镇,那是黄道婆和徐汇美育启蒙的故乡。

在以往德育活动中,我认识的高安路第一小学二年级男孩宋余睿祺也有作品获奖呢。他出身于书香门第,举止稳重,他妈妈是幼儿园老师,爸爸则是大学老师。他的家里有《新民晚报》及《新民周刊》等沪上家庭热爱的媒体读物,我觉得他似乎受到了媒体画家郑辛遥作品的启蒙。因为宋余睿祺的获奖作品名为《卖蝈蝈的老伯》,用毛笔淡浓自如地绘制了热情的老伯、欢喜的男孩和陪伴的妈妈,当然还有自行车后座上垒得高高的蝈蝈小竹笼。这应该是他某个暑假生活场景,如此记录着弄堂里的市井气氛,一下子激活了我的乡愁。他妈妈还告诉我:宋余睿祺很喜欢观察昆虫的生活习气和动作习惯,也到乡下亲手捕捉过各类夏季昆虫。因为他还有个1岁多的弟弟,被他捕获的昆虫就是他给弟弟启蒙的道具。眼下正逢中华人民共和国七十华诞,机智灵活的宋余睿祺居然让还不会说多少话的弟弟知道了五星红旗!

当然,让我感到亲切和温暖的孩子绘画作品不胜枚举,而参展孩子的年级越高就越能看出学校五育并举的成功和爱国主义教育的特点。如他们的作品中出现了繁华的南京东路、巍峨的祖国象征——长城、英雄的国家宇航员、未来自己将投身的太空探索等,还有色彩斑斓的家园景象以及国粹京剧脸谱、传统旗袍等非物质文化遗产主题。正如钱文华所言:情怀和格局,就是青中心全体教师的追求。

面对孩子们画笔中的丰富色彩和如此美景,突然让我想起了革命先烈方志敏前辈在《可爱的中国》里的不朽畅想:"我相信,到那时,到处都是活跃的创造,到处是日新月异的进步。欢歌将代替了悲叹,笑脸将代替了哭脸,富裕将代替了贫穷,康健将代替了疾病,智慧将代替了愚昧,友爱将代替了仇恨,生之快乐将代替了死之忧伤,明媚的花园将代替了暗淡的荒地!这时,我们民族就可以无愧色地立在人类的面前!"啊,这青中心不就是明媚的花园吗?这盛世,如您所愿!

(作者单位:上海社会科学院)

徐汇海派历史读本
《南洋魂》的由来及感悟

赵 卿

在徐汇区,海派德育的印记随处可见。位于徐汇滨江的南洋中学,1896年建校于列强侵略、民不聊生、民族危难之际,是国人自主创办的第一所新式中学堂,1904年更名为南洋中学。"知行并进,为己积福、为家增光、为国桢干、为天下肇和平"是学校坚守百年的育人思想。学校始终致力于传承百年红色基因、厚植师生家国情怀,建立体现徐汇海派文化和江南文脉,与学校育人思想、办学特色、滨江学区发展相辅相成的校园德育文化品牌。

一、海派德育,南洋读本——《南洋魂》简介

2019年正值"五四运动"100周年、上海解放和中华人民共和国成立70周年、中国共产党成立98周年。在徐汇海派德育倡议者、上海社科院王泠一博士的提议下,南洋中学党委带领学校团委和大队部,组织初、高中师生通过学习南洋校友烈士事迹、寻访学校离退休干部等形式,共同牢记历史、致敬英雄、礼赞中华人民共和国。

学校将社会各界和在校师生撰写的有关南洋红色基因的故事、学习感受、采访实录等收集成册,形成徐汇海派德育、南洋读本《南洋魂》。徐汇区教育工作党委书记姚黎红和徐汇区委宣传部副部长、文明办主任杨海英分别作序。读本上篇集中记录了9位校友烈士舍身报国的感人故事。有为了民族尊严不向日寇低头而捐躯异域的外交家朱少屏,有中共广东梅县县委早期领导人的林一青,有安徽省阜南县第一批中共党员的张耀先,有领导安

徽省南陵谢家坝农民武装暴动的俞昌准,有就义在上海当月即将解放之前的严庚初等。下篇收集了南洋师生对见证和亲历中华人民共和国70年发展的南洋离退休干部、校长、教师以及杰出校友的若干访谈。

我们的宗旨是:让在校学子通过寻访、祭扫等方式亲历亲为地去感知南洋的历史,跨越时空地去感悟南洋中学的红色基因,笔墨流芳地去讲述南洋动人故事;传承发展,继承优秀徐汇海派德育传统的,致敬英雄、学习楷模,做社会主义事业的可靠接班人和合格建设者。

二、奋进徐汇,传承发展——姚黎红书记为读本写《序》

徐汇区教育工作党委书记姚黎红曾多次来校考察和指导工作,对学校在新时期党建引领下开展的红色基因教育表示肯定,并鼓励学校牢记教育初心,积极利用校史资源继续做好新时代学子的"立德树人"工作。在为《南洋魂》所作的《序》中,姚黎红书记提出要书写徐汇教育奋进之笔。她表示:

2019年4月召开的徐汇教育大会是一次振奋人心的大会,体现徐汇区委区政府加快迈向现代化步伐的坚定决心和战略眼光,为徐汇全面深化教育综合改革,率先高标准总体实现教育现代化增添了强大精神动力。目标任务已经明确,要奋力谱写新时代徐汇教育新篇章,需要以更高的责任担当,突破瓶颈、补全短板。当前,徐汇教育正处在全面深化教育综合改革关键期,要确保到2020年在全市率先高标准总体实现区域教育现代化,她认为要做好以下几个方面的工作:

(一)要坚定不移加强党对教育工作的全面领导,坚持党管办学方向、管改革发展、管干部人才。这次机构改革,成立了区委教育工作领导小组。领导小组将为徐汇教育的发展做好顶层设计和总体布局,统筹推进教育领域改革发展重大任务。教育系统要履行主体责任,提升适应教育现代化建设要求的工作能力和业务水平。教育党工委要履行全面从严治党主体责任,健全教育系统党的组织体系,强化基层党建工作,把教育系统的党组织功能发挥层层带动起来,为加强学前教育公益普惠、基础教育优质均衡、职业教育贯通融合、终身教育泛在可选,推进各级各类教育争创一流的工作目标提供强有力的政治保障。学校党组织要把抓好学校党建作为办学治校的基本功,加强领导班子和干部队伍建设,加强日常教育管理,发挥党员教师的先锋模范作用。

(二) 要把立德树人,培养社会主义建设者和接班人放在首位。青少年阶段是人生的拔节孕穗期,最需要精心引导和栽培。学校不是象牙塔和桃花源,全社会的育人合力要进一步强起来,家庭、学校、政府、社会齐心协力,相向而行。要落实"五育并举",把立德树人有机融入思想道德教育、文化知识教育、社会实践教育各环节,体现在"基于核心素养的教育服务体系和治理体系建设"全过程,使"五育"相互渗透、有机融合、协调发展。

(三) 要建设一支高素质专业化创新型教师队伍。办好教育,根本靠好教师。对标总书记提出的"四有好老师"(有理想信念、有道德情操、有扎实学识、有仁爱之心)的要求,对标总书记对思想政治课教师提出的"六个要"(政治要强、情怀要深、思维要新、视野要广、自律要严、人格要正)的要求,我们要把全面深化新时代教师队伍建设作为基础性工作来抓,把师德师风作为评价教师队伍素质的第一标准,推动形成优秀人才争相从教、教师人人尽展其才、好教师不断涌现的良好局面。突出加强教师理想信念教育,全方位、多举措、多角度开展师德师风建设工作,引导广大教师把思想政治、职业道德作为"为人为师"第一标准,把教书育人作为神圣职责,把提升本领作为必备功课。要充分信任关怀广大教师,优化管理服务,切实给教师"减负",形成全社会尊师重教的良好风尚。

2019年是中华人民共和国成立70周年,也是落实立德树人根本任务的重要契机。徐汇区教育系统要弘扬以爱国主义为核心的伟大民族精神,开展形式多样的爱国主义教育系列宣传活动,以"我爱我的祖国"为主题,讲好中华人民共和国社会主义革命、建设、改革的奋进故事,用好徐汇厚重的历史文化资源,改变传统德育程式化的老面孔,让建国70周年的教育活动贴近孩子的真实需求,让他们听得懂、学得进、有效果,用智慧与实践帮孩子们"扣好人生第一粒扣子"。

三、勿忘初心,砥砺前行——采访南洋中学离休教师段惠黎

2019年,习近平总书记在纪念"五四运动"100周年大会上寄语当代青

年,要树立远大理想,热爱伟大祖国,担当时代责任,砥砺奋斗,练就过硬本领,锤炼品德修为。为了为进一步挖掘南洋优秀红色基因,弘扬优良家风家训,2019 年 6 月,在建党 98 周年即将到来之际,南洋中学团委组织师生代表来到了静安区凤阳路,采访 95 岁高龄的南洋中学离休教师段惠黎老人。这份访谈收录在《南洋魂》读本中。在短暂的采访过程中,段老师让新时期的南洋人们深刻感受到了她一辈子所坚守的"为人民服务"的初心,和一份热爱生活、积极向上的奋斗精神。

当听到段老师讲起自己的学生时代的点滴时,同学们被当时只有十三四岁就乘着小船穿越日军的封锁线只身前往解放区的段老师深深折服,敬仰之情油然而生。农村出身的她并没有好的生活环境与条件读书,家乡被日军全面控制后,被迫学习日语的经历让年轻的她愤懑不平。她也因此立志刻苦努力,要用知识改变命运。

段老师 1960 年进入南洋中学工作,自学新闻学,后来担任语文老师,直到 1982 年退休,与南洋中学有着难以割舍的深厚感情。段老师先是借着南洋中学的图书馆资源自学新闻学,后来留在了南洋中学任教。她回忆道:当时的教导主任特别关心她,时常带她一起去听课,而她也十分虚心求学,不断刻苦钻研,精益求精,南洋人自主求实的精神,也从此给她留下深刻印象。在她做班主任的时候,会亲自给学生理发,为照顾母亲生病的学生补习功课,22 年班主任经历使她和同学们结下了深厚的情谊,学生们都亲切地称她为段妈妈。在认真教学的同时,段老师仍坚持从事革命运动,自发为路边的解放军送上水和干粮,带学生们下乡学农、去工厂打工,组织学生参与国家建设。

上海解放、中华人民共和国成立后,段老师育有一儿一女。当谈及她在家庭教育中所坚守的家风家训时,段老师很自豪地说,自己的两个孩子都很自觉自立,从小就注重培养他们的自主意识。她重视和孩子的沟通交流,每天睡前都会和孩子们分享一些红色经典故事,在增进和孩子感情的同时,培养他们的共产主义信仰,希望通过言传身教,能够将家庭的红色基因一直传承下去。段老师的这些教育理念并不是口头说说,而是认真地将这些话语写在日记本的扉页上,时刻提醒着自己,也鼓励着子女。

迈入新时代,亲眼见证了国家和社会的发展和巨变,听到了南洋师生诉说着位于滨江西岸的南洋新校园的发展,段老师也深情寄语南洋学子:无论身处哪个时代,都要有坚定的初心和远大的理想,始终热爱生活,并为之奉献热情,为梦想拼搏,不懈奋斗。始终坚守为人民服务,用奉献创造幸福生活。

短短的1小时,既有老一辈南洋人的回忆,也有新时代南洋学子的思考与感悟。我们看到了老一辈南洋教师坚韧的信念、远大的理想、强烈的爱国心和国家荣誉感,在为人民服务的革命洪流中奋不顾身,始终与党同行、与国同心,热爱生活,踏实工作,终身奉献。只有坚定自己的理想,矢志艰苦奋斗,才能真正做到增本领、强素质、作奉献,成为一个新时代为中国人民谋幸福、为中华民族谋复兴的奋进者。

四、饮水思源,致敬英雄——《南洋魂》首发式和"雷经天班"揭牌

时代的楷模和榜样值得我们学习,逝去的英雄需要我们缅怀、纪念和传承。在中华人民共和国的第6个烈士纪念日即将到来之际,2019年9月29日上午,中华人民共和国国家勋章和国家荣誉称号颁授仪式在人民大会堂隆重举行。下午,在南洋中学懿德堂,南洋中学和南洋初级中学举行2019年烈士纪念日英雄主题教育活动,来自初、高中的师生代表共同学习了习近平总书记在颁授仪式上的重要讲话精神,并举行《南洋魂》首发式和南洋初级中学雷经天班揭牌仪式,师生共同缅怀中国风雨岁月,传承烈士革命精神,学习英雄楷模,以实际行动迎接中华人民共和国成立70周年。

活动当天,南洋中学党委副书记郑蓉和徐汇海派德育倡议者、上海社科院王泠一博士共同为南洋初、高中学生代表赠予《南洋魂》读本,勉励新时代的南洋学子,继承起先烈遗志,树立远大理想,学习革命先烈矢志不渝的奋斗精神,弘扬爱国主义精神,勇敢担当起时代奋进使命。

缅怀革命先烈不仅是为了慎终追远,其根本目的还在于教育今人,在于凝聚14亿炎黄子孙筑梦中国的磅礴伟力。不管岁月如何变幻,英烈的遗志时刻提醒着当代学子身负重责大任,要把爱国之情、报国之志化为实际行动。在《南洋魂》读本中,也收录了学生对老红军雷经天之子雷炳坚的采访实录。雷经天作为"五四"时期南宁学生运动领袖、南昌起义和百色起义的

亲历者,有着坎坷而传奇的革命一生。活动当天,雷炳坚老先生也为在场的南洋师生深情回忆他眼中的父亲——雷经天。学校决定在南洋初级中学设立"雷经天班"并举行现场揭牌仪式,以此作为学校海派德育工作的延续、学校红色基因的传承,缅怀先驱者的不朽功绩。南洋初级中学党支部书记黄慧代表学校聘请雷炳坚为"雷经天班"的名誉班主任。新成立的"雷经天班"的学生代表们以一首诗朗诵《英雄的赞歌,唱响壮丽中国》,表明新时期的南洋学子必将不忘初心、牢记使命,志存高远,做党和国家"改革再出发"号角下的社会主义事业建设者和接班人的坚定决心。

五、家国情怀,自有担当——在团工作中发挥青年力量

南洋中学的团工作一直是学校党建工作和"五育"工作的一个重要抓手和着力点,作为一所有着爱国传统的学校,学校的历史承载着厚重的家国责任,老校长王培孙高尚的民族气节令人钦佩,动荡时期拒向汪伪政府登记,不挂校牌,宁以芋艿蜀黍充饥,不领补助金,在举步维艰的形势下,依旧坚持继续办学。学校的团工作也始终致力于以校史文化育德润心,责无旁贷。

讲好南洋故事,播种中国精神。从文化自觉到文化自信,学校团工作的开展也始终根植于中华优秀传统文化和中国民间自主创办第一所新式中学堂的校园文化传统。2019年师生共同撰写完成的南洋读本——《南洋魂》,收录了大量有血有肉的学校历史故事,没有空洞的说教,有的只是壮烈的民族气节,时代英雄的矢志奋斗。在党课和团课的教育中,学生们也爱听南洋故事,正是因为故事的主角们也是在这样的年纪、在这方天地,燃起改变世界的决心。即使时局变幻,学校始终岿然自守,将民族大义和国家兴亡视为职责与使命,在"五四""五卅""一二•九"等学生运动中都留下了南洋学子的青春脚步。1921年中国共产党诞生后,更有不少南洋学子受到马列主义的影响,为解放人民、解放全人类的崇高事业而英勇奋斗,甚至献出了自己的宝贵生命。学校时时有故事,处处能育人,让学生时时处处感受榜样的正能量,为年轻人的精神世界"塑型"。

学校文脉设境导学,感悟南洋力量。南洋中学的校园文脉建设成为校内各类主题团日活动和团组织生活的主要载体。每年的烈士纪念日、清明

节等重要节日,校团委、学生会都会在先驱园内举行相关祭扫、纪念活动,与校外的烈士墓祭扫等社会实践活动相互呼应。2019年10月,学校的育才楼前,为纪念中国铁路的发展历程,利用原南浦站废弃的铁轨及相关铁路设施建设的南洋中学"铁路上海南站文化园"校内铁路复原工程初步完工。中国铁路的发展是中国近现代工业发展的一个缩影,南洋中学的发展也是中国近现代教育发展的一个缩影。100多年来,黄浦江畔、日晖港边,南洋中学与铁路上海南站毗邻而居,共同见证了日晖港的变迁。校内铁路复原工程展现了南浦站历史的废弃铁轨、枕木、扳道器、信号灯等铁路设施,希望学生能够铭记南浦站的历史变迁,传承和发展日晖港文化。学校景点定期招募学生志愿讲解员,学生们在被南洋中学的辉煌历史震撼的过程中耳濡目染、主动接受教育,也在接待外来参访的过程中,面向社会宣传南洋文化。

(作者:上海市南洋中学团委书记)

南模红：红在国防教育志如松

王泠一

2019年12月26日，是敬爱的人民领袖毛泽东主席诞辰126周年。下午，徐汇区天平德育圈优秀志愿者管敏晖陪同我来到上海百年名校南洋模范中学。我们受到了南模党委书记陈宏观以及师生代表们的热情接待。

当天，南模知名学生社团国防军事社的高中生们正在举行以山东舰航母入列海军为主题的社团活动，深切缅怀为人民海军建设呕心沥血和为南模学子亲切题词的毛泽东主席，也为学校庆祝中华人民共和国七十华诞的系列活动圆满地画上了句号。

其实，我对于南模中学的红色基因是比较熟悉的。我最初知道南模中学相关典故距今已经30年了，那也是毛泽东的诞辰日。讲述人是著名学者、上海社科院副院长夏禹龙研究员。夏老和我的父亲王志华是在杭州相隔一条巷子的老乡，都是在抗战胜利之后积极寻求光明的。而夏禹龙成为南模中学首任地下党支部书记，除了积极传播马克思列宁主义和毛泽东思想，南模党支部还参加了迎接解放、保护学区和城区的斗争。当时，夏禹龙的上级就是后来成为国家领导人之一的钱其琛。

夏老曾经很感慨地告诉过我：南模成立的1901年，中国的海军已经损失殆尽；腐朽没落的清政府被迫在八国联军攻占首都北京后签署了《辛丑条约》，不仅要"赔偿"侵略者4亿5 000万两白银，而且使得国防权益完全受制于外国！后来一代又一代的南模学子都有报效国家的强烈愿望，并尤其关注国防政策和海军科技的进步，而其后进入交大在航海领域谋求进一步深造更是种崇高的理想。上海解放之后，夏禹龙和南模党支部的工作就完全公开了，并积极展开爱国主义和国防教育。令当年的夏禹龙书记和如今的陈宏观书记都倍感自豪的是：1950年4月，毛泽东主席给南模高中一年级学子代表回信，并欣然为其壁报题词"青锋"！

毛泽东主席给南模题词的时候，美国第七舰队的航母已经悍然入侵台湾海峡以阻挡中国的统一进程。因此南模学子的壁报主题就是"手执青锋卫共和"；同时，毛主席墨宝也成为"南洋模范中学"校名的光辉之碑，悬挂校门左侧而为万千学子所景仰。当年的学子壁报《青锋》引领了"50后""60后"和"70后"的报国情怀，他们中出现了志愿军烈士、将军和国防科技的多位院士，成为国家的骄傲！

而今，让陈宏观书记和我都感到欣喜的是：新时代的南模学子依然拥有炙热的拥军情怀和国防意识。如我国第一艘自主研发的国产航空母舰"山东舰"交付中国人民解放军海军交接入列仪式之后，以此为契机，南模中学国防科技课程就在"青锋号"专用国防教室举办了"庆祝山东舰成功交接入列座谈交流会"。

也就是说，南模不仅有国防社，还有每周二下午定制的国防科技课程。这一课程的开展得到了徐汇教育党工委、学校所在行政辖区枫林街道党工委和不少国防科研单位党委的关注和大力支持。如枫林街道党工委副书记沈佩青就认为，青少年的爱国主义教育是个大课题，同时在国防教育的投入方面社区是责无旁贷的，拥军优属更是社区党工委的一项常规性的重要工作。而南模学子们在国防教育方面的成果和相关议题如国产航母"山东舰"入列等研讨，完全可以为社区所共享。

而在关于"山东舰"航母非凡意义的研讨中，南模学子体现了名校的风范。国防教育作为南模中学的特色课程，自然受到学校党委的高度重视。因此，同学们特别邀请了陈宏观书记前来观摩，陈书记也提前来到"青锋号"国防科技实验室认真参观并询问相关情况。此外，还有上海航天局的吴静老师、任教国防科技课程的朱广超老师和唐洋老师共同参与了交流会；座谈交流会由国防军事社两任社长主持。

这场主题交流会首先由现任国防社社长——来自高二(6)班的张雯欣同学，通过一幅幅图片和视频做了详细的介绍，带领着同学们一起走近中国航母。她从中国人的航母梦讲到中国航母的发展历程，从我国第一艘航母"辽宁舰"谈到中国第一艘自主研发的国产航母"山东舰"，让在场的各位同学都收获良多,对中国航母事业的发展也有了初步的了解。"未来,国产航母必将承载着人民海军的强军梦想,走向更远的深蓝。"而这句话,无疑是学子们对祖国航母事业发展最美好的祝愿。

随后由前任国防社社长——来自高三(7)班的黄永橙同学主持座谈会。同学们就"你如何看待山东舰的入列的战略意义?""通过国防科技拓展课程,对你自身有哪些改变?"等问题展开头脑风暴。在黄永橙同学的引导下,在场的各位同学们就这几个问题深入思考,并畅谈了自己心中的强国愿景;同学们对祖国的航母事业以及国防科技也因此都有了更深刻的认识。接着3位老师针对国防科技课程与南模培养什么样的人这一话题进行发言。其中朱广超老师向同学们分享了他在5年前参访辽宁舰的经历,他精彩生动的叙述拉近了同学们与中国航母的距离。上海航天局的吴静老师,充分肯定了南模中学在国防科技教育中取得的成绩,并鼓励南模学生继承和发扬"青锋"精神,待将来为祖国的国防科技事业贡献力量。

最后,陈宏观书记和同学们围拢在实验室里的辽宁舰航母模型前,动情地给同学们上了一节微型国防课。他从清末甲午海战时北洋水师的悲壮往事讲到当代中国海军的崛起;从"落后就要挨打"的历史教训讲到掌握核心科技对于国家间竞争的重要意义。正如党的十九大报告中所强调的那样,今天的中国比历史上任何时期都更接近、更有信心和能力实现中华民族伟大复兴的目标。在毛泽东诞辰126周年纪念日之际,陈宏观书记鼓励同学们要始终牢记毛泽东为南模青年学子题词"青锋"的含义,要学习毛泽东等老一辈革命家的高尚品格,要矢志不渝的传承红色基因、争做青年先锋,以实现"手执青锋卫共和"的精忠报国理想。同时,南模中学也将一如既往地坚守为党育人、为国育才的初心,紧扣立德树人的根本任务,建设高素质专业化教师队伍,努力办好人民群众满意的教育!

(作者单位:上海社会科学院)

金色年华篇

在帮助别人的过程中感受到同样的快乐

朱韬融

我有一次在书上看到这样一句话,感触特别地深——"你会在帮助别人的过程中,感受到被帮助人的同样的快乐!"我就想,我这一辈子都要做一个乐于助人的,能给别人带来快乐的人!当然,我很热爱生活和亲人,也热爱自己的校园。

一、味道好极了

俗话说得好,民以食为天。在中国,几乎每一个地方都有当地的特色美食。就像北京的烤鸭、南京的盐水鸭、阳澄湖的大闸蟹、苏州的豆腐干,以及扬州煮干丝等。而我却只对上海的南翔小笼包情有独钟。可别看它个子小,浑身却都散发出诱人的香味,如同磁铁般吸引着每一个路过它的行人。

小笼包都会被装在一个由竹条细细编织而成的蒸笼里。当小笼包一端上桌,奶白色的蒸汽立即向脸上扑来。我在那蒸汽中还能隐隐约约闻到一些诱人的香气。待雾气缓缓飘走,小笼包的"真面目"就显现出来了。它的皮特别薄,就像一层细细的白纱。透过薄皮,还能隐隐看见一包晶莹剔透的汤汁和一团美味多汁的肉馅。望着一笼小笼包就好像感觉在看着一个个白白胖胖的小脸蛋,十分可爱。虽然我非常舍不得把它拿起来,但它独有的香味却牢牢地抓住我的味蕾不放。

我攥起一只小笼包,它在我的筷子上抖来抖去,似乎在费劲地挣扎,想从这个让它感觉不舒服的硬东西上逃走。我小心翼翼地将攥着小笼包的筷子移到醋碟旁,在上面"蜻蜓点水"一下再送到嘴边。

吃小笼包必须先小小地咬破一点点,汤汁的独有香味就立马钻进了我的鼻子。再凑上前慢慢一吸,热气腾腾的汤汁顺着口腔流入体内,仿佛流进了我的五脏六腑,让我觉得自己每一个毛孔都散发着小笼包的甜香味,全身也变得热乎乎的。再上去大大地咬一口,皮的清香、肉的鲜甜,都在口中久久回味。还有那醇美的镇江香醋的味道,跟小笼包组合在一起,简直绝配到完美的程度。

二、爸爸真辛苦

妈妈一直和我说,我的爸爸是我们家的顶梁柱。随着我渐渐长大,我越来越觉得爸爸的辛苦。他既要努力工作,又经常要辅导我的课外学习,有时还要帮助妈妈分担一些家务。即使这么忙,他还抓紧时间多学习,吸取更多的知识来教导我,以身作则地引导我成为一个热爱学习的人。

每天,我的爸爸总是最后一个睡觉,最早一个起床。由于爸爸公司离家很远,他又担负重要的职责,所以他必须每天很早出门上班,晚上又经常要为第二天的工作做准备。记得有一次,我深夜里被电话铃吵醒,我看到客厅里开着灯,于是悄悄过去一瞧,原来爸爸刚刚回到家!他的眼睛里充满血丝,脸上显现出疲惫的神情,他一手在打电话,一手拿着一份文件在看。我完全可以想象出爸爸每天在办公室里忙碌的身影,也是这般电话铃不断地响起,桌上的文件堆得厚厚的,他手上的笔不停地在写,字密密麻麻的……这样看来,一天24个小时,不,即使48个小时,对爸爸来说也是不够用的呀!

我的爸爸在空闲时间里,总会一头扎进书房。有一次我去书房找他,见他在灯前认真地看书。在朦胧的灯光下,我发现爸爸头上多了许多白发,被灯光照着显得特别明显。他轻轻地翻阅着书,一只手拿笔在书上写着什么。此时此刻,翻书声、呼吸声和笔的摩擦声是那样的轻微,又那样的清晰,似乎组成了一首若隐若现的小夜曲。

每天清晨,当鸟鸣声唤醒了晨光,我的爸爸迎着朝阳离开了家,奔波在上班的途中,他辛苦工作的一天就此开始。爸爸,您的努力和对我的关爱让我真正体会到父爱的伟大。我想对您说:"爸爸!您辛苦了!"

三、我喜欢助人

我是一个大高个男生,还有一双大大的手,让我注定成为一个善于跑腿、动手能力强的人。我也是一个乐于助人的人,喜欢帮助同学、老师,或者身边需要帮助的人。同学的铅笔盒从桌上掉下来,文具散了一地,我肯定会第一个上前帮忙去捡。有人摔跤了,我会连忙去搀扶。当老师需要学生帮助时,我也总会第一个举起手。

记得有一次课堂上,同学们都在认真地听讲,突然一个惊人的声音打破了课堂的宁静。"啊!老师!他呕吐了……"顿时教室里就炸开了锅。同学们惊慌失措的,有的急急忙忙搬桌子椅子让自己远离现场;有的慌慌张张地开门开窗通风散味;还有的在嘀嘀咕咕小声议论。我连忙拿水桶去装水,浸湿了拖把准备去清理地面。可是刚靠近现场,我就被难闻的气味给熏着了。这也太恶心了吧!我犹豫了一下,可是看着同学们都不敢靠近的样子,我想总要有人去清理吧,不然大家还怎么继续上课呢?我鼓起勇气硬着头皮把地面清理干净。事后,老师给了我大大的表扬!

我对于老师来说,也是一个不可缺少的小帮手。记得有一次下午,我在去学校图书馆的路上被英语老师叫住了,她让我帮忙去门卫送快递。我看着她在办公室里忙忙碌碌的身影,想着我可以跑快一些,这样既不会耽误去图书馆的时间,也能帮她的忙。于是我便爽快地答应了。我拿起包裹,急急忙忙从5楼一口气奔下楼,气喘吁吁地跑到门卫室递交了包裹。正要转身离开,门卫又交给了我一个大包裹让我送还给她。我愣了一下,心想:"啊!还要再跑回5楼呀!"可我又想到,这个包裹可能对老师来说是非常重要的,我还是再跑快一些吧!于是,我继续努力地从1楼"爬"上了5楼,大汗淋漓地将包裹交给了老师。老师又惊又喜,连声夸我帮了她大忙。我匆匆摆了摆手,一边继续跑向图书馆,一边心想强健的体魄对一个男生来说真是太重要了……

四、我爱你春天

冬已悄悄离去,春来了,它的声音呼唤着世界。万物复苏,春雨绵绵,百花盛开,这些都是春天的杰作。

与冬天寒意笼罩世界的景色不一样,春天来临时是另一番景象:微风吹拂着千万条才舒展开黄绿色眉眼的柳枝。青的草、绿的叶,各种色彩鲜艳的花朵,都像赶集似的聚拢而来。迎春花、杜鹃花、玉兰花等都争先恐后地盛开出美丽的花。它们把春的世界点缀得五颜六色。这些都构成了光彩夺目的春天。

当大地由冬天的白雪皑皑,转变为万紫千红时,冬眠复苏的动物们陆续醒来,在绿色的山林里寻觅食物。从南方归来的成千上万的候鸟,也加入了这百花争艳的盛会,群鸟变换着各种阵形在天空中飞翔,给春天带来了一幅欣欣向荣的景象。

春天也是人类赖以生存的季节,人们会在春天辛勤播种,为秋季的丰收做准备。我在外婆家的小菜园里播过种,先用锄头将冬季冻硬的土地锄松,然后将种子小心地均匀撒在土里,然后温柔地浇上水。到了初秋,土地里就会结出果实,让我体会到在春天付出的辛勤劳作,会得到收获的喜悦。

春天的降临给予了大地复苏的生命力,人们在春天感受到新生活的期望。春天是一年的起始,也是四季的领袖,我爱这种强大的力量,爱这生机勃勃的春天!

五、护蛋的任务

老师给我们布置了一项有趣的特殊任务——护蛋!我们需要每人带一只鸡蛋去学校,一整天都要做到"人不离蛋、蛋不离人",看看一天结束,谁带的蛋安然无恙。规则是鸡蛋和它的保护物总重量不能超过 250 克。呵!我觉得这是件多么有趣多么新鲜的任务啊!

一回到家我就做起了准备。我找了一个塑料小饭盒,先放了几张报纸给鸡蛋做了个"床",放入一只鸡蛋后,再在空隙里塞上柔软的餐巾纸当鸡蛋的"褥子"和"被子"。最后让妈妈帮我称了一下重。太棒了,没有超重呢!于是,我的鸡蛋保护系统完成了。

第二天一早进教室,我就看见同学们拿着自己的鸡蛋们在相互交流经验:有的同学将鸡蛋放在塑料袋里,有的将鸡蛋放在充满海绵的小包包里,还有的同学将"裸"蛋直接放在衣服口袋里。看来大家都是有备而来的,我不禁对自己的鸡蛋宝宝捏了把汗!

于是一整天我都过得提心吊胆的。下课时,我再也不敢蹦蹦跳跳的,只能小心翼翼地移动。上课时,我也不敢轻举妄动,生怕鸡蛋因为晃动而受伤。特别是在体育课上跳绳时,我的心都提到了嗓子眼,心想:啊呀!我的蛋宝宝呀,还好吗?会碎吗?同学们的蛋宝宝们都好吗?

最惊险的事情发生在中午。老师居然安排让我们去打篮球!我心里惊恐极了,心想:在打篮球时,我会不会伤到蛋宝宝呀?我怎么办呀?但是我又坚信我的护蛋装置肯定能够保护它的,于是我便勇敢地去打篮球。可是可怕的事情还是发生了,我在拦球的时候不知怎么绊了一下,肚子朝下重重地倒在了地上。这下我伤心极了,我小心翼翼保护的蛋宝宝肯定受伤了,我没有做好一个好的护蛋者,我感到无比沮丧。回到教室里,我懊丧地取出护蛋盒,打开盖子检查可怜的蛋宝宝。我惊喜地发现鸡蛋居然没有破损,这实在让人惊喜无比。

一天结束了,我那颗悬着的心终于落了地。全班有8个蛋宝宝破损了。我们这一天不能尽情地跑,尽兴地跳,大家都小心翼翼地守护着自己的蛋宝宝。我从保护我的蛋宝宝的这一天,体会到了我的爸爸妈妈像护蛋一样保护我的心情。他们也是整天提心吊胆地担心着我的安全,他们也不能尽情尽心地做自己想做的事情。我感受到了他们对我的珍爱,我也要像我的蛋宝宝一样坚强健康的生活!

(作者单位:上海市一师附小五年级(2)班)

我是一个战胜胆怯和
寻找春天的"诗控"

李潞伽

我爱好阅读,我爱好唐诗宋词,我更加爱好充满生机的春天;我的世外校园就是春天的花园!还有那钢琴流淌的协奏曲啊,宛如高山上蜿蜒而出的清澈春泉!

一、我战胜了胆怯

"打败胆怯!战胜自我!"这句鼓励语已经成为生命里不可或缺的那一笔。每当听到这句振奋人心的话语时,我就会想起四年级国庆节时我也是这样激励自己的。在2018年国庆来临之际,我接到一项千载难逢的大任务——我被选为国庆年级集会暨奇思妙想校长奖颁奖典礼的主持人!我激动万分,同时伴随的是一份胆怯。我从来没有做主持人的经验,更何况在全年级师生面前。更让我紧张的是,学校为了在中场计票时间给观众助兴,让我演奏一曲钢琴时,我忙在一个礼拜里加班加点,把《我的太阳》弹得滚瓜烂熟。即便是这样,在国庆节的前一天晚上,我在床上翻来覆去睡不着……

10月1日当天,我早早地来到学校,匆匆忙忙地赶去体育馆候场。望着闪烁着的灯光和宽广的舞台,我迫不及待地想上去一展身手。但又冒出一个恐怖的念头:要是我说错台词怎么办?要是忘了词怎么办?顿时,我窘迫的表情、同学嘲笑我的场景和老师批评我的神情像幻灯片似的浮现在眼前。我那颗被安抚好的小心脏又"怦、怦"跳了起来。我试图平静它,但无济于事。"怎么办,怎么办?"我焦急地一遍又一遍地重复着。心理学家说得没错,人在过度紧张或胆怯时会丧失部分记忆力。而我好像丧失了所有记忆力,脑子里一片空白。这时,我的搭档神态自若,一脸的兴奋和轻松:"别怕,我们准备得那么充分,主持不成功才怪哩!"他看我还是忧心忡忡,拍着我的肩,安慰道:"我第一次主持时也倍感紧张。但是,只要我们配合默契,一定能画上成功的句号。"豁然开朗的我手心中的汗不再流淌,心里的那种纠结顿时敞亮起来。望着体育馆黑压压的一片人群,看着同学们脸上的笑容,我不再感到紧张和不安。我做了几次深呼吸,台词回到了我的脑瓜里。我握紧拳头,对自己鼓劲儿:"加油努力,为了胜利!"

随着年级组长的一声令下,我大步流星地走上舞台,娓娓道来,声音洪亮,博得满堂彩。紧接着的钢琴表演中,我的手指在键盘上跳跃、舞蹈。那一首优美而又令人回味的曲子使观众如痴如醉……在一片经久不息的掌声中,颁奖典礼在我们的主持下圆满结束。我感到无比自豪和快乐,与我的搭档击掌欢呼。一场"胆怯危机"就这样戏剧性地解决了。怀着主持完美收官的愉悦心情,祝贺自己:"我又一次战胜了胆怯!"

二、心目中的真英雄

4位女大学生划船横渡大西洋,你相信吗?许多人必定会疑惑地反问:"这是传说吧?"不,这是事实,千真万确。

2018年1月18日,4位来自汕头大学的女生——亚洁、敏甜、晓冰和队长钰丽,经历34天,划完了令人叹为观止的长度——将近3 000海里。她们历经千辛万苦,挺过了多少个雷电交加的黑夜,战胜了无数个滔天巨浪,终于完成了她们的使命,打破了两项吉尼斯纪录。

在第20天,队员们经历了惊心动魄的一夜:天空中电闪雷鸣,海面上狂风骤雨。一个接一个像山一样的巨浪完全吞没了小船,船翻了!队长陈钰丽第一个从惊恐中清醒过来,她叫醒一旁的晓冰和敏甜。但大家发现:亚洁不在!"亚洁!亚洁!"只见亚洁从一个舱门里懵懵懂懂地爬出来。原来,她眼疾手快,关紧了舱门。要不是她把舱门关紧,船就翻不回来了,所有的付出都将功亏一篑。暴风雨过后,4个女生更加豪情满怀:"这么大的风浪我们都挺过去了,没有什么能阻挡我们对大洋彼岸的向往!""中国队最强!"大家声嘶力竭地高喊"横渡大西洋!"每个人的左手指向天空,斗志昂扬。这是年轻人坚强不屈的声音!这声音惊天动地,气壮山河!

这些姑娘其实就是我们身边普普通通的大学生,大家可以在任何一个校园看到这样的女生。但是她们做的事情却是我们很多人一辈子可能没有办法经历的。她们一桨一桨划出来的,绝不仅仅是3 000多海里的物理距离,她们一桨一桨划出来的,是中国年轻人的精神!她们用青春和热血,向世界展示了中国年轻一代的信念和坚持,展现出中国力量的无限可能!

4个女生挑战大西洋,挑战极限,挑战自我。她们的这种勇气和精神,太值得我们学习了!她们是我心目中的真英雄!

三、寻找春天

一年之计在于春。春,推也。春天就是大地阳气蒸腾,推动万物生长的那个开始。我住的小区康健星辰,就是一幅大地回春图。

还没有进正门,热情的樱花就从围栏顶端肆意地探出头来与我打招呼。粉嫩的樱花瓣像一朵朵雪花,随着和煦的春风优哉游哉地洒下,让人一见如故。放学之时,路过樱花树的家长和孩子都不约而同地抬起头望几眼,把这纷纷扬扬的花瓣播撒入自己的心田。

进入大门,就让人感到变了一个世界。"沙沙,沙沙",原来是香樟树在为我们奏乐呢!参天的香樟树枝繁叶茂。虽说它们常年身穿绿装,但经春姑娘的魔法杖,每棵树梢尖上都新添了一层嫩绿色,这个嫩呀,让人恨不得去尝上一口。

在被香樟树笼罩的林间小道上漫步,不知不觉间就来到了休闲娱乐区。首先映入眼帘的就是一大片青草坪。"冬寒草枯黄,春风吹又绿。"小草偷偷地从土里钻出来,嫩嫩的,绿绿的,瞧去,一大片一大片满是的。孩子们坐着、跳着,打两个滚,踢几脚球,跑几趟步,捉几回迷藏。风静悄悄的,草软绵绵的。不远处的亭子里,老爷爷聚在一起,时不时地抿上一口茶,注视着棋盘,思忖着。但他们终究禁不住孩子的嬉闹,起身,用手机记录这"吹面不寒杨柳风"的季节,展开了一场热烈的摄影比赛。每个爷爷都自信地炫耀着照片的美丽。然而,一个白胡子爷爷意味深长的总结,使大家心服口服:"不是取景好,而是春景好!"不错,对面的土丘上,桃花、梨花、迎春花你不让我我不让你,都争先恐后地将自己的全部生命力展现出来,真是千朵万朵压枝低,好不热闹。竖立一旁的岁寒三友之一——竹子,细细的,被分为一截一截的。要是你仔细去寻找,兴许能捡到几棵笋芽呢!比起鲜花,竹子更像一位大哥哥,充分体现了"咬定青山不放松"的气魄。

踏着通往后门的石板路,只见小鸟在枝头啁啾,小猫灵巧地穿梭其间。后门口的白玉兰还等不得长出树叶,就绽放了美丽的笑容。那洁白的玉兰,素装淡裹,晶莹皎洁,亭亭玉立,那不愧是上海的市花啊!闻着芬芳的花香,我不禁陶醉于其中……楼房前停车位的水泥格子之间,一簇又一簇的苔藓也抓住了春天。"苔花如米小,也学牡丹开。"春天的脚步真是弥漫了个个角落。

回到家,一股芳香扑面而来。妈妈每个周末都会订一盆花,让家里充满春天的气息。春天像爱美的姑娘,花枝招展的,笑着,走着。春天,有说不尽的玲珑与烂漫。

四、我是个"诗控"

爱好阅读、助人为乐、多才多艺塑造了这个扎着两个小辫子的可爱女孩,这就是我。在我那"林林总总"的特点中,鹤立鸡群的唯属"好为人师"了。随着岁月的流逝,我渐渐不满足于"自己知道",更想让别人学会了。外出游玩时,我给弟弟妹妹讲故事;在学校里,我给朋友传授点滴知识;在社区,我给老人讲英语课。"小老师"的称号真是为我量身定做的啊!

一个周末,我刚上完学而思网课,就"师兴大发",准备把这次学到的文言文一五一十地讲给家人听。可惜,"学生"妈妈在写报告,"学生"爸爸在开电话会议,而外婆又去参加同学聚会了。没办法,我只得苦思冥想。这时,学而思讲义和IPAD映入了我的眼帘。"有了!"我豁然开朗。接着,我把电脑打开,调到"语言录制"界面,打开书本,正准备娓娓道来时,突然发现这只是自言自语,需要几个"学生"。于是,我把"世外娃娃"摆在书桌旁。但我还是觉得有点寂寞,索性把所有的玩偶都召集起来,散放在房间的各个角落。安排停当,场面与原先截然不同,就像一个老师面对着42名学生在讲课似的,这才是真正的爽!

万事俱备,只差东风了。我按下了"开始录音"按钮。我越讲越兴奋,可谓"文思如泉,口动如飞"。随故事情节,我时而拍案叫绝,时而眉飞色舞,就像主人公一样,给身临其境作了贴切的注解。几十分钟时间一晃而过,仿佛不一会儿就到了结束语环节。"再见——"只听"啪"的一声,我大功告成啦!

晚上,当家人围坐在餐桌,我把"文言文录音"放给他们听,得到了满堂彩。一鼓作气,我吃完晚饭后又给他们讲了"唐宋八大家"。我是个"诗控",更是个"师控",真可谓失控。我爱探索,爱学习,爱分享,难道不是失控的"诗控"和"师控"吗?

五、爱的"六一"活动

盼望着,盼望着。6月来了,儿童节的脚步近了。今年儿童节的主题是——"爸爸的后备厢"爱心义卖活动。同学们怀着激动、兴奋的心情举行了隆重的开幕式。家委会代表郑重其事地说,世上有我们这样生活幸福的孩子,也有不少生活贫困的"农村娃",我们应该多多关心那些人。所以,希望我们能积极参与本次活动,献出自己的爱心。他倒数3个数,我们都放飞了自己的梦想气球。我仰望着天空,它衬托着一只只五彩缤纷的气球,你说多美就有多美。

开幕式毕,操场顿时被那吆喝声、喧嚣声、欢笑声所包围。每个摊位都装饰得格外美丽,看得出,昨天家长们的劳动及其用心。我在一个摊位玩了套圈,居然套中了一等奖!我欣喜若狂,迫不及待地领取了一等奖励品——一个小巧玲珑的书签。它的末端是一朵粉色的云彩,上面有两滴雨点;顶端是一个小夹子,用来夹书页。书签在烈日的照耀下灿烂夺目,让我看了又看。我继续"逛街",偶尔,我看到《哈利·波特》丛书快要卖光了,想:这不就是我梦寐以求的书吗?于是,我一个健步冲过去,可还是被另外一个"哈利粉丝"抢购一空。这时,一旁体育老师值班的摊位映入了我的眼帘:在台桌上,"站"着两个活泼可爱的娃娃。小男孩儿穿着熊猫服,小女孩儿穿着灰鼠服;小女孩抿嘴微笑,小男孩咧着嘴,露出了洁白的牙齿。他俩的头发非常奇特,像两个单引号。我越看越入迷,"这不就是体育馆里守着舞台的两个世外小学专属娃娃吗!"我喜出望外,赶忙掏出钱包,付了30元,把这两个娃娃小心翼翼地放入了购物袋。我的购物袋沉甸甸的,摊位商品也所剩无几,换场的兔子舞音乐也响了起来。我跟着大部队,"转移"到了体育馆。

为了这次活动,同学们积极参与,家长们努力付出,捐赠了不少善款,积累了近2万元(我们班)捐给需要帮助的儿童。这次活动,我们付出了爱心,收获了快乐,真有意义呀!

(作者单位:上海市世界外国语小学五年级(1)班)

我的成长故事：鹦鹉、
《史记》和沉得住气的朋友

董禾林

最近，我很开心，因为最近喜事连连。比如说去巧克力工厂，去野生动物园，去豫园……在其中，最让我开心的事情，就是去野生动物园见到了多年未见的鹦鹉。

一、我最喜欢的是鹦鹉

一个早晨，我和爸爸、妈妈一起去了人气爆满的野生动物园。在野生动物园里，我们去看了滑稽搞笑的山魈，还有五颜六色的鹦鹉，以及"懒惰"的大熊猫……在其中，我最喜欢的就是鹦鹉了！当我们来到鹦鹉展区时，看到了一只只颜色各异的鹦鹉。它们有的站在树枝上，有的站在椅子旁，有的站在遮阳伞下。我兴致勃勃地对爸爸说："我们和鹦鹉拍张照片吧！"爸爸饶有兴趣地说："好啊！"当工作人员把我领入鹦鹉群准备拍照时，爸爸却问了两个非常搞笑的问题："拍照可以是那只红色的鹦鹉吗？"工作人员答道："拍照只有红色的鹦鹉。"爸爸又问："可以放在左手臂上吗？"工作人员一脸严肃地说："鹦鹉习惯左手臂。"于是鹦鹉在这个尴尬的情况下，被工作人员用木棍带到了我的左手臂上。

当我与鹦鹉四目相对时，我仿佛穿越到了几年前，那时候，我还在读幼儿园大班。看着这只鹦鹉，我想到了我那五彩缤纷的童年：我们在操场上尽情地玩耍，奔跑着、跳跃着、嬉戏着……我们在教室里尽情地学习、画画、唱歌、搭积木、玩玩具、下棋……当我感觉手臂很酸时，我又回到了现实。几年之后,我长高了,变成了小学生了,此刻的我更能体会生活的乐趣。几年前的我只会傻傻的笑,现在的我成长了,我更喜欢现在的我。

啊!这只鹦鹉不但气宇轩昂,更有我童年的回忆,见证了我的成长。

二、春天:草长莺飞二月天

"草长莺飞二月天,拂堤杨柳醉春烟。"这是出自清朝著名诗人高鼎《村居》的诗句。为了寻找诗句中的春天,我和爸爸妈妈来到康健园探寻春姑娘的足迹。

在康健园的门口,一条弯弯的小河静静地从门口流淌过。河边的柳树垂着长长的、绿油油的辫子,河面波光粼粼,倒映出两岸的美景。一座拱桥横跨在河面上,远看,小桥的栏杆在阳光下,反射出各种颜色,像一道彩虹光彩夺目;近看,像一只"毛毛虫"趴在河面上,人们从它的背上走过。

走进大门,向左紧走几步,眼前是一片湿地。浅浅的水塘里,植物茂盛。花叶、芦竹、水葱、灯心草、血草等都竞相生长。忽然,一只白色的水鸟映入我的眼帘。我心中不禁犯起了嘀咕:这是什么鸟?难道是春姑娘派你来用你那清脆的叫声唤醒万物的吗?

走过一段石子路,就来到了船码头,各式各样的小游船星罗棋布地停泊在湖边。放眼望去,湖面上有"雪白的天鹅""黄色的小鸭子""绿色的青蛙"。我和爸爸妈妈也兴致勃勃地乘上一艘电动船,朝湖心驶去。一开始湖面很宽,转过一个弯,湖面突然变窄了,再转过一个弯,湖心岛出现在了我们的眼前。小岛上,耸立着几棵松树,樱树在小岛上盛开了娇嫩的花朵,柳树随风摇摆着绿色的柳条。

走过一条绿树成荫的小道,来到了"儿童乐园",这里装满了我童年的记忆。看到咖啡杯、手摇船、水陆大战、摇摆列车等熟悉的项目,都勾起了我美好的回忆。其中,让我记忆最深的项目就是手摇船,看到小弟弟、小妹妹们用双手转动把手,控制小船,玩得不亦乐乎,我也笑弯了腰。

走出游乐场,经过一片枝繁叶茂的树林,就来到了一个别致的地方——"石林"。石头旁的竹子又高又细,我抬头望去,竹叶遮住了刺眼的阳光,竹子挺拔而翠绿。石头高高低低、形状各异,像一群小熊在河滩上躺着、站着、坐着聊天……

我在康健园寻找到了春天,那春天是绿色的、粉色的、蓝色的……也是生机勃勃的、春意盎然的、暖意浓浓的……

三、《史记》读后感

我喜欢读历史类的书籍,喜欢那种畅游在历史故事里的感觉,总是让我感觉流连忘返,欲罢不能。在众多的历史书中,我非常喜欢《史记》。

《史记》是一本经典史学名著,被后人称为中国第一部纪传体通史。《史记》里有本纪故事、世家故事、列传故事等。在这本书看到的是一个个历史故事,也看到了中华民族在发展过程中的文明足迹。在众多的故事中,我最喜欢看的就是人物传记的部分。手捧这本书,书中的历史人物感觉离我很遥远,又似乎就在我的眼前,让我看到了正义与狡诈、智慧与愚笨、奉献与贪婪……

作为一名学生,我不知道这些历史人物到底是怎么样的人,但历史故事确实是非常吸引我的,不仅是有趣的故事情节,更打动我的是那些真善美的东西,一个个小故事就像一个个情景再现,有的喜悦、有的欢笑、有的苦涩、有的痛苦、有的先悲后喜、有的热血沸腾……其中《荆轲刺秦王》的故事,我们还曾在班级里现场表演过课堂剧,当时我们也查阅资料,自己创作的剧本,由我和同学们扮演不同的角色,我们努力演出历史人物的感觉,历史与现实交织,演出很成功!现在反复读读这本书,对这个故事有了更多的体会。

这真是很棒的一本书,每个故事都值得我们细细品味,读历史书也是在学习古人的智慧,了解过往,也面向未来。

四、一堂有意义的游泳课

"飞人"迈克尔·乔丹曾经说过:"我职业生涯投丢了 9 000 个球,遭遇了近 300 场失利,26 次绝杀未果,我总是一再失败,但这就是我成功的原因。"有一天,爸爸带我去学游泳。

当我穿好泳衣来到游泳池旁,教练已经等了我许久了,他笑眯眯地对我说:"来,我们今天练习游泳的起跳。"我心想,教练笑得也太"笑里藏刀"了吧,让我练习游泳的起跳,那还不如让我游20圈自由泳呢。但是我又不能违背教练的指令,只能硬着头皮走到游泳池的一边。教练先示范了一个动作,我一边想着教练教我的动作,一边尝试着把动作做出来,当我快要跳下水时,看着那碧波粼粼的水面,心怦怦直跳,双腿忍不住地颤抖,牙齿不停地"打架",脸颊上也渗出了许多汗珠。我终于鼓起勇气跳了下去,可是由于紧张,我的动作一点也不标准。我整个人就像一块"石头"一样砸向水面,溅起了巨大的水花。我感觉我的胸口被一辆高速行驶的列车撞了一样,呛了好几口水,泳镜都快被巨大的水压冲走了。当我游上岸时,爸爸轻描淡写地对我说:"这有什么难的,不就是纵身一跳就好了。"我对爸爸说:"你说得简单,要不你试一试?"不会游泳的爸爸顿时无话可说。我又一次次地练习游泳的起跳,一次次被砸得泳镜都差点飞了出去,我一次次感到心灰意冷,甚至要放弃的时候,我想起迈克尔·乔丹说过的话,又感到信心倍增。功夫不负有心人,我一次比一次跳得轻松,一次比一次跳得轻盈。虽然,我的动作还没有达到教练的要求,但我相信,通过后面的练习,我一定会跳得更好,达到教练的要求。

这真是一堂有意义的游泳课,让我明白了失败是成功之母,遇到困难时不要气馁。人生的路上会遇到许多坎坷,但我相信,如果我能像游泳时一样,坚持和拼搏,我就会越过坎坷,到达胜利的彼岸。

五、沉得住气的朋友

我的朋友有着炯炯有神的眼睛,剃了个板刷头,长得高高的,很帅,他就是小袁,他有一个很好的特点,听我慢慢道来。

有一天,晴空万里、鸟语花香,我和小袁,还有其他几位小伙伴一起去金山郊游。在那次郊游中,让我印象最深的就是我、小袁和另外两位小朋友一起踢足球。但是,因为没有足球场,所以中间线是我的爸爸和小袁的爸爸拉的线,而且两位爸爸把我们的活动区域变得特别的大。比赛开始了,对方的球员直接以飞快的速度带着球向我方奔来,逼得我方一边防守球门,一边仔细地观察着对方的弱点。果然,我方坚守了30分钟,终于找到了可以断球的时机,小袁飞起一脚,对方球员还没来得及往回跑,球就已经飞进了球门内,对方球员看得瞠目结舌,我们高兴得击起掌来。我和小袁配合着,我守门,他射门,很快,我们就领先了8个球,正当我得意扬扬时,小袁大声对我喊:"不要骄傲,守住门!"

正当我们以为胜利在望时,惊险的一幕发生了,对方球员竟然冲进了禁区,一脚直射,我双腿发力,使劲地接住了球,可是对方还是不停地进攻,好几个球都是擦着门框飞走的,我们被吓出了一身的冷汗。当对方猛烈进攻的时候,小袁的眉毛"打成了结",眼睛里闪烁着晶莹的泪花。过了一会,他的眉毛又舒展开来,脸上露出了灿烂的微笑,对我说:"沉住气!"这时,我心想:输定了。忽然听到小袁奋不顾身地大喊:"不要泄气,我们会赢的!"我顿时感觉浑身充满了力量,我们利用对方"狂轰滥炸"的漏洞,又踢进了4个球。

古人云:胜不骄,败不馁。虽然我们没有失败,但是我从小袁身上看到了他胜利不骄傲,失败不气馁的品质。

(作者单位:上海市世界外国语小学五年级(4)班)

大同一中：让你像鲜花一样绽放的芬芳沃土

王文瑾

一朵鲜花代表一个璀璨的人生。初中生的我们，正值短暂而又绚丽的豆蔻年华，我们意气风发，迈着稚嫩脚步踏上洒满阳光的征途。作为新世纪的花朵，怎能"两耳不闻窗外事，一心只读圣贤书"？只有走出狭窄的方寸之地，跟上时代的脚步，才能不辜负社会的期望，书写一份辉煌的篇章……

一、"小手拉大手，共创文明城"——记寒假社会实践活动

大同一中培养学生有着注重社会实践的优良传统，每到寒暑假都会组织形形色色的活动。校长张晋平说过这样的话："社会是一所学校，生活是一部教材，它们构成了一本无字之书，社会实践对学生的成长和发展意义非凡。"我的班主任兼物理老师闫国权也说过："学生参加社会实践可以学到很多在课堂上学不到的东西，也可以把学到的知识同实践联系起来，还能加深对学习内容的理解。更有意义的是，它能培养你们的社会责任感、帮助你们快速了解社会。"

当2019年寒假来临时，我和同学们都很兴奋，不知道会有什么新鲜的安排。不料苗瑾老师在放假前宣布，这个寒假，476班分为几个小组，由学生自主决定实践活动的项目、地点。我和张咏佳、廉紫怡、张荣华、吴利亚5个人被分到一个小组，也就是我们班的第4个活动小组。经张咏佳同学与2018年建成并开馆的大同御东图书馆取得联系，我们小组决定去那里，完成这次"小手拉大手，共创文明城"的活动。

大同御东图书馆是一座十分气派的现代化建筑,由哈佛大学和北京建筑设计院合作设计,西邻美术馆、北邻大剧院,同时可容纳 5 000 名读者进行阅读。我们的工作便是摆放书籍、桌椅、清理垃圾,为看书的人们提供必要的帮助。

原以为是很简单的工作,想不到并不顺利。先是弄不清楚图书的编码,不论书是整齐的还是不整齐的,是该摆放的或是不该摆放的,都胡乱归置一通,到最后什么都没有做成,弄得一团糟。就算是清理垃圾这种简单的事情,轮到我们这里都变得复杂起来,不是将没有喝完水的塑料瓶丢掉,就是在扫地时弄得灰尘漫天飞舞……好在我们很快摸熟了规律,任务顺利完成。

活动结束,回家以后突然非常疲惫,躺在床上,脑子里浮现出这句话:"铁是热的,水是冷的,把铁扔在水里,水就跟铁较量着——水想使铁冷却,铁想让水沸腾。生活就像这盆冷水,人就好比这块热铁,如果你不想被水冷却,就得让水沸腾。"是啊,生活不易,读书时节的芳华若被消磨在不能提升个人能力的琐碎生活里,那未来将是一眼可以看到底的艰辛,这难道不是人生的天然资本被白白挥霍吗?所以,从现在开始,要抖擞起百倍的精神,努力做有意义的事,为了一个有希望的未来,勤奋面对每一天的朝阳!

二、观看中华人民共和国成立 70 周年阅兵式有感

2019 年 10 月 1 日,是中华人民共和国成立 70 周年纪念日。不过,我和我的同学们每天都忙着补课,大家都在为分数而忙碌,却对这个重要的日子有所忽略,还是妈妈提醒我,千万不要忘记准时收看国庆现场直播。那天我全程观看了现场直播,可以说,每一个画面都让人热血沸腾!感动,原来英雄一直都在。无论是昂首阔步走过天安门广场豪气冲天的一列列军人方队,还是乘坐在游行车上鬓发皆白的保家卫国的老兵,抑或是手举鲜花向观众致意的郎平和国家女排队,都告诉着我们,和平与繁荣的中国来之不易,背后是无数个英雄默默地无悔付出。我注意到一个细节,那就是习近平主席乘坐的阅兵车旁边,有一辆阅兵车的车牌号是 2019,而在习主席身后的空无乘员的阅兵车的车牌号是 1949,这分明是提醒我们,不要忘记 1949 年从战争的硝烟里走出来的中国人民和当时的国情!如今的和平与发展靠的就

是我们不断发展的保卫自己国家的实力!

正如才华横溢的历史课董晓锦老师所说:"没有坚冰,谁去认可红梅的烂漫?没有白雪,谁去判定青松的高洁?没有严寒,谁去仰视乔木的耸立?"若是没有几十年刻骨铭心的磨难,又怎会有华夏民族如今的破茧成蝶?

中国在茧蛹中奋力挣出,又从泥泞中一步步走过。每一个中国人都不能忘记自己的血脉中流淌着的历史,鸦片战争后,千千万万的仁人志士为中华的独立舍生忘死,用生命谱写下爱我中华的恢宏壮丽的诗篇。

遥想近代以来特别是抗战时期,百姓们食不果腹,几个窝窝头便是支撑他们一个星期的粮食。再观中华人民共和国成立70年后,已是国家富强,万民安康。中国走过的征途,是血色残垣,是烈火如歌,更是熠熠生辉的华章,它由华夏人民对国家的热爱铸就,历经70年的砥砺前行,终于在隐忍与拼搏中强大。

残酷的历史不能忘记,而更应该看重的,是脚下的道路。先进的科学技术是引领祖国飞速前进的动力,中国的复兴,必将需要我们这一代人继续点燃一个更伟大时代。以梦为马,不负韶华,前行的脚步永不停止。年轻如我,未来可期。每一个不曾起舞的日子,都是对生命的辜负,在世界上争分夺秒,才是属于自己的征途,才是我们的星辰大海。

三、不甘于平凡和庸俗的追梦者——读《傲慢与偏见》有感

我的语文老师贾苏洪是一个挺干练的人,说话也从不拖泥带水。一次在课堂上她偶尔提起过一本英国著名的小说《傲慢与偏见》,引起了我的兴趣,后来我把这本小说读了一遍。这本小说的开头是这样写的:"单身男人一旦有了钱财,必定想要寻妻觅偶,这是一个举世公认的真理。"

这样的开头,让我以为这是一个皆大欢喜的喜剧,只能在闲暇之余当作解闷逗趣之用,细细读完之后,才发现理解的偏差。它没有《霍乱时期的爱情》那种跨越了半个多世纪的爱情,也没有《梁山伯与祝英台》的生死相随,更没有《红与黑》中法式热吻般的火热和激情,但这部作品透露着家庭的温馨、亲人的关怀和爱情的甜蜜,并反映出了18世纪末至19世纪初英国乡镇生活和世态人情,从而它没有被历史尘封,并成为爱情故事的经典。

《傲慢与偏见》围绕贝内特一家5个女儿的婚姻大事展开叙述。而从伦敦搬来的两个单身的高富帅——宾利、达西成了故事的展开点,粗俗的贝内特太太把这两个高富帅当成猎物。当时英国法律的规定,女性可以继承家庭的财产,但贝内特的财产属于限定继承权,贝内特的财产要由远房的男性来继承,贝内特的女儿们只能得到5 000英镑嫁妆。作者奥斯汀用她的笔,展现了以金钱与物质作为衡量人的价值标尺的世俗社会,身在其中的男男女女演绎着的不同价值取舍,或高尚或低俗的精神世界。

宾利先生爱上了大女儿简,而宾利的朋友、财产几倍于宾利的达西被二女儿伊莉莎白吸引。伊莉莎白听信了关于达西的流言,对达西偏见日益加深,达西的信让伊莉莎白解开了误会,最终两人终成眷属。小说中我最喜欢的人物是达西。一开始,他在说话时,总是有一种傲慢的气息,谁都瞧不起。这正是因为他看透了人与人之间的虚伪与欺骗。实际上,达西真诚、善良、慷慨。

小说中的女主人公伊丽莎白是完美的,她并不世俗,不会跟普通女性一样对有钱的单身汉趋之若鹜。一开始她并不喜欢达西,而是对威克姆产生了爱慕,这是她的偏见。而达西的信是故事的转折点,这也是达西第一次真正放弃了对伊丽莎白的傲慢,同时它使伊丽莎白摆脱了对达西的偏见。简·奥斯汀的《傲慢与偏见》与她的《理智与情感》一样,推崇的感情都是理智的,而小说告诉我们,没有理智的感情追逐,终会遭遇不幸。奥斯汀用理智来诠释感情,展现了现实生活真正的平凡人的爱情与婚姻,而通过达西和伊丽莎白塑造了一对真正的追梦人。

作为初中生,我们一般不会追求小说里的那种梦。不过,我认为,每一个人无论年纪大小都可以是追梦人。梦是蓝天上的若隐若现的虹,最美之时也是它即将消逝之际。每一个追梦者都要奋斗拼搏,有时也难免失败与挫折。但只要有梦在,无数的追梦者就会迈着日月交替的脚步,追赶着梦中的音符。

四、致遥远的童年——参加叶圣陶杯新作文大赛山西省总决赛感怀

2019年,我和几位同学作为大同一中的代表,参加了叶圣陶杯全国中小

学生新作文大赛,这个比赛的举办,是为了传承和发扬叶圣陶的教育理念,促进中华国语教育的文化推广。7月公布获奖结果时,我以《感谢那场灾难,让我学会了热爱》获得了初中组的第二名。开心之余看看长长的获奖者名单,意外发现我和所有一等奖、二等奖的获得者的作文题目如出一辙:"感谢""感恩""谢谢",格式化的题目冲去了我的沾沾自喜,猛然发现我的童年早已离我远去。

童年的我是个调皮鬼,什么都不懂,还喜欢提问题:天空为什么是蓝的?猫从那么高的地方跳下来,摔不坏?院子里的花什么时候开,什么时候落?……如果没有大人陪伴,我就自己去寻找答案,结果惹了不少的祸。

记得5岁时,我住在奶奶家,那是一座独立的2层小楼。奶奶喜欢养鱼,鱼缸里金红色鱼群,快乐地摇摆着的尾巴,简直就是一把把金红色的小扇子在舞动。我常常趴在鱼缸边,分享着它们的快乐,眼睛追随着鱼群移动。

有一天,奶奶不在家,我盯着活泼的小鱼们,突然想:鱼能在没有水的鱼缸外和我一起玩耍吗?四顾无人,而我又迫切地想找到答案,于是动手试一试的念头就再也按捺不住。挽起袖子,把手伸进鱼缸,把小鱼捞了出来,我把它放在桌子上,它的身体先是很柔软地躺着,有时又会猛地蹦起来,小鱼蹦了几次后,身体不再像以前那样灵活,后来便僵硬地躺着,再也不动了。有神的大眼睛开始暗淡无光,我伸出食指去碰它,它却连尾巴也不翘一下。

答案是有了,但这时我这才突然慌了神,想要抢救小鱼,我将它重新放进鱼缸里,它先是沉了下去,没过一会儿,又浮了上来,肚皮朝上,我的抢救居然无济于事!我终于抑制不住慌张,"哇"地哭了出来。奶奶不知道什么时候回来了,听到哭声,跑过来,看着坐在地上大哭的我,急切地追问原因,我指指鱼缸,奶奶发现了那条肚皮翻上浮在鱼缸里的小鱼,恍然大悟,她以为我只不过为区区一条小鱼变成浮尸而号啕大哭,轻轻把我抱在怀里,笑着安慰着我:"没关系!这条小鱼没了,可以再买一条嘛,别伤心。"

我渐渐止住了哭声,没有跟奶奶解释,心里依然很难受。只有我知道,小鱼是怎么死的,是我的好奇和冲动结束了它无忧无虑的生命。那一次,我真后悔,从此再没有做过类似的傻事,那条冤死的小鱼让我学会了凡事需三思而后行。

童年在我心里是永恒的,我曾痛痛快快地哭过、火烧火燎地冲动过。也许,童年是稚嫩的涂鸦,线条草率却天马行空,手法稚拙却色彩明艳,溢满着自由自在和不拘一格。童年虽已渐行渐远,蓦然回首,却发现童心满怀的我顽劣而有灵气,充满创造或毁灭的无限可能、棱角分明而无法复制。真心希望每一个人,即使留不住流逝的童年,也能守得住一缕童心。

五、风雨兼程,终见彩虹

不管长夜有多黑暗,黎明总会到来。

方舱医院银白色的墙壁内,一位位身着防护服的医务人员脚步匆匆,在走道留下并不明显的响声,面容是掩不住的疲惫和紧张。后勤人员正在向一名年轻的护士小声快速地询问紧缺物资,他蹙着眉,似是正在为备用物资不够而担忧。几名医生经过他们,向病房走去,赶赴下一场与病魔的战争。

病房里病人积极配合医生的治疗,进行一次次的留置针穿刺。医护人员细心地询问患者身体情况,殷切的关怀从他们的眼中流露。待完成治疗后,他们脱下防护服,鼻梁额头都压出了一排排的水泡。"穿尿不湿上岗,洗手衣湿透了,皮肤压红了,这些在重症病区都太习以为常了。"申康康说。申康康的话语,重重落在了全国人民的心头,这些医务人员的奉献精神使我们默然、惊诧,而后又肃然起敬。他们的身上绽放着勃勃生机,代表着中国新一代的能量。

奥地利画家克里姆特曾为向贝多芬致敬而创造过一副壁画——《贝多芬饰带》。它是一幅大型寓意性作品,呈现了克里姆特自我重构的过程,表达了艺术与爱中实现自我拯救和生命意义的精神理念。其中的中间部分的壁画主题是"敌对势力",背景呈暗色,画面底层有像猿人一样的怪物,它是古希腊神话中最为残暴的魔神——提丰,而与壁画形成鲜明对比的是3个蛇发女怪,则是提丰的女儿,从左到右分别为:疫病、疯癫和死亡。这些人类的敌对势力,是人类在寻求解放路上必然要面对并与之斗争的东西。

新冠肺炎疫情的爆发,是中国在寻求改革开放的发展过程中必须克服的困难。这次疫情为中国敲响了刻骨铭心的警钟,使我们意识到了敬畏自然,保护野生动物的重要性,提高了应对大型卫生事件的能力。疫情当前,我们众志成城,团结一心,展现出面对困难时极强的韧性。新型冠状病毒肺炎的爆发不会使我们就此消沉,它像是一个台阶,让中国吸取教训后走上新的高度。人类对自然的蔑视造成了这次疫情的爆发,最终自食恶果。倾斜的十字架上没有上帝,翻倒的潘多拉魔盒旁没有神灵;但我们相信:凭借着自己的双手,在黑暗中前行摸索,同样能找到希望的曙光。

(作者单位:山西省大同一中(476)班)

体会他人对自己的爱：
为什么记忆是一种优点？

孟尤尤

"父母真的爱我吗？祖父母真的爱我吗？他人真的爱我吗？"我相信，当今许多学生都会时不时向自己提问这个问题。他们似乎体会不到他人对自己的爱。或许是父母的唠叨让自己烦躁，或许是祖父母的拘泥让自己难以忍受，又或许是他人看上去冷漠简单的动作让自己不解，有时——不管有无血缘关系——明明别人的一举一动充满爱意，他们自己却一度机械地认为——这里面根本没有爱。

一、一串女孩曾用过的挂件

说实话：曾经的我，确实也常常会问自己这个问题——"父母真的爱我吗？祖父母真的爱我吗？他人真的爱我吗？"学生时代的我，也总是对父母，乃至他人的爱有所怀疑。若是要现在的我来回答这个问题，我会如何回答？我的回答将毫无疑问：他们真的爱你，只不过你需要一段时间来明白。

至于为什么这么说，是因为一串小小的挂件——它在我初中时彻底扭转了我思想的把手，为我的父母——或者说我的家庭，引出了另一条更好的路。

上一次有人提到那个挂件，还是我一个月前赴约参加初中同学聚会的时候，那时我在一个新买的背包上挂上了这个挂件，或许是那挂件实在太旧了，与朋友们刚见面第一眼便听到有人询问。他们记性也算不错，竟还能够忆起这便是那位女孩曾用过的挂件……

冬日里,呼啸的北风如同要将世间万物都吞噬的地狱犬,狂吠着席卷大地,若是不小心撞到窗户和墙壁,便要愤怒地低吼几声。好在这是个周末,小小房屋里从空调中缓缓溢出的暖流很快地将屋子变成了春日的花园。

独自躺在屋子里被暖气烘得温暖的沙发椅上、悠然自得地玩着手机的我,丝毫没有意识到门外有人按响了门铃。直到听见了母亲前去开门的声音,才意识到访客的到来。

像是老鼠听见洞外有动静,我好像早已忘了手中握着的发光方块,默默地躺在椅子上,身体几乎做不出任何动作——因为所有的感知都已被抽到双耳去了。在初中时,老师时不时会对我们家发动"突袭",或许因为在校表现,亦或许因为作业表现——不管为什么,总之父母每次听完,总会对着我涨红了脸,然后便是狂轰滥炸的训斥。

这一次,我总算是学会把耳朵靠近房门偷听了。"交换生……我们家……"母亲的话语里,似乎只有这两个词是极清晰地萦绕在我耳边的——这令我感到欣慰,但又有些担忧。欣慰的是这一次老师总算没有说我的"恶行",但也为母亲并未提前告诉我此事而感到不安。

在客厅传来一声沉重的闷响之前,我的耳朵早早便做好了准备。"喂!你还不给我从屋子里滚出来!"耳朵里回荡的又是这种发疯似的咆哮,"整天就知道手机手机,也不知道出来给人家打个招呼!"

母亲的脾气本来就暴,再加上我那时成天惹事的习惯,更是暴躁得不可控制。父亲一直劝她心平气和,可不知为何她总是无法抹去这种坏脾气。"好啦,我来啦……"我的喉咙里只是吐出这么一句淡淡的回答。

一眼扫去,母亲身旁站着的,是一个身材矮小纤瘦的女孩儿,身着淡粉绒线衣——但是那条毛绒衣上的零星灰斑让它看上去有些旧。她的裤子同样如此,淡淡的灰外衣下藏着缝有黑布缝成的长裤——整个人看上去像是一个农村出身的孩子。"你好,我叫天天。"她看着我,脸上露出一个腼腆的微笑,然后,却又像突然想起什么了似的,突然从随身携带的一个小包里掏出一大块焦黑的玩意儿,"对了,这是我们那儿的特产,我特意带过来呢!"

日头从地平线缓缓升起,为被冷酷的夜风吹了整整一晚上的大地提供了一丝温暖——这必会是寻常而又不寻常的一天——来到我家的小精灵会同我度过她在这儿的第一个周一。

二、机械地学着别人鼓掌

班主任仍旧是往常那种风光却似乎不怎么愉快的样子。"把不相干的收起来!"这简洁的话语早已说明一切。哎,在她身后还紧跟着一个瘦小的身影呢!那是谁呢?不用多想,刚瞥上一眼便已知晓——她是昨晚突然来到我家的女孩儿。

"好了,同学们,今天在上课之间先为大家介绍一位交换生。"老师的话足够证明我的视觉并没有给出错误的判断,"她的名字叫天天,将会和我们一同学习一段时间"。对于这些话,我也只是机械地学着别人鼓掌。

"来,天天,你就在这儿坐下吧。"随着这声音渐渐消失,天天被安顿在前排一张木椅上,"好了,在上课铃响前,你们先和天天交流交流吧,好熟悉一下对方。我先走了"。老师的话由一声沉闷的响声结束,高跟鞋碰触砖块地面时渐行渐远的清脆余音,成了来自不同地域的灵魂交互时唯一的伴奏。

"哎,天天啊,快说说,你是从哪儿来的?"女孩儿们的话总是最多的。"呃……我……我是从山区里来的……"她似乎有些不太适应如此直白的问话。"啊,山区里的……难怪这身衣服都和我们不一样呢……"我忽地听见有人用低低的声音沉吟。"那你这身衣服是什么牌子的?"这次问话的,是一个男孩儿。

尴尬的神情第二次在天天两首歌浮现。"这是祖父在市里买到的最好最新的衣服了。"她说。"啊?这真是新衣服吗?"或许是因为看到那身衣服整个儿包裹着一层薄薄的灰外衣的缘故,有人忍不住反问出来。"诶,这书包上面的挂件也算是不错的点缀嘛。就是这颜色显得土气……"当初同学的观察和评判能力还真是值得佩服,即便学习用具似乎也无法从他们一言一语的评论中挣脱。

但上帝却偏偏让我说出了一句本不该出现的话。"喂!你们干吗呢!"此话出口的时候,我便要憎恨自己的嘴和舌——顿时,大家的目光都齐刷刷地朝我这儿看了。"怎么啦?"突然有人向我问话了,从话语里面,我并没有听出有什么好意。"呃……没什么。"我完全没有想到今天尴尬的居然还有我,"哎,老师怎么来了?快坐好!"眨眼间,如同一道闪电闪过,教室忽地里没有一点儿声音,所有的学生也在木椅上正襟危坐——因为我看到窗外走来的熟悉身影,听见熟悉的清脆声响。

"好了,同学们,下节课我们英语考试,现在再给同学们一些复习时间。"不用她说,只看到她手里抱着的一大沓白纸,我便知道要发生什么。响亮的沉响再度传入耳朵,将那抱着白纸的身影与我们的视线隔离。我听见教室里有一些小骚动——大家必是有些惊慌。随手翻阅几乎空白的笔记本之际,我瞥了一眼天天——她手里只是抓着一本破旧的本子。至于上面写了些什么,我无从知晓。但从她的样子来看,我隐约觉得她绝不是在开玩笑。

终于,熟悉的身影再一次进入教室,终结了这一切。不知为何,看着纯白洁净的纸被放在天天的桌子上,我蓦地感受到几分敌意。

三、那突如其来的考试

那天放学时,我心里有些郁闷——这郁闷从中午便开始了。并不是因为校园生活上出了什么问题,罪魁祸首应当归属那突如其来的考试。在书包里静默地躺着的纸上,用鲜红色的笔墨写上了个大大的"82"——但那考试满分是150分,及格线是90,在初中里我的成绩一直很不理想,不及格早已成为家常便饭,但那和我共享一个家庭的女孩儿,却成了整个班里唯一一个突破140分的——她不可思议地考出了143分!如果她住在别人家里,我或许还能忍受,但若碰上了像我这样暴躁的母亲,在当时的我来看,也许就是一场天灾。

我于是想了个方法来解决,尽管这位天真纯洁的女孩儿在商议过程中总是表现出一副不太同意的样子,最后却还是被说服了。事实上,我当时对这想法也略感不安——因为那可能是我第一次欺骗自己的父母。脚步刚踏入家门,母亲便要抓住这根稻草枝:"听说你们在学校里考试啦?你们都考得怎么样?"我首先从书包里掏出了自己的试卷,递到母亲手里,尽量让自己的声音放大:"妈,我告诉你,这一次我绝对没有考砸。若是不信,大可以拿去看看。"

母亲的眼睛里满是我预料到的将信将疑的光芒。"哦?你可别骗我。"她接过那张白纸,却似乎是在牵扯着我的心,一点点地往上提。试卷在母亲手里上下转动了几下,"82 分?我没有看错吧?"一声惊叹割断了牵扯着心房的细线,随后便见母亲扶了扶眼镜,"这可是你有史以来考得最高的一次啊!你没抄别人的吧?"

"哎,妈,怎么会呢?"终于,我的心安稳地落回了原来的位置,"我跟你说啊,这一次我的排名可是这个数字!"说罢,左手食指便竖立在了母亲面前。

在卫生间里,我的耳朵仍在关注客厅里的动静。我只听见母亲欢快的声音渐渐变小了,好似母亲的欢谑在慢慢地被侵蚀,取而代之的是一片宁静,不过这更加方便我的耳朵接收信息,"143 分?……满分 150……没及格?……"母亲和天天的声音交替着传入耳道,让我突然嗅出了一丝不对劲的气息。刹那间,好似整个房子都要被撕裂,一连串的吼声旱雷般地响起:"你还不给我从卫生间里滚出来!你还第一呢你,嗯?及格线 90 分你给我考成 82,你就是抄也不能抄成这般模样啊!"

这让没有提前做好准备的我脑袋里一片混乱。"喂,天天,你快帮忙拦着点!更何况我也没说错,排名只不过是从后往前数而已!"之后发生了什么,我无法听清。我只听见了门外密码锁开锁的清脆响声,以及皮鞋跟落在地面上击鼓般的声音。母亲的吼声便再一次撼动了整间屋子:"你还不快管管你孩子!看看这试卷考成什么鬼样!我这上辈子该犯了多大的罪啊!"不用说,必是父亲步入了家门。若不是我考虑周全而后备了另一套,我这一个礼拜,甚至是这一个月,恐怕是算完了。在一点点微弱的鼓励下,我艰难地再次走入客厅。

我努力回忆着自己应说的台词,一边用有些微微颤抖的手从口袋里掏出一张折成小块的纸:"爸,妈,这是我写的一篇作文,老师说过,写得还不错呢。"不知为何,我的声音竟有些结巴和颤抖。"呵,若是你这次还敢骗人,可没你好果子吃!"母亲一把抓住那张纸,从我手里猛夺过去。不知怎么,我突然有些追悔莫及。她脸上似乎仍怒气未消,把叠起的纸层层翻开的动作,却是那么充满耐心、小心翼翼,不知情的人或许还会认为那纸里藏着一件稀世珍宝。同往常一样,母亲第一眼看的,又是纸角。

"呃……是的,这就是最高分。"她终于说话了。尽管声音小得可怜,但也除去了紧缠住心跳的枷锁。母亲没有做出过多的表情,但从她的目光里,不难看出她对此感到万分不可思议。"哎,孩子写的作文可是最高分呐!你还不赶紧看看,鉴赏鉴赏?"我听见她在小声对父亲说话。父亲沉默着——到他接过作文纸时,一直都是如此。我不记得他到底看了多久,只记得他过一会儿便抬起头来,眼睛看着我,我好像是被野狼盯上的猎物——虽然我不知道这只野狼究竟是好人还是恶棍。

"写的是不错,不过呢——"这话从父亲嘴里吐出,好像是吐出一把磨得异常锋利的尖刀,刺破遮挡着我心灵最深处思想的屏障,然后一点点地将它撕裂,"那些山区,你可是从来没有去过的。这你是怎么想到的?"屏障被完全撕裂了,一阵凛冽的寒风吹来,吹灭了我的心火,把我整个儿冻结了,动弹不得,也说不出任何话。"呃……其实……这是我的。"天天的话,霎时间击碎了冰冻的空气——尽管这并不让我开心多少,但也少许有些欣慰,"这……这也是不想让你们生气,也不要责怪太多……"母亲的暴脾气却偏不让她安静。"好啊你,骗一次不说,你居然还敢骗第二次了!你从前一直不是这样的。"

父亲同样紧紧咬住此事不放:"这不是我第一次告诉你了,考得不好没关系,不要瞒着我们这么多。你也不能向人家学习一下,嗯?看看天天吧,人也诚实,成绩也好,你什么时候能够像她一样?今天开始,这手机,我给收了!""这不行!"这是我今天第二次对我说的话感到憎恨和后悔,"若是把手机收了,我永远不会和你们有半点交往!""呵,那随你便,不管你听不听,这一次我绝不回头!"母亲的声音已经比她正常的骂声高出很多了,简直快要接近破音的界限。

四、又多了一道封锁

不知为何,好像锁住身体中怒气的盒子已经被滚烫的心火融化,尽管没有破口而出,我的血液早已变成滚热的飞湍。还来不及说上一句话,它早已操纵神经和肌肉,让我迈着无法控制的大步远离父母,步入属于自己的房间,一声沉响传开,我们之间又多了一道封锁。对于这个突然到来的小精灵,我于是便认为她实际是个恶魔。我不再对她热情,更不愿意主动与她搭话。我们就在这僵硬冰冷的铁链的连接下,度过了一段冰封的时间。

或许,她自己也不想让我对她过于冷淡。"对……对不起,我……我知道你心里是怎么想的。"那天,她的声音里饱含了我永远忘不了的恳求和忏悔,"我也是不想看到父母被你所欺骗的样子……对不起,这……这都是我的错……""你现在和我说这些管什么用",或许她没有意料到回答她的是比平常更为冷漠的话。

"你怎么能不懂别人如此的诚恳和父母的爱呢?"我能感受到她情绪有些激动,但对当时的我来说,这或许也算不上什么,"哎,不过从前,我和你也有几分相似……听我说说我以前的事吧……""随你。"

她也不理会两个那回答她的冷漠字眼:"从前呢,除了天天,我还有另外一个小名——这小名很土气,我也早已忘了那是什么了。我只记得,这个小名是祖父起的,我也一直和他生活。不过,祖父赚的钱少得可怜,家里真的好简朴。当初的我,也想要那些华丽的衣物和首饰,也想要品一品城市的生活到底是个什么样子,但是祖父的经济却不允许我这么做。每次上学路上,他几乎都要跟着我,要送我,尽管有好几次我都让他回去。当时的我,一直想要去城市里生活,拥有一份能够作出更多贡献的工作。于是在学校里,我便是成绩最好,也是最要强的那个,同学们总是对我万分羡慕。

"可是有一次,祖父打破了这一切。那天,我将水杯忘在了家中,祖父将水杯送到了校园——那上面还挂上了我最喜欢的挂件——让我去拿走,但从他喉咙里喊出来的,却是我那个土里土气的小名。于是从此,同学们不再羡慕我,取而代之的,却是无尽的嘲讽。尽管成绩仍如同从前那样优异,但在学校里,却没再抬起头过。后来,因为此事,我和祖父大吵了一架。他从此一直沉默着,但他也跟我说,他有一个远房亲戚生活在城市里,可以带我去城市里住下。

"那位亲戚到来时,我简直比用上兴奋剂还要欢快。对那时的我来说,能够离开这个一贫如洗的祖父,能够离开这个简朴的家,能够到城市中去实现自己维持了数年的理想,该是多么令人快活的事!然而,在收拾家当的时候,我找到了一张我们家全家的照片,让当时的我万分震惊的是,那张照片上的祖父,同我当时的祖父有着天壤之别。到那时,我才明白我是被现在的祖父所收养的。但他还是那么爱我,不忘为我送去水杯,更不忘带上我最喜欢的东西……"

她说到这里,又顿了一会儿,好似在思考些什么,"这就是我要说的事了"。可能见我没有想要打断的样子,她继续往下说:"那些最爱我们的人,最爱我们的那颗心,竟然也要那么长时间才可以看清,上帝可真是有些不公平。"说罢,她又掏出了一串粉色小挂件,继续说:"看吧,这就是那串挂件,虽然有些旧,但是握在手里,非常温暖,不是吗?若不是我学会了珍惜,也许我就要失去它——甚至更多了。"她随后将挂件慢慢放在我手里,好像是在传递一件传家宝,"来吧,我送给你了。时辰也不算早了,快去休息吧"。

五、她让我重新找回了爱

她的背影在我视线里渐行渐远,我心里有什么东西好像也跟随她去了,尽管我想努力把它们抓回来,可它们就是倔脾气,最终还是脱手而去。"难道,这真的是我没有看清吗?"手里握着那沉重的粉色小玩意儿,我不禁要扪心自问。

声响不休的闹钟将我从睡梦里一把抓起,但这天有些不寻常——我没看见父母,天天的身影也从屋子里消失了。整个大大的客厅里只有我一个人,担忧的藤蔓也便慢慢攀上心头。不过,密码锁的响声切断了这些藤蔓的根须——父母顶着清晨的寒风回到家中。"爸!妈!"他们似乎还没有反应过来我已经在他们面前,像一个还未上学的孩子一样抱着他们了,"我很抱歉,前几天是我不好,我知道我错了……"

"哎,你怎么了你,今天可是周末啊,怎么起这么早?"母亲好像是被这突如其来的拥抱给吓着了,"怎么还开始认错了?你吃错药啦?""哎,不是啊,妈。"我很快便撒了手,"对了,天天呢?今天没有看到她啊。""哦,她啊。"不知为何,母亲好像比平时要平静了许多,"昨天你们班主任给我打电话,说她祖父生了病,要她回去照看照看呢!"顿时,本来早已想好要说的一些话,又被咽回了肚子。大大的屋子,又一次被沉默所笼罩……

这,便是我和那串挂件、那位山区交换生的故事。10多年来,这串总是陪伴在我身边的挂件一直被我细心照料着。但是我总不忘在擦拭之后留下些灰尘。通过灰尘的透视镜,我才能看到那个灵魂——那同我一样曾经迷茫的灵魂。回想起当初,便觉当初该恳切而忏悔的,应当是我。一是因为我还未来得及向她道声"对不起"。二是因为这串挂件,扭转了我生命中一个重要楼层的门把手,连接了两个都曾被灰尘迷住眼的灵魂。

而我呢?我什么也没留给她。要说有,无非就是长达数天的冷落。她说的没错,想要看清真正爱我们的那个人,那颗心,所需的代价,是时间——是生命的交换。对于父母,现在的我还能感谢,还能关爱,我不缺这个时间和机会。但对她呢?也许永远不会了。那么,如果我有这个机会,能够再见她一次,我会向她忏悔道歉吗?绝对会。那么,我会有什么想说的吗?我会感谢她的陪伴,感谢她让我重新找回了爱。我还有什么更想说的吗?嗯……有——我爱你!

(作者单位:上海市进才外国语中学初中二年级(1)班)

世代风华:从泰国留学生的视角看顾维钧

要 英

从我的职业角度来看,爱国者顾维钧是位出色的留学生。清末时期,并非一无是处。如以留学生事业为例,其间出人才的成绩可留下几笔荣耀。海军,出了留学英国的萨镇冰;教育,出了留学耶鲁大学的容闳;文学,出了留学日本的鲁迅;工程,出了自幼留学美国的詹天佑;外交,就是获得哥伦比亚大学博士学位的顾维钧!

100年后回眸"五四"和顾维钧的才华,可以更深刻地明白习近平总书记的教导。2019年4月30日上午,习总书记就"五四运动"100周年发表里程碑式的重要讲话。值得注意的是:中华人民共和国驻印度大使馆在第一时间,就举行了有我国在印留学生、青年外交官以及在印投资中企青年管理者等群体代表参加的学习座谈会。我国驻印大使罗照辉(现外交部副部长)在开场白中指出:"中印关系可谓一波三折。但我们爬坡过坎、攻坚克难,最终经过两国领导人武汉非正式会晤,推动中印关系提质增速,步入发展快车道。这一成绩是在印各界人士共同努力的成果,各界青年则是其中的生力军和突击队。"他的话,引发了共鸣。

关于"五四运动"这一深刻影响中国社会的历史事件,罗照辉大使明确指出:回首1919年,中华民族面临生死存亡的紧要关头。"一战"后召开的巴黎和会不顾中国反对和抗议,悍然将德国在山东的"权益"转让给日本。青年学子们对此群情激愤,纷纷走上街头高呼"外争国权,内除国贼",由此爆发了一场彻底反帝反封建的伟大爱国革命运动。随后在拯救民族危亡的求索中,马克思主义在中国广泛传播,工人阶级开始作为独立政治力量登上历史舞台,中国共产党应运而生。透过历史,我们可以清楚认识到"五四运动"的伟大意义,它是旧民主主义革命和新民主主义革命的分水岭,是一次学生引领带动各界参与的伟大群众运动,是一次思想解放运动和新文化运动,为中国共产党的成立做了思想上和组织上的准备。

罗照辉大使还进一步分析指出:五四运动爆发的直接导火索关乎外交,根本原因是中国积贫积弱。当时日本要占青岛,占济南,控制山东,向北洋政府各个部门派顾问,"二十一条"其实就是亡国条约。中国作为战胜国参加巴黎和会,要求收回胶东半岛,但日本坚持要求继承德国在胶东半岛的权益,并得到其他战胜国的认可。落后就要挨打。1919 年的中国积贫积弱,GDP 占世界比重只有 9.1%。从"五四运动"往前 100 年,即 1819 年,西方学者研究的中国经济雄踞世界、GDP 占到世界的 32.9%。"五四运动"往后 100 年,即 2018 年,中国 GDP 占到全球 16% 强,位列全球第二。我们又站起来了!当时不是顾维钧外交前辈无能,而是国力不逮。三个 100 年国力、国运的因果变迁,深刻揭示了弱国无外交的历史教训。罗照辉大使更是勉励参加使馆座谈会的青年才俊,努力投身"一带一路"的时代伟业,积极从事国际文化交流活动,并以此增加才干。这对我的工作也很有启发。

2019 年 5 月 9 日下午,复旦大学国际文化交流学院光华东辅 301 教室,分别来自美国、俄罗斯、日本、韩国、比利时的高级文化进修班的 10 多位学生正在上《新民周刊》导读课。他们用汉语讨论《新民周刊》2019 年第 17 期里的文章。我任教的这些年轻的复旦大学留学生可谓是世界各国的精英,分别出身哈佛大学、早稻田大学、庆应大学、布鲁塞尔自由大学等世界名校。值得一提的是其中的重要片段:泰国人主讲"五四运动"及顾维钧,一个是穿着黄色和尚服的青年和尚释鹏达;另一个是宋卡王子大学文学院汉语系的二年级本科生汪喆。

释鹏达对于佛学有极强的钻研精神,目前他选修了复旦大学哲学系两三百人的大课《佛教思想史》。他说:老师讲课的时候,有时候简直听不懂,比如老师说到一个中国历史古书记载,大家哄堂大笑,他却不知道笑点在哪里。另外,中国人讲佛学,哪怕只有区区 4 个字,却要讲上好几天,这让他感叹中国人的思考力。

5 月 9 日这天,他选讲的文章是《五四运动是一场与世界同步的先锋文化运动》。他向大家介绍文章的内容:"五四"是一场中国文化传统凤凰涅槃似的文艺复兴,是一系列的事件,包括1915年陈独秀在上海创办的《新青年》以及提倡白话、提倡文学革命等。释鹏达认为,中国文学革命真的是很了不起的,它负起了社会革命的责任,这样的文学让他肃然起敬。另外,他特地向同学们请教"涅槃"在这里的意思,因为这个词与佛教有关的意思,他是明白的,但用在中国传统文化上,需要更清晰的解释。我是这样回答的:"五四,就是要对传统文化进行彻底批判,向西方文化学习。毁灭的目的是为了新生,这就是涅槃;而实际上,为了摆脱半殖民地命运的爱国救亡的'五四运动',恰恰是深受中国儒家思想影响的人发动的。"而顾维钧当年同西方政要间的场外交流,主题就是儒家思想。

凤凰涅槃,也就像韩国同学张闰先在《女娲补天:福佑社稷之正神》论述的:鲁迅、郭沫若在自己的小说、诗歌里继续使用"女娲"这个母体,但抛弃了神的色彩,强化了人的特色,显然,为了摆脱不幸的国运,反抗殖民、力求大突围也仍然是"五四"时期文学所讴歌的福佑社稷的英雄,这是儒家文化的基因。

长着一双会说话的大眼睛的女孩汪喆,选讲的文章是《新民晚报》总编辑朱国顺的专栏"新民一周"的文章《5月4日的春雷》。她说道,在1919年的巴黎和会上,列强把战败国德国在中国山东的权益转让给日本,是"五四运动"爆发的直接原因。这一点让她印象强烈。另外,她最有感触的是,"五四运动"的直接结果就是造就了中国共产党的诞生,以及后来中国在共产党领导下100年的奋斗与发展的历史。

释鹏达由此感慨道:"泰国从来没有被殖民的历史,我羡慕中国有这样一段被殖民被侵略的历史。"话音未落,研究中国近代史的准博士张闰先(韩国人,来复旦大学留学就是为完成她的博士论文——上海租界研究)抢白道:"你这是不对的,你不知道当时跟中国一样,被日本侵略的韩国人当时被杀掉多少人,我们韩国也发动了跟五四一样的三一运动,被镇压后,为了救国,韩国的爱国人士来到中国的上海、重庆等地,继续救国运动,所以在上海有大韩民国临时政府旧址。"

张闰先还说:中国不是殖民地,是半个。我明白,她的意思就是指"半殖民地半封建社会"。殖民地的代价就是亡国的代价,当然是极其惨重的。目前泰国还有君主立宪的王室传统,而朝鲜王朝就是伴随着日本殖民朝鲜半岛而一并灭亡。

另外张闰先强调:"当年列强把山东的权益转给日本,当时的北洋政府是有责任拒绝的,而我认为,国力弱才是真正的症结,个人再有才干也没用啊。"我知道留学生们都钦佩当年顾维钧大使的才干,"五四运动"当年的他只有31岁!

100年过去了,塞纳河还是像当年一样脉脉地流淌着。而我们的长江、黄河欢腾着我们的豪情。我们可以告慰顾维钧先贤的是:中国已经不是他那个时代的中国,列强也已经不是那个时候一条锁链般的群兽。意大利已经加入我们的"一带一路"蓝图,英国已经加入亚投行,法国和德国正在强化对华战略伙伴关系,日本也有强烈对接好"一带一路"的意愿。只有美国的国际关系战略认知者们,还在叫嚣所谓的极限施压。所以,复旦大学课堂上留学生们的一致看法是:当年"五四运动"支撑着精神力量的顾维钧大使都断然拒绝在巴黎和会上签约,如今早已经站起来的中国人民及其外交代表团,又怎么会在中美贸易的不平等条约草案上签字呢?!

(作者单位:复旦大学国际文化交流学院)

聚焦朱泾篇

朱泾结缘三年间：
感知一片生机勃勃的希望田野

王泠一

2019年12月13日，是我和金山区朱泾镇结缘3周年的日子。把我引见给朱泾镇及大茫村党总支的是韩亚弟，他儒雅又豪爽；至于他为什么认定我能够为朱泾及大茫当义工，我不是很清楚。我认识他是再早些时候时任亭林小学校长的刘玉章介绍，这亭林小学则是金山著名的百年学府，我曾多次去造访过。而韩亚弟正好出生于亭林镇，又是从金山区教育局转岗到了朱泾镇。

没多久，刘玉章自己也转岗到朱泾社区学校工作了，也就更起劲地要求我为朱泾服务了。以前我只知道朱泾是千年古镇，至金山在1997年撤县建区之前一直是县城。关于大茫，我则是在纸面上先熟悉的。陆引娟担任区文明办主任时推荐过几次大茫村先进事迹的文章给我，我觉得文章的文笔很老练，不需要什么润色就可以发表，我也确实安排在年度性的《上海精神文明发展报告》中刊发了，自然我也很想去零距离地考察一下大茫村。这个愿望，在3年前一并实现。

韩亚弟知道了我的愿望之后，第一站就安排我和大茫村党总支结对。记得初见的同志有：大茫村老支书钟孝铭、村妇委会主任徐吉、时任朱泾镇妇联主席陈悠佳和大茫出身的朱泾农民画传人王阿妮。那年的冬天，全上海意气风发地提出了整理河道的宏伟蓝图，并在全国率先启动了全流域河长制。韩亚弟、陈悠佳分别就是大茫境内斜界泾的一级和二级河长；不多久，我自告奋勇成为名誉河长。韩亚弟和大茫村的同志希望我多多提意见，而我关于大茫村的第一篇文章和第一首诗歌，就是赞美这条斜界泾和为之奋斗的人们的。朱泾治水,一叶而知秋!

那时候,徐吉的女儿还只有半岁,未起名;后来知道小姑娘叫谢般若,如今居然也是我的老朋友了。那天,徐吉很安静的模样,又像是读过不少诗书,我就琢磨这会不会就是陆引娟材料的供稿者呢?马上就证实了我的判断,徐吉就是大茫村党总支的秀才(市区叫单位里的一支笔);韩亚弟和陈悠佳还挺热情地让我收徐吉为徒。徐吉的文笔其实不需要我做什么改动,我倒是常鼓励她用笔多多宣传朱泾。她的摄影技术也是一流的,现在有新媒体,所以她应在"创全"中更有作为。

"创全",就是创建全国文明城区的简称,这是金山区委和区政府近年的重大决策。我本人曾经协助徐汇区和嘉定区"创全"成功而富有心得,因此,也很想以朱泾为根据地为金山"创全"做点实质性的好事情。什么叫实质性呢?就是老百姓(机关和事业干部之外的群众)第一思维往往是:投入精力做这件事情"对我到底有什么好处"?所以,"创全"或者是"不忘初心"主题教育,就必须考虑群众的获得感。

曾经,大茫村想搞个宅基学堂。即因为我单位上海社科院的背景,朴实的大茫村党总支集体认为加强时事和政策学习是很有必要的。我当然同意,但大茫村民们最需要的恐怕不是理论学习吧?后来在朱泾镇党委的积极指导下,新任大茫村党总支书记周秀良带领班子成员展开了村情民意新一轮的充分调研。于是最近的一年来,群众即村民的意愿越来越清楚了、工作的针对性也更加明确。在自身力量相对有限的客观情况下,大茫村党总支就充分开发区域化大党建资源共同发力。

如村民们要在家门口看戏,而且家家户户都特别喜爱越剧。大茫村党总支就和上海越剧院一团党支部结对,对方也有党建需求即让青年艺术家零距离接触群众和体验农村生活(越剧本来就是从浙江农村戏台上走出来的江南剧种)。于是逢年过节,大茫村村民们就能在家门口欣赏到精湛的越剧艺术。而我应邀出席朱泾镇党委在大茫村举办的越剧下乡活动时,也为艺术家们配写了唱词《暖心娘家》!

受宅基义演的启发,我又把地处徐汇区的上海市第八人民医院党委介绍给大茫村党总支。两个先进党组织一心为民、践行初心,很快展开了被我赞誉为宅基义诊的活动。即八院各科室所有党员骨干医生定期到大茫村展开义诊,并选址建设大茫村的远程医疗站,谋求用先进电子技术展开精确诊断。这个举措是很得群众拥护的,自然也得到了朱泾镇党委书记李士权的高度肯定。而不到4周岁的小般若也知道了八院大医生来大茫村义诊的事情,甚至为了表达对我这个"师爷爷"的感谢,她还特地手工精制了糕点来慰问我。这可让我是不辞长做朱泾人啊!

在对朱泾当地社会发展事物的持续考察中,我还了解到了一个马背上的新金山。江南多舟楫,励志常说"击楫中流"。塞北出骏马,奋斗者偏爱"路遥知马力"。本来这金山、这多情的江南鱼米之乡,和骏马没有太多的直接关联。金山历史上的那些状元,回乡省亲时也都低调得很,他们会捐资造桥,但不追求鲜衣骏马!一直到2019年,上海市体育局有关负责人告诉我:上海将展开青少年马术运动的普及工作,并已经选择了8所学校进行基础训练。对方还告之,其核心训练基地就是在朱泾的上海马术运动中心。于是,我就结识了马术中心的孙建东书记。

我造访了马术运动中心并和孙建东书记深入交流之后,觉得朱泾本土总得有所学校投入普及工作吧。于是,在朱泾镇党委和镇政府的推荐下,朱泾二小被选为接受马术文化普及工作单位。孙建东书记也很高兴接受朱泾二小孙翠英校长的邀请,担任了学校体育的课外辅导员。我本人则在2019年的国庆节前到朱泾二小和少先队员们谈论了马文化话题,也和马术运动中心相邻的大茫村干部聊了我的相关预测。我也感知到,目前的孩子、家长和当地居民其实对此已不陌生了。

我告诉同学们的是:马和狗一样,是人类的好朋友。我们中国人在世界上最早驯服了野马,使马能够为人类服务。这是在1万年前,同时我们的祖先还把野狼的孩子训练成了狗。最初,马和狗为人类服务的主要功能都是狩猎,即为了获得生存的食物。大约6 000年前,中国的北方成功种植了小麦,南方有了水稻;在获得主食是面粉和大米之后呢,中国就进入了农业社会。这个时候,需要保卫家园了,马也就成了战马。马之所以能够成为战马,还和马对主人的忠诚品质相关。

后来,有了国家和战争。由于马的主要产地都在中国北方,北方军队的战斗力就特别强悍。以后同学们学历史就会知道,中国历史上的统一都是北方军队完成的。马背上的中华民族,涌现了很多万世敬仰的民族英雄如岳飞、文天祥、林则徐等,还涌现了特有的文化精品,如李白、杜甫、辛弃疾都有很多气势非凡的诗篇。

我们中华人民共和国的开国元勋,也都是驾驭马匹的高手。"谁敢横刀立马?唯我彭大将军!"这是毛泽东主席讴歌长征中的彭德怀元帅。彭德怀元帅非常谦虚,他改为"谁敢横刀立马?唯我英勇红军"。人民军队的骑兵部队,参加了开国大典。

随着科技的发展,骑兵部队退出了作战行列。但边境巡逻的任务还在,上个月习近平总书记视察了甘肃的山丹军马场,那个军马场已有2 000年历史了;目前这些马匹主要提供用于边境巡逻、草原放牧、特色旅游项目和少数民族运动会的赛马。

孙建东书记所服务的上海马术运动中心,是同国际先进水平接轨的赛马训练机构。孙书记告诉孩子们的是,他和同事们都希望,这里能够诞生未来的奥运会、亚运会和全运会的马术冠军。他还提议"我们金山要培育马术文化,而地处朱泾的上海马术运动中心有80多匹雄壮的赛马,请同学们群策群力,为我们的每一匹骏马起一个温暖的名字。让它们也能和我们一样——面朝大海,春暖花开"!

朱泾二小大队部及少先队员的代表们,自然很兴奋地接受了这个任务。而我和大茫村党总支书记周秀良交流的是:一旦以地处朱泾的上海马术运动中心为行业发展根据地,能够辐射长三角的金山必然成为马术行业的区域枢纽。长三角区域富裕群体多,基础教育及高等教育偏好接轨国际,马术将和高尔夫、沙排、帆船、滨海马拉松一起,成为有利于金山经济、社会发展的时尚体育项目。而随着无人机等人工智能技术进一步介入农业生产,受过基础教育的青年村民会更多地从农田中解放出来。但是他们的新增就业岗位在哪里呢?我认为未来3年会从马术等体育时尚产业中来。而现在,大茫村党总支就应该进行战略思考和相关准备。

这里淳朴的乡土人情和新时代的奋进节奏温暖着我,让我这个异乡人更加热爱金山了。以往我的社会活动区域是徐汇区,如今我成了两地文化交流的志愿者。

介绍得比较多的是金山朱泾农民画,但徐汇的文化人也是见多识广的。其中也有书法家和画家,著名的上海中国画院就坐落在徐汇区域内的岳阳路上;他们和几位我熟悉的徐汇名校校长还纷纷告诉我:早就去过枫泾的农民画村。轮到我认真的时候就特地再去进行了一番朱泾和枫泾的比较,我告知徐汇朋友:枫泾是各地(远的是东北和西北)农民画的集散地,而朱泾是上海本土农民画主产地。

从事文化遗产保护的行家都很清楚,主产地是传统文化活的源泉,对其呵护就得像对藏羚羊生态环境保护一样小心翼翼。朱泾镇和金山区文旅局(我调研时还叫文广局)是很有远见的,即把农民画技艺的发扬光大和扶持画家结合起来。2016年12月13日,在我抵达朱泾镇及大茫村的第一天,韩亚弟就给我引见了本土成长起来的出色画家王阿泥。美术专业科班出身的王阿泥,其实也是朱泾农民画世家的女儿,启蒙者就是她的父亲。王阿泥自己的农民画作品十分了得,带有宋朝工笔韵味;不仅反映了家乡风情,还把江南的四季向我们徐徐展开。

我最喜欢王阿泥的一幅画名字叫《采莲姑娘》,这也是她的代表作之一。画面上的采莲姑娘豆蔻年华的样子:清纯、质朴而阳光,千年江南古镇朱泾的水韵如歌如诗般的脉脉律动;甚至,我自己也想变成一只蜻蜓去驻留在莲花枝头。王阿泥还有自己的工作室,她想发展朱泾农民画这一非物质遗产。她大胆地把大家所喜爱的代表作如《采莲姑娘》延伸开发成文创产品,如精致而优雅地印制在羽扇、茶杯和丝巾等衍生画面上,这样朱泾乃至金山的风韵就能够源源波动成为四海欢歌。当然,王阿泥并不是一个人在战斗。朱泾镇、金山区政协和区政府相关部门都给了她鼎力支持。如今王阿泥们已经把农民画作品送进了进博会场馆。

新时代是最好的舞台,传承是更积极的保护。我们都知道传承是要从娃娃抓起的,而朱泾二小的孙翠英校长就是位有识之人。她自己也喜欢美术,经常在葫芦上画画。更有意义的是,她在学校里开出了农民画的课程,使家乡的这门技艺能够在孩子们的心中活化起来,也成为学校美育的一个抓手。朱泾二小结对的徐汇区高安路第一小学我也熟悉,这个学校是篮球巨星姚明的母校;其特级校长滕平是市人大代表和全国"三八红旗手"。滕平和孙翠英是好朋友,也特重视美育。

滕平校长认为:美育可以很好地陶冶小朋友的心灵,提高小朋友的日常审美能力。在美育熏陶下,小朋友会向上、向善、向美,对其未来的成长会有很大的帮助。小朋友要全面发展,语文数学等主课是学知识、学本领,同时绘画也是种本领。我正好认识高安路一小的一个小画家宋余睿祺,这个目前二年级的男孩在水墨画方面有一定基础,其作品还入选了徐汇区学子献礼国庆七十华诞的画展。

不过,宋余睿祺同学和我谈心时却说到想画昆虫,但他去参观的昆虫博物馆里都是标本(该馆在徐汇区境内)。宋余睿祺曾经在校园里捉住一只活蹦乱跳的青色螳螂,却马上受到了老师的批评,因为女同学会害怕的。于是,小画家的愿景是能否有一个郊区学校可以去交流,并且让他细细观摩鲜活的昆虫习性,这样他的水墨画才会栩栩如生。我当即就告诉他有个地方叫朱泾,曾经是历史上金山县的老县城,也是上海农民画的故乡。他听了很是向往,我也希望他能尽快成行。

(作者单位:上海社会科学院)

上海永太：一家民族服装品牌企业的自信密码

秦万年

在朱泾镇，成立于1997年的上海永太服装金山有限公司（以下简称"永太公司"），是金山一家老牌服装企业。作为一家劳动密集型企业，党建和生产如何两手抓、两促进，一直是企业决策者考量的主要问题。2019年，永太公司以开展"不忘初心，牢记使命"主题教育为契机，围绕"党建和生产齐头并进"这一发展理念，实现140万件出口成衣零次品率。在用工等生产成本急剧上升、行业竞争日趋激烈、服装加工业整体不景气的近几年，企业却实现了迅猛发展，西服生产量居上海首位，产量、产值和税收实现了3年翻番，职工收入每年阶梯式递增……这是一家怎样的企业？是什么让他们如此自信？

一、始终把"海草"精神奉为企业的灵魂

都说一个企业的灵魂，源于企业家最本心的执着与坚持。近年来，社交媒体上火爆的一首《海草舞》曾经火红网络："像一颗海草海草／海草海草／随波飘摇／海草海草海草海草／浪花里舞蹈。"永太公司董事长李长虹每当听到这段熟悉的旋律，就不禁感慨万千，回想起公司在20多年改革开放洪流中，如"海草"一般顽强拼搏的创业之路……

1997年那个寒冷的初春，创业者李长虹一穷二白，当他看到南京路步行街上定制英伦西服不仅耗时长又昂贵，想到上海人在谈生意时又必须要穿一件体面的西服，他便立下远大的志向："一定要让西装工业化生产，让中国人都买得起穿得起西装！"李长虹说干就干，就先从小作坊开始摸爬滚打。

万事开头难,由于李长虹没有专业知识和技术本领,小作坊刚生产出来的西服不伦不类,没有任何市场,这给李长虹来了一记下马威。但李长虹下定决心,如"海草"任凭波涛再汹涌也要扎根生存。李长虹东拼西凑买来原版的英伦西装,将原版西服拆得"支离破碎",再由老裁缝依葫芦画瓢,一针一线地缝制西装,李长虹带领学徒工没日没夜地学习,最后,将制造西服的技术本领学深吃透。

功夫不负有心人,李长虹的小作坊最终成为上海地区较具规模的西服生产基地之一,"海草"精神也铸就了永太品牌。如今,永太公司自主设计生产的一批批西服,已走向全世界。

二、始终坚持党建和生产齐头并进

公司成立当年,企业就成立了党支部,现有党员16名,预备党员1名,公司董事长李长虹兼任党支部书记。20多年来,李长虹将35人的集体小作坊,发展成拥有1 000多名员工的自主出口企业。作为一名有着26年党龄的党员,在李长虹看来,党建是企业发展的重头,员工比订单更重要,"把党建工作和员工幸福工程建设,作为企业发展的前提和保障,确保党建工作和企业发展同频共振"。

在永太公司,党员骨干起到了先锋作用。如陈伟民是公司整理部领班,也是一名党员,家住松江区,每天清晨赶来公司,面对繁杂的工作任务,他总是从容应对,从未有抱怨。非但如此,他还热心帮助同部门一名有抑郁倾向的同事,常主动和其交流思想,关心其工作和生活,发挥了优秀党员示范的辐射作用。

而针对服装企业员工平时生产任务重,党支部开展组织生活一般会选择双休日或者午休时间。同时,在不影响生产的情况下,通过开展文体娱乐活动,调动员工的积极性,提高员工幸福指数。近年来,永太公司借力发挥,先后与市社科院、区委党校和区教育学院结对共建,探索校企合作的新路径。同时,创建金山区"两新"组织优秀党建阵地示范窗口,建立"聚泾彩"永太党建服务点,将企业的党建融入区域化党建网络。此外,企业还与结对共建单位金龙居委会策划成立"预约幸福"工作室,宣传普及心理健康知识,为企业员工提供心理辅导和咨询服务,荣获区域化党建优秀项目。

无处不在的党建文化和细致入微的人文关怀,极大地促进了全员劳动生产率的提升。近年来,面对宏观经济下行、原材料价格上涨、用工成本提高等实际困难,永太公司依然逆势而上,基本完成了全年各项工作任务。李长虹介绍,企业成衣产量、营业收入、出口创汇、上缴税收和员工收入等经济指标均比上年明显递增,真正做到了党建和生产两促进、两不误。如今,永太公司党支部的影响力和号召力不断提高,越来越多的企业员工踊跃提出入党申请,为企业的持续发展注入了更加强劲的生机。

三、始终把产品质量作为企业的生命线

为向管理创新求效益,永太公司团队通过深入研究纺织服装行业"一份合同六项协议"的有关精神,探索形成了一套科学合理的《男式休闲西装和西裤工时工价定额标准》,显著调动了各方积极性,企业的劳动生产成本下降15%,经济效益、完成定额数量和质量比例等方面同比上升10%。由于该标准在促进企业、员工共赢方面的重要作用,被全国财贸轻纺烟草工会采纳并推广实施。

始终把质量立企、效率兴企作为核心战略,坚持从消费者视角看待产品质量,从企业兴衰看待管理和技术创新,不遗余力狠抓生产安全和产品质量。公司把现场5S管理作为质量建设的重要保障,与管理层和员工考核奖励直接挂钩,并成立工厂最终品质管制(Final Quality Control)小组,在产品制作完成后进行最后的全面品质检测,几年来更是连续通过SGS等第三方国际认证,产品质量持续提升,实现140万件出口成衣零次品率的骄人成绩。

正是对产品质量的严格把控和对企业信誉的一贯苛求,产品市场得以不断巩固和拓展。2010年8月,与日本JUST、兵库县贸易株式会社合资创办了上海永优服装有限公司,2014年6月又与4家中外企业合资成立了盐城永太服装有限公司,企业驶上了蹄疾步稳的快车道。

四、始终把员工的幸福指数放在首位

永太公司把员工放在了比订单更重要的地位,认为员工是第一资源,只

有切实践行"以人为本,员工至上"的理念,企业才能最大限度地激发全体员工的积极性、主动性、创造性。为此,尽管近年来生产成本迅速增长,仍把提升员工"幸福指数"放在突出位置,把为员工创造更加体面的劳动机会和工作生活作为自己和企业的重要使命。每年主动为员工加薪,确保职工收入呈阶梯式上涨,倾资100多万元改善员工工作和生活环境,建立图书室和体育活动场所,购置设备设施。为方便外省市员工,10多年来每逢春节都利用包车、购票方式确保他们安全、免费往返。目前,永太关心员工已形成制度化。比如社保、公积金全覆盖,定期走访困难职工,组织全员疗休养,为一线员工提供现磨咖啡,在全区服装行业率先试行双休日制度……一旦员工生病住院、生活遇到困难,支部和工会都会主动前去探望,给予经济补助和精神安慰。

五、始终把奉献爱心作为人生的最大快乐

多年来,永太公司持续参与各项公益活动。如在"爱心助学"方面,与贫困家庭组成帮扶对子,数年如一日帮扶贫困家庭,先后资助了5名困难学子完成学业;此外,还积极帮助18户贫困家庭渡过难关。在社会募捐方面,目前已累计捐资捐物200多万元。20多年来,每逢中秋、春节、重阳等节日,李长虹董事长还积极组织员工到敬老院和贫困家庭等送温暖,并成为企业党组织的导向。

在朱泾镇党委、政府的关心和支持下,永太旗下的广缘大酒店努力为社区老人排忧解难,从2014年2月20日开始,零利润面向全镇65周岁以上老人推出了爱心助老送餐服务,目前已经累计配送助老餐12万多份。"这项工作虽然耗费了我们的不少精力和成本,但我们认为值得,因为让老人得到实惠,是我们最大的愿望。我们将一如既往地做下去,并且做得更好!"李长虹说。这个深受群众好评的"爱心助老送餐"先后被评为上海市和金山区"群众最喜爱的十大社区志愿服务项目",《人民日报》海外版和《解放日报》等主流媒体对此进行了专题报道,受到各级领导的肯定和赞许,为企业持续发展提供了强大的文化支撑。

作为朱泾镇大茫村名誉村主任,李长虹表示要做村里的"出谋策划者、

为民服务者、发展推动者",把"名誉"干成"荣誉"。不久前,他进一步兑现了自己的承诺,经与村委班子研究,准备出资修建一个与市区三级医院对接的远程诊疗室。而为有需求的大茫村民做一点实实在在的事情,也一直是李长虹的心愿。

六、始终把回报社会作为应尽的义务

2020年2月,金山区政协副主席、区工商联主席余雷在走访基层商会企业时,对永太、广缘疫情防控期间坚守初心、不忘奉献的做法给予了充分肯定。

新年伊始,一场突如其来的新型冠状病毒感染肺炎疫情牵动着国人的心,让这一年注定不同寻常。金山区工商联及时发出倡议,要求全区广大民营经济人士面对疫情,做到"守土有责,守土尽责;顾全大局,以义为先;加强沟通,坚定信心"。在防控疫情这个没有硝烟的战场上,区工商联全体会员企业家们挺身而出、齐心协力,驰援一线、民生保障、防疫行动都有他们的身影,书写了"众志成城,共克时艰"的最好答卷。疫情防控以来,市工商联常委、区工商联副主席、永太公司董事长李长虹带领广大酒店的党员和积极分子,深入社区、道口参与防控排摸、测量体温、爱心送餐等志愿活动。同时,组织精干力量,切实做好特殊时期企业的复工安排,确保落实到位,做到防疫无死角、不疏漏。李长虹和企业管理层踏实细致的工作作风,受到相关部门的肯定和点赞,也为复工奠定了基础。

一线在战"疫",志愿者的"吃饭"问题同样不能忽视。对此,李长虹认为作为朱泾镇知名餐饮企业,上海广缘大酒店责无旁贷。在他的感召下,企业利用自身丰富的餐饮资源,在战"疫"期间酒店经营惨淡的情况下,依然不忘自身的社会责任。为了让坚守防控一线的人员吃上一口热饭,李长虹毅然从永太公司调配资金,组织广缘职工加班加点,准备新鲜营养的食材,精心烹制可口、适当的饭菜,每天坚持为朱泾21个村居战斗在疫情一线的防控人员免费配送客饭。截至2月21日已累计配送5 500多份。同时,为了打造餐饮企业疫情防控的铜墙铁壁,要求广缘每天2次进行全方位消毒,员工上班必须测量体温。同时,还对聚餐2桌以上的要求进行劝阻,每天给员工发放医用口罩。如有客就餐需测量体温,询问近期行程和身体状况等,事无巨细、不厌其烦,一切为了食客的健康安全。

根据相关部门的统一部署,永太公司有条不紊地开展各项复工前的准备工作,连续召开3次会议进行布置,根据"金山肺炎防控办"和朱泾工业园区相关文件精神,进一步细化措施,成立了防控工作领导小组,明确采取错峰上岗,外来员工隔离观察,并落实专人对员工每日2次测量体温,对生产车间、公共区域每日2次消毒,要求员工上下班必须戴好口罩,有感冒的员工一律暂缓返岗。此外,在企业先期与工业园区签订复工《承诺书》的基础上,要求门卫、食堂、班组以及全体员工与公司签订疫情防控《承诺书》,强化措施,夯实责任,确保公司有序运行和员工身体健康。2020年2月20日,由区卫健委、区应急管理局、区人社局、区市场监管局、区消防救援支队组成的五部门联合检查组对永太的疫情防控宣传等工作给予了好评。可以说,全体永太人在这场特殊的战斗中经受住了考验。

作为金山区纺织服装商会会长,李长虹主动靠前服务,召集部分会员企业进行座谈,赶赴相关原料企业沟通,共同商讨如何为抗击疫情提供物资支持……《上观新闻》《上海基层党建网》《金山人大之窗》和《今日朱泾》等媒体相继对此进行了宣传推送。疫情是试金石,也是检验棒。对此,李长虹强调说:在这样一个特殊时期,舍小家为大家,尽自己的力量,为疫情防控做一点实事、献一份爱心,是企业家们应尽的回报社会的担当,我们必将义无反顾地做下去,并且要做得更好。风雨之后总会出现彩虹,相信未来的发展机遇仍然会惠顾有担当的企业。

(作者:上海广缘大酒店党支部书记)

心系国防三代情：诞生在
大茫村的一个拥军佳话

沈建明

在上海市金山区朱泾镇大茫村增产十三组,朱惠庆、汪金甫、汪超三代人心系国防情的动人事迹,不仅被全村群众到处传颂,而且被当地政府和教育部门作为爱国主义的活教材,教育青少年固国防、搞建设和求发展。对此,大茫村党总支和村委会在村民素质轮训时,也作为身边人讲身边事的典型事例加以宣讲。这些安排有效提升了村民的整体素质,成为进一步巩固和发展全国文明村工作的强大动力。

三代拥军情的家庭带头人是朱惠庆,他常说自己出生于旧社会,饱受帝国主义、封建主义、官僚资本主义的压迫和剥削,深知"只有共产党才能救中国,没有共产党就没有新中国"的革命道理。在1949年后,百废待兴之时,台湾的国民党反动军队妄图反攻大陆,当时的有志青年朱惠庆深明大义,坚决响应党的号召,保家卫国。在家境贫困兄妹多,负担很重的情况下,他主动向党组织报名参军,保卫祖国,他这一拥军爱国情怀,深深感染和带动了祖孙三代人心系国防情。

如今,朱惠庆已年过八旬。他回忆道:那是1955年3月入伍,随后就乘上赴军营的汽车,经过7天7夜、穿过48个山洞到达福建埔田的炮兵团。通过紧张严格的10个月集训后,他和战友们于1956年1月登上大登岛,开始参加炮打台湾金门岛国民党守军的战斗。一上战场一片紧张的气氛,没有一个营房,战士们全都吃住在山洞里,一出小山洞对方打的弹片就在钢帽上叮叮当当的声音不断。

当时,身形消瘦的朱惠庆一天要打5~6个小时的炮弹,几个小时战斗坚持下来,真是全身骨关节无处不痛。到了晚餐肚子会咕咕叫,但无力吃饭,一下就躺在床上不想动弹。战斗中,对方打来的炮弹声响让耳朵难以承受,朱惠庆就在两只耳朵里塞上橡皮坚持战斗。这样,一连奋战了120个日日夜夜才调换到后方。

到了后方,时过不久一股保国的热情再次涌上朱惠庆的心头。当年的5月初,部队首长提出再次上战场,5月中旬朱惠庆毅然第二次登上大登岛,每个炮弹精准射向金门岛。这样一上战场就是4个月,他的一举一动受到了上级首长一致好评。1958年4月,他光荣退伍回乡,一直保持着部队的作风,并积极关心国防事业。

1979年1月,朱惠庆也毅然把长子汪金甫送往部队这座革命大熔炉。在党和部队的培养、教育和关心下,1982年11月29日汪金甫在部队光荣入党,一名普通战士成为一名出色的消防兵。1982年被评为崇明县优秀团干部,1983年被上海市公安局消防总队评为优秀团干部等光荣称号。

军人好作风,自然得以在家庭中体现。出生于大茫村建设11组的朱惠庆退伍后,兄妹6个的他已是20出头,因家境贫困,1959年春到增产13组做了上门女婿。此后几十年的风风雨雨,一家三代人一直住在不到60平方米的小平房内。但是朱惠庆一心扑在工作和学习上,1961年他参加并担任"大队"扫盲班教师,1970年代初进驻朱泾"一小""二小"做贫宣队工作。只是他家中没有多少积蓄,住房问题从不放在心上。好心的邻居劝他以退伍军人身份,向组织上申请补助,翻建一下房屋,可朱惠庆却与前来相劝的邻居说,"我们要体谅国家的难处,公款不能随便花,要把钱用在刀刃上,用在国防建设上,不给国家添麻烦"。

1984年春,朱惠庆的大儿子汪金甫已退伍回乡,小儿子也已20岁,一家人难以居住在这破房子里,心想翻建3间平房。但是朱惠庆仍坚持不向组织提出任何要求,默默无言地到奉贤南桥镇买了瓦片和木材。可是砖到哪里购买呢?因为此时,一切物资还都是靠计划供应。在老战友的热情帮忙下,他就从金山大桥煤石灰公司要到了10万块砖头的调拨单。当时这么大的调单,他的住房打造只需要5 000块砖,心有全局观念的他就把多余的9.5万块砖的份额无私地送给"大队"。再由"大队"安排需要建房的农户使用,他这种高尚的品格在全大队传为佳话。

参军报国,自有后人来。令人感动的是：汪金甫、汪超父子俩从长辈的谆谆教诲和"民拥军、军爱民"的实际行动,领悟到了什么是"家国情怀"。为了履行保卫公共安全的职责,汪金甫在4年部队的消防岗位上,坚持吃苦耐劳的精神,在一带一枪消防训练中,从不服输,尤其是每年6、7、8月大练兵中,6米拉梯考核达到优秀。1983年退伍后,1984年在上海石化汽车运输公司工作,公司领导看到汪金甫有着丰富的消防经验和管理能力,时过不久就让他当了公司的专职消防干部,他以强烈的事业心和责任感,确保了公司消防安全,1990年被上海市公安局评为先进义务消防员,1994年被上海市公安局评为消防保卫先进个人。

2003年12月,汪金甫把独生子汪超送往部队,光荣成为一名消防兵。汪超干一行、爱一行、钻一行,他在每个岗位上尽心尽责、争创第一,赢得部队首长的充分肯定和战士们的高度评价,并于2008年10月在部队光荣加入了中国共产党。入伍期间的汪超,每周四都会去文明共建单位——晨晖居委会参与健康咨询活动和其他社区志愿者服务项目。他退伍后,在金山烟草专卖局当稽查员,并且时刻以党员标准严格要求自己。由此,他荣获了单位先进员工和优秀党员等称号。

可以说,朱泾镇是块有着双拥热情的土地;朱惠庆一家无疑就是这块热土上的突出代表。无论是在部队,还是退伍回到家乡大茫村,一家三代始终保持着无私奉献、刻苦耐劳的好家风。这不仅仅是其家庭的财富,也是大茫村的骄傲和国防佳话。弘扬这种拥军爱国的优良传统,是我们的责任,更是精神文明的好抓手。

(作者：上海金山区朱泾镇大茫村村民委员会主任)

充分发挥巾帼力量
助力美丽乡村振兴战略

徐 吉

我从小生活在金山区朱泾镇大茫村,大学毕业之后又回到家乡服务基层。目前担任了基层即大茫村妇联主席和党总支委员的职务,一直在朱泾镇党委和大茫村党总支的指导下,积极谋求为民服务并在服务中不断增强自己的能力。这里,请允许我代表大茫村妇联向大家汇报姐妹们的一些工作探索,与读者一起分享。

需要说明的是:仅仅是10多年前,我们村还没有脱离贫困村的角色,"村里的姑娘都想嫁到近镇,村外的姑娘不愿来"。于是时间一长,村里的男青年就觉得难以成家。20世纪90年代后期,乡村企业吸引了外来务工人员,最初是服装厂外来女工和本村男青年成家,接着是工友、小姐妹牵线搭桥。如今我村共有来自安徽、江苏、广西等19个省、市、自治区的外来媳妇157人,每7户人家中,就有1户外来媳妇,占全村总户数的14%。外来媳妇的到来,给大茫村的妇联工作提出了新的要求,如何让她们有真正的归属感是我村妇联亟待解决的问题。在前期每家每户走访的基础上,我村妇联建立了外来媳妇专项服务机制,成立了具有大茫特色的"暖心娘家"外来媳妇联谊会、温馨姐妹创业园和外来媳妇议事团。为外来媳妇的生活、工作、学习搭建平台,并在创业就业、法律维权等方面为她们提供多方位的学习培训,让她们更好地"融入上海",有家的归属感。

一、外人变主人,自治"议"起来

在大茫村党总支和村委会的鼎力支持下,2016年初,大茫村成立了"暖心娘家"议事团,都由外来媳妇组成,共有成员15名,议事形式也根据实际情况采取集中议事、现场议事、上门议事、走访议事等多样的方法,每月约定在妇女之家或者宅基议事,极大地激发了广大妇女群众的热情,真正达到了集民智、汇民意、解民忧的议事目的。村里召开"三支队伍"会议、村民代表大会和村里每年重大实施项目的商讨会,都会邀请议事团的成员列席参加,让她们多了解和参与村里的各项发展,使"暖心娘家"议事团成为大茫村自治建设中的新生力量。

在自治建设中,大家不畏挑战。如2018年开始发动全村广大妇女群众,参与垃圾干湿分类,整治自家院落,清扫门前垃圾,美化家园,改善村容村貌,提高生活质量,一户带一队,一队带一片,一片带全村,垃圾分类从我做起,由点到面全面推开。同时,通过"暖心娘家 宅基学堂"在村埭垃圾分类专题培训,切实有效推进垃圾分类宣传工作,发挥妇女"半边天"的作用,做好邻里的"宣传者"。开展"垃圾分类,变废为宝"环保活动,鼓励村民全民参与垃圾分类,作为"二级桶长"的暖心娘家志愿者们,时常道"总书记说了,垃圾分类是新时尚"。

二、组长变埭长,家园"美"起来

我和姐妹们都认为:"美丽家园"建设立足每个"小家",辐射的是整个"大家"。为此,我村妇联想妇女群众之所想,引领广大妇女和家庭积极参与,在"美丽家园"建设中发挥妇女"半边天"的作用。如通过开展寻找"最美家庭"、"文明家庭"、慰问独居老人等各类主题实践活动,倡导尊老爱幼、勤俭持家、邻里团结的家庭美德,引领每户家庭共同参与美丽家园建设。这方面的工作,我们还得到了金山区委党校老师们的指点和鼓励,被肯定为激发了家庭建设的正能量。

同时,我们把大茫村增产12组后浜埭"美丽养生埭"路面从白色道改建成黑色路面。设计12户农户6块停车场,每家农户家门前种上花果树、蔬菜、薄荷和蒲公英等,形成"小三园"。并在自留地南面,种植品种优良的杜瓜,每逢金秋十月,满棚果子累累,一派丰收的景象。以寻找一个"埭头人",打造一个"宅基点",形成一部"宅基公约",制定一套"环境整洁制度"形成新格局。

三、农户变创户,村民"富"起来

我们发现典型并宣传其事迹。如建设 9 组的肖其会,来自河南,多年前嫁入大茫。她头脑灵活,凭借着踏实肯干,与丈夫一起打拼,开办了工艺礼品有限公司,这已经是她第三次创业,终于成功了。2014 年,还清了前二次创业失败的债务,夫妻俩脚踏实地一步一步向前发展。依托金山和朱泾总体经济发展的良好景气,夫妻俩在其业务方面逐渐步入正轨,除了做玩具贸易,还开创了自己的玩具品牌"欧艾妮"。在其产品漂洋过海到欧洲市场的同时,还带动村民就业 45 名。

同样出色的还有"80 后"的农村女带头人庄琳——上海禾希果蔬专业合作社社长。她带着一股撞了南墙也不回头的冲劲,通过 4 年的努力,拥有"禾希农庄"及"禾希番茄"两个品牌,自建网络营销体系,开展旅游采摘项目,实现网上购买。目前,基地被还评为上海市"双学双比"示范基地,同时带动了生产组的劳动力。对此,前来考察的上海社科院专家曾积极评价为:乡村品牌开发关键在能人。

四、社员变教员,乡风"好"起来

在金山区妇联领导以及朱泾镇妇联的指导下,我村组织妇女群众开展多种形式的活动,搭建她们自我展示的平台。我们认为这能够促进相互了解,增进相互间的友谊。如举行庆"七一"文艺汇演,吸引了 50 多位农村妇女登台表演,反映了她们的群众文化兴趣,也让她们自我展示才华,使她们的业余生活有滋有味。

与上海社科院结对共建,通过社科院智库团队的文化引领,议事团成员每月组织外来媳妇学习读报,并撰写读后感,形成一支具有较强凝聚力的学习型团队。2018 年,以三八妇女节为契机,开展"巾帼心向党 扬帆新征程"先进表彰活动,揭牌"暖心娘家 宅基学堂""暖心娘家"艺术团,激励妇女群众投身大茫发展,感受大茫温暖。早在元代大茫村就有跳花灯的习俗,村妇联组织艺术团团员看望朱泾花灯会的传承人,通过走访,使艺术团团员都成为先进文化的传承者、传播者、示范者、引领者,成为大茫村的文化名片。

习总书记说过:"我们就是要设身处地地想想,假如我们是那里的群众,我们最期盼解决什么,换位思考以后,群众的期盼应该是我们的实际举措。"因此我们踏着群团改革的号角,去更加积极地贯彻落实党的精神,如根据2019年"三八"节前的调研,村里女同志对健康生活,以及儿童保健的高质量科普及预防知识有明确的需求。因此,参与了引进上海市第八人民医院的相关力量服务群众。

五、宅基变学堂,服务"暖"起来

我们热衷开展学习,并从中凝聚大家的智慧。如去年"三八"妇女节刚过的第一天,我们村的"暖心娘家 宅基学堂"里传来阵阵学习的声音。原来是我们大茫村的议事团成员组织妇女群众,在学习"三八"妇女节李强书记的讲话精神。李强书记说,希望全市广大妇女做改革创新的开拓者,要做美好生活的创造者,要做文明风尚的引领者。就这样,村里的宅基学堂里每月都如期开展着多种形式的学习活动。

有一回学习中议事团成员提出,距离最远的老人得步行40多分钟才能到医务室,光路上来回就一个半小时,针对这一现象,老人配药难,村委会想方设法,打通"最后半公里"。经过共同商量,村委会在西部建设组老人茶馆作为村里的健康驿站,每周三由一位乡村医生为建设组村民提供配药、量血压等便民服务。外来媳妇议事团成员龙贵花等人立马表示每星期三去志愿服务给老人送药,出一份脚力,送一份温馨。就这样,一支由20人组成的送药志愿者队伍顺利诞生了。

目前在健康驿站里,一张送药志愿者服务清单清楚地写着送药时间和志愿服务人员联系方式。每周三下午,志愿者从乡村医生那里取药,首先由乡村医生确认,再由两名志愿者将药送到老人家中。这个群策群力的接力服务,得到了大茫村党总支书记周秀良的积极鼓励,也让村里的老人们觉得十分欣慰和温暖。

总而言之,我村妇联在各级领导的关心支持下,依靠全村妇女和每家每户的共同努力,已经成功创建成为全国文明村、全国美德在农家示范点、上海市"妇女之家"示范点、上海市"美好家园示范村"。这是我们今后继续前进的良好基础,我们将继续以群团改革为契机,以开展"暖心娘家"特色活动为载体,为实现在风貌塑造上留住乡村的"形",在文化传承上留住乡村的"魂"而努力奋斗。

(作者单位:朱泾镇大茫村党总支)

金山就业促进中心之大茫宅基送岗目睹记

王泠一

全国文明村金山朱泾镇大茫村,是我的国情调研考察据点。我一直想深入了解一番市委乡村振兴战略实施背景下的就业状况,以及如何进一步增加农民收入的针对性措施。尤其是随着城乡一体化不断发展,非农就业岗位将更多地面临选择。很巧在2019年5月18日一个初夏的上午,由金山区就业促进中心和大茫村承办、朱泾镇社区事务受理中心协办的首场入乡招聘系列活动——"美丽乡村、岗位先行"之大茫村专场招聘会得以成功举行。我全过程地观摩了招聘会。

我知道挖掘就业潜力并不容易,出于具体生活习惯和技能条件的考虑,这里的乡亲们并不乐意背井离乡就业。金山区就业促进中心副主任陈莉就向我介绍道:送到宅基的就业机会,既考虑了农民在学历、技能方面的实际,又遴选了适合普通农民能够尽快通过培训上手的操作性岗位。我在现场,还发现了区就业促进中心朱泾分中心干部以及同心助业巾帼志愿者忙碌的身影。大茫村党总支书记周秀良则感动地告诉我:朱泾分中心与大茫村对接此招聘会,准备了一个多月;大茫村负责了解乡亲们的具体就业愿景,朱泾分中心则走访朱泾以及邻近吕巷、兴塔等多家企业的用工需求;并且先行对乡亲们进行了就业政策的指导。

就这样经过事先大量精细化的努力,招聘会现场出现了18家企业人事干部的身影;总计招聘岗位90个,招聘所需员工数为259人。这些企业的岗位条件,白纸黑字说得很清楚,除了性别、年龄段、文化程度和工资标准,还有很具体的针对性福利。如朱泾工业园的企业提供工作餐和带薪假;有的还免费给单身的员工提供宿舍;有的企业除了包食宿,还提供身体健康年检和节日补助等。

因为是周六,这些企业的人事干部都是义务加班的,不少是女同志。有的企业人事干部孩子还小,家中也没老人照顾,就把孩子带到了招聘会现场。我就和一个叫高嘉阳的3岁男孩迅速建立了友谊,他热情活泼且主动和我交流。我和他都发现了招聘会现场还在进行垃圾分类的普及,展台上有代表分类的玩具般的色彩区别鲜明的4个小盒子;每个小盒子里有20张精致的彩色小卡片画,正面是汉字,反面则是英语单词。高嘉阳下半年才读幼儿园,但他显然接受了早教。于是他就和我一起读小卡片,他还有不同的观点。如"拔丝踢特就是篮球啊!很好玩的。怎么会是垃圾?"又如"凯特就是蛋糕,很好吃的,怎么会剩下啦!"他和我这样童言无忌时,周围的村民们则是笑声不断,那一刹那,我也回到了童年。

在现场,我还看到党员们纷纷在鲜红的横幅下留影。那横幅上的字真是让我很感动,大字是:送岗位、送政策、送服务,旨在为农民求职、企业招聘的"最后一公里"提供便捷的对接服务和信息互动。小字则是:向心力、心响应、新担当,原来这是金山区就业促进中心党支部的党建品牌理念,旨在进一步发挥党员模范作用和党支部的战斗堡垒作用,以更积极的姿态和主动性去发掘新岗位潜力。

而积极发掘新岗位,就需要就业促进中心的每一位党员视村民为亲人,主动出击、深入乡村、延伸服务。我也观察和了解到,这种延伸服务需要消耗更多的个人休息的时间。金山区就业促进中心朱泾分中心主任褚莉萍,在大茫村村民中就享有突出口碑。她似乎不知疲倦,满脸都是笑容,她坦率地告诉我:"不忘初心、牢记使命、保障民生"就是她所在部门的日常工作主题。目前,其部门共设有职业介绍、技能培训、就业创业证、招退工、失业保险补贴申领、来沪人员就业服务等10个服务窗口,由16名工作人员组成。褚莉萍和我谈到了"店小二"。

褚莉萍是这样对我解读的:店小二是古代对服务场所跑堂伙计的称呼,他们看到客人主动打招呼,服务得非常及时,照应得非常周到,有的店小二甚至成了服务的品牌。我们践行群众路线、开展"两学一做"专题教育,也应该把自己当作"店小二",为企业群众提供热情周到高效的服务。在她看来:

店小二干的都是小事杂事、苦活累活,哪里有需要就要顶上,出了纰漏就要自己承担。她甚至还对我说道:店小二这个职业看似没有多少技术含量,但来来回回要脚力,端茶倒水要体力,照应顾客要眼力,回答问题要脑力,举手投足都考验着服务型的本领能力。当好服务企业、群众就业的"店小二",更需要提升能力、增强本领。

在招聘会的现象,我没敢多打扰褚莉萍;她风风火火地处置了很多村民的就业政策咨询问题。我发现只要她很干练地回答了问题,村民的脸色就像是由阴转晴了。而通过和陈莉、周秀良等就业促进第一线干部的交流,我还了解到了随着长三角一体化进程的不断推进和上升为国家战略,朱泾、枫泾同浙江邻近区域的就业信息共享、创业政策互动以及省际交通线路的安排,都是需要直接面临的发展性新型课题。同时,金山和嘉兴农村之间的通婚联姻也在升温之中,这对于跨地区的就业、医疗、子女入学等社会保障课题也提出了新的要求。基层第一线同志们很朴实地和我强调这些都是需要加紧研究的现实课题,而我也感到了迫切性。

随着"青山绿水就是金山银山"概念的深入人心,治水、回收、循环等环保类岗位也在陆续出现在就业舞台上。但环保企业的招聘需要,往往不易说明,也得费番功夫才能让村民们逐渐明白。这既是崭新的就业需求,也是个培训的新难点。但我相信这难不倒褚莉萍这样的店小二,那青春的火焰似乎就是专门用来焚烧困难的。我衷心希望褚莉萍和她的同事们,能够不断地为乡亲们找到新的岗位。

(作者单位:上海社会科学院)

朱泾二小揭牌沪郊首家
东方体育日报中队

王漪涟

说起朱泾二小结缘《东方体育日报》，实在是有一种妙不可言的感觉。那是2019年上半年的某一天下午，在朱泾镇党委的安排下，以大茫村党建顾问、上海社科院王泠一博士领衔的团队做客朱泾二小，从体育兴趣化入手访谈了孙翠英校长。笔者参加了这次接待活动，并陪同王博士参观了学校。对话内容随即在《东方体育日报》上进行了整版报道，反映了朱泾镇体育事业和校园体育的最新亮点。

这篇报道中提及的乒乓球项目，作为朱泾第二小学的运动特色项目之一，常年备受各年级学子的欢迎。学校乒乓球队里就有一对三年级的双胞胎姐妹——柯雨馨、方雨辰，非常引人注目。姐妹俩擅长右手横拍打法，在平日的训练中，心有灵犀的她们连步伐动作都如出一辙，同时，也是守纪律、尊敬老师的学生榜样。

笔者作为球队教练，曾经也是朱泾二小乒乓球队的队员，曾作为队长带领球队取得团体第一的好成绩。而笔者大学毕业后回到母校任职之初，就誓为金山校园体育作贡献，将乒乓球运动发扬光大。当我收到大茫村党总支委员徐吉特地送来的6月24日这期《东方体育日报》时，便迫不及待地带上双胞胎姐妹一起读了起来。我一方面感受到了上级领导们的亲切关怀；另一方面很为朱泾感到自豪。

姐妹俩看完报道后激动万分，回家后就立刻写了一封感谢信，致谢《东方体育日报》主编杜旻老师。信中她们说道：当初被学校选中参加乒乓球队，父母曾有犹豫，因为当时她们还在学习别的运动项目，但体育老师没有就此放弃,几次找家长沟通,终于使得自己成了乒乓队的骨干成员。在刻苦的练习中,在多位老师以及我本人的鼓励和帮助下,她们俩克服种种困难,练就乒乓球技能,也时刻谨记着孙翠英校长的教导:"领先不放松,落后不放弃,关键时刻不手软……"

第二天,姐妹俩就收到了杜旻主编的回信。杜主编表示很高兴收到信件,他感到非常的亲切,并夸赞了姐妹俩的出色文笔。杜主编认为,热爱体育的孩子是幸福的、热爱体育的家庭是美满的、热爱体育的学校是阳光的,体育也是上海国际化程度的风向标;《东方体育日报》爱孩子、爱家庭、爱学校,也一直在努力地为校园体育文化的传播作出自己的贡献。杜主编还希望姐妹俩以后能够多动笔,为《东方体育日报》及时提供朱泾镇乃至金山区的体育发展和比赛项目的新闻。

一次深入心灵的交流,一串传递温度的文字,让七彩二小的师生有了再一次展示自我的机会,也连接起了朱泾第二小学与《东方体育日报》间友谊的佳话。拍起拍落间,必将绽放出一道更美妙的弧线。这一刻,我更是觉得所有的努力都是有意义的耕耘!有耕耘,自然还会有对收获的憧憬:就是能挂牌东方体育日报中队。

2019年9月9日下午,沪郊首家东方体育日报中队揭牌仪式在千年古镇的朱泾第二小学隆重举行。这天,恰逢金山读者热爱的《新民晚报》九十华诞,也正是第三十五届国家教师节前一天;金山师生,就以这样隆重的形式致敬《新民晚报》和《东方体育日报》。

《新民晚报》和《东方体育日报》的资深读者们:如上海社科院王泠一博士、天平街道团委书记黄海君、徐汇区高安路第一小学特级教师袁赟、天平德育圈志愿者代表管敏华;上海马术运动中心书记孙建东、金山区教育局副局长黄萍、朱泾镇党委委员兼副镇长金慧弃、朱泾镇社会事业办主任陈悠佳、朱泾镇大芒村党总支书记周秀良和妇委会主任徐吉;金山区朱泾第二小学校长孙翠英以及师生代表共同出席此次仪式。

活动伊始,东方体育日报中队的少先队员们为与会领导及嘉宾佩戴上鲜艳的红领巾。随后朱泾第二小学孙翠英校长致欢迎词,孙校长欢迎各位领导和嘉宾莅临七彩二小,感谢东方体育日报社董事长杜旻及王泠一博士搭建平台。孙校长表示此次朱泾二小与《东方体育日报》结缘,连接起了朱泾二小与《东方体育日报》间的友谊,也给予了朱泾二小的师生展示自我的新契机。朱泾二小一直以来都非常重视体育,尽管学校场地有限,但每天都给予学生充分的体育运动时间,此次有幸成为市郊第一家与《东方体育日报》牵手成立中队的学校,学校将以东方体育日报中队为抓手,在继续抓好乒乓球传统特色前提下,不断促进校园体育工作迈向新台阶。

在孙校长一番热情洋溢的讲话后,上海马术运动中心孙建东书记、金山区教育局黄萍副局长、朱泾镇大茫村党总支书记周秀良、徐汇区高安路第一小学特级教师袁赟为"东方体育日报中队"揭牌。随后,受东方体育日报社委托的王泠一博士上台讲话,鼓励同学们要努力学习、为国争光,王博士表示将陪伴同学们一起阅读"东体"、享受"东体"。王博士还向所有同学介绍了带有冠军签名的乒乓球拍、第48届世乒赛的书及画册和书籍《小球大乾坤》。第48届世乒赛的书和画册是上海市乒乓球协会主席陈一平特地委托东方体育日报社赠送朱泾二小的;陈一平主席鼓励同学们好好学习、刻苦训练、健康成长,做一个优秀的接班人。《小球大乾坤》这本书的主编则是新民晚报社党委书记、社长朱国顺,书中描述了几代乒乓球世界冠军的精彩人生故事,反映了中国乒乓球的辉煌历程,展现了乒乓的魅力、运动的魅力;该书是2019年上海书展的网红图书。王博士受委托将其赠送给了中队代表柯雨馨、方雨辰,这些极富纪念意义的礼物对于在场的孩子们而言如获至宝。

为了丰富东体中队课程,学校特意聘请了上海马术运动中心的孙建东书记作为校外辅导员,孙书记不仅是乒乓球爱好者,更是乒乓球高手,所以迄今为止他依然保持着一颗热爱体育的心,空余之时还不忘拿起乒乓球拍重温乒乓运动。他用自己的亲身经历鼓舞孩子们有了目标就一定要坚持。活动现场,孙建东书记还给东方体育日报中队(四5中队)布置了一个温馨而有趣的任务——给每一匹骏马取一个温暖的名字。这个任务一发布,台下的孩子们早已按捺不住激动的心情,欣然接受了这个颇具挑战性的小任务,并纷纷表示一定好好发挥想象力,认真完成任务。

接着,三(1)中队的王歆懿走上台前,以致敬国庆七十华诞的名义绘声绘色地讲述乒乓球世界冠军容国团的故事,带着现场同学一同走近这位杰出的乒乓球运动员。王歆懿告诉大家:容国团的父亲容勉之,早年是生活在中国香港地区的一名爱国同胞,他总希望有一个强大的国家和团结的民族作为自己的坚强后盾,因而给自己的独生子取名"国团"。7岁开始容国团与乒乓结缘,靠着自己的刻苦努力,在1959年的第25届世乒赛上勇夺男单冠军,为中华人民共和国获得世界体育比赛中第一个世界冠军。回国后,毛主席、周总理等党和国家领导人接见了乒乓球代表团成员。

1961年,第26届世乒赛在北京举行,容国团参加的中国队以5∶3击败日本队,首获男团世界冠军。1964年后,容国团担任中国乒乓球女队教练,带队获得第28届世界乒乓球锦标赛女子团体冠军。他为中国乒乓球称雄世界作出了杰出贡献,创造了中国乒坛的奇迹。他著名的格言则是:"人生能有几回搏,此时不搏,更待何时!"而这句格言也已经成为中国广大体育健儿的座右铭,时刻激励着他们努力拼搏,坚持到底。故事的最后,王歆懿还向全场的伙伴们发出号召,号召伙伴们学习容国团勤奋刻苦的精神,通过自己的努力,成就更好的自己。

仪式最后,黄萍副局长代表金山区教育局致辞,对朱泾二小在校园体育方面所作出的努力给予了充分肯定及高度赞扬。他指出:朱泾二小克服了操场面积小的困难,激发了学生对体育的喜爱,长久以来一直坚持开展乒乓、篮球、高尔夫等多项体育活动,取得了诸多成绩,这成绩的背后凝聚了朱泾第二小学师生们的努力和汗水。此次东方体育日报中队的成立更是一次良好契机,有利于进一步激发孩子们对体育的热爱,让孩子们有更多机会走向操场、走进大自然、走到阳光下参与各类体育活动,让"体育育人,体育强体,体育增质"的发展理念更深入人心,在今后的工作开展中一定要充分发挥体育中队的作用,为体育事业作贡献。

与会者们也一致认为:此次"东方体育日报中队"揭牌仪式的顺利举行,将进一步促进金山区域校园体育工作的发展。相信在东方体育日报社和学校的支持关心下,朱泾二小东方体育日报中队将开拓创新、锐意进取,为地区青少年体育事业作出更大的贡献。

(作者:上海金山区朱泾第二小学青年教师)

缅怀先贤篇

白求恩故居：
格雷文赫思特小镇上的祭奠

刘　芳

每年的金秋十月，在加拿大美丽的赏枫之旅中，有一个中国游客网红打卡地：位于加拿大北部的格雷文赫思特小镇上的白求恩故居。这是一个圣地。

2019年是白求恩大夫在中国牺牲80周年，我和一批中国作家朋友不远万里前往故居探看；探看他不为人知的青春往事。我们到的时候已是深秋，安静得几乎看不见人的小镇正秋雨绵绵。然而，无论金黄还是火红的枫叶，依旧在枝头坚持最后的陪伴，衬得白求恩故居那栋维多利亚式的果绿色2层小楼，在阴冷中有了童话般的温暖明亮。据说故居的外墙曾油漆成不同的颜色，米黄色、淡粉色，还有如今的果绿色，恰似白求恩这位英雄在不同历史时期被不同的人们所赋予的不同解读。

故居门口有两组雕塑，一组重现了白求恩大夫在中国华北战斗前线手术的情景；另一组则对我们这些中国参观者非常新鲜：瞧，年轻的白求恩戴着西部牛仔帽，双手叉腰，一身工装，他眉头微蹙，眼视远方，英姿飒爽。原来，白求恩出生在一个牧师家庭，自幼生活在加拿大的小镇上，喜爱户外运动。这组雕塑展现的是青少年时代作为伐木工人的白求恩形象。喜爱伐木工作的白求恩与工友们相处融洽，他还教授新移民伐木工英语和文化。正是这份早期工作的历练，使他学会了在冲突面前永不退缩，练就了他勇于冒险的精神和社会正义感。这么酷帅的白求恩哪里见过？同行的漂亮妹妹们排着队和伐木工人合影留念。

白求恩故居旁边就是白求恩纪念馆，馆长斯科特·戴维森听说我们要来,早在3个月前就给我们发了一封未来15年的纪念馆工作规划,并且真诚地希望我们能够为纪念馆工作献计献策。这次,他全程陪同我们参观了故居和纪念馆。

在故居2楼我们首先观看了一个8分钟的视频短片,介绍了白求恩的生平、经历和思想变化,视频的解说使用了英文、法文和中文,为了方便众多的中国游客,其中中文还分普通话和粤语满足大家需要。

白求恩故居是一座典型的英式建筑,房子的内部结构、摆设等均按照白求恩出生时的样子来设计。按照1890年时的经济状况,这样的房子已经算很奢华。由于做牧师的父亲收入很高,因此,家庭才有能力供应白求恩读医学专业。而白求恩45岁时抛弃曾经的富足生活加入加拿大共产党,先来到西班牙战场,后又到贫困的中国抗日战场救死扶伤,才更凸显出他的伟大与不凡。

在白求恩出生的房间里,有襁褓中的白求恩睡过的小摇篮,而在餐厅里,挂着白求恩爷爷的自画像。白求恩的爷爷,是一位外科医生和艺术家。看自画像,白求恩长得非常像他的爷爷。不仅容貌相像,白求恩还很好地遗传了爷爷的才能,白求恩不单是我们熟知的杰出的外科医生,其实也是一位艺术家。

后来到蒙特利尔,在白求恩工作过的麦吉尔大学医学部附属医院,我曾仔细欣赏白求恩于1933年创作的油画《手术室之夜》,那视角的独特,明暗的对比,构图的超拔,让我们赞叹不已。听说,这幅油画曾在蒙特利尔他的个人画展上展出,而热爱艺术的白求恩还资助创办了蒙特利尔儿童美术学校,义务教贫穷的孩子们绘画。鲜为人知的是,多才多艺的白求恩不但写了大量优美散文,还曾进行过小说创作。美国的《进步周刊》发表的第一篇反映中国抗日战争的短篇小说——《中国肥田里的秽草》就是白求恩写就的。

几乎扯远了,继续介绍参观这件正事。看,白求恩故居里,有一张多伦多大学医学院1917届毕业生照片,白求恩那张有名的穿着毕业袍子的照片就出自这里。不为人知的是,照片里还有白求恩的同学佛雷德里克·班廷,他因为发现了胰岛素而荣获1923年诺贝尔医学奖。不得不夸,这真是一个人才辈出的班级呀!

故居还非常注重体验式互动,我穿上同伴给我递来的白大褂,拿起注射器,和后面白求恩在中国抗日战场的巨幅工作照合影,灯光一打,感觉自己妥妥地变成了一位"女白求恩大夫"!而纪念馆外摆设的模拟前线战壕护理区,更让当年的战火硝烟仿佛重新燃起,让参观者对白求恩大夫更多了一份理解和崇敬。

走出故居,来到纪念馆,我们才慢慢了解到:其实白求恩故居并不是他们家的资产。白求恩的父亲出身于医学世家,但他放弃了都市繁华和高薪,到这个偏远荒凉的林区小镇担任基督教牧师。长老会将这处房屋提供给牧师居住,白求恩一家从1889年至1893年居住了4年,而白求恩正是1890年3月4日在这里出生的。直到1970年中加两国建交后,加拿大政府认识到白求恩大夫在中国的影响,遂于20世纪70年代买下了白求恩故居,还在故居旁边开建了白求恩纪念馆,1976年正式对公众开放。

而据加拿大滑铁卢孔子学院加方院长、海外华人作家李彦向我们介绍,她在采访中了解到,自故居和纪念馆在20世纪70年代建成以来,95%的参观者都来自中国——白求恩奉献出生命的地方。还有5%,则来自西班牙,那里也曾经是白求恩浴血奋斗的战场。据说,小镇居民对年轻时我行我素、桀骜不驯的白求恩,远不及对他德高望重的父母那样尊敬怀念。加拿大学者介绍,现任加拿大总理特鲁多的父亲老特鲁多,当年要加拿大外交部出资买下白求恩故居时,还颇受过一番非议,甚至一度被认为这是"没有必要地讨好中国人的举动"。

加拿大研究白求恩的权威、历史学者拉瑞·汉纳特在他的发言中曾经指出,一般人都是年轻时激进,随着年龄的增长越来越趋于平和。而白求恩却是年纪越大,思想越激进。他转向信仰共产主义是在1935年他45岁的时候,那一年他加入了加拿大共产党。那么为什么白求恩成为共产党后,在西班牙战场铩羽而归,却在中国走向了辉煌?面对大家的疑问,此次和我们同行、新华社特稿社原副社长熊蕾的解释是,因为白求恩遇到了中国共产党和共产党领导的八路军。这个党和军队的宗旨方略和行为方式,让白求恩心服口服,因此,最终成就白求恩的伟大的,是中国共产党,是"土八路"。

熊蕾老师深有感触地说:"白求恩故乡对他的冷淡隔膜,与他在万里之外中华大地的家喻户晓,无异天壤之别。"但是,冷热反差的撞击之后,仍有一些人在坚持自己的信仰并努力践行白求恩精神:

其中包括白求恩家族的后代,如来自加拿大贵湖市的阿诺德·白求恩牧师,他曾多次率领亲友奔赴太行山凭吊白求恩之墓。他认为白求恩无私服务的精神,既是家庭传统的因袭,对于今天中加友好关系的传承,也有着重要的意义。而以多伦多大学医学院的心脏外科专家艾瑞特医生为代表的"新时代的白求恩",他所创建的"白求恩医学发展协会"20年来组织了400名加拿大医生,义务前往中国偏远地区提供医疗服务与教学培训。2018年,他成为首名"中国大使奖"奖章获得者。

在文学创作领域,海外华人作家如李彦、薛忆沩等,都以白求恩为写作对象或写作切入点,对白求恩进行了书写和重塑,以求无限接近历史的本来面目。如2016年李彦的报告文学《白求恩大夫的最后恋情》经我编辑后,在《新民晚报·夜光杯》周刊刊登,荣获了上海市第二十五届上海新闻奖一等奖。而刚刚由加拿大两所孔子学院联合举办的纪念白求恩逝世80周年国际研讨会,更提出了一个值得深思的命题——"白求恩精神于今意义何在?"为向历史致敬,更为继往开来,应继承发扬白求恩精神,在实践中加强中加两国人民的文化交流。

那天黄昏,夕阳西下,枫叶如火,我们踏进渥太华的中国大使馆参加"纪念白求恩逝世80周年"招待会。当我们中国代表团在台上一曲《颂歌献给白求恩》唱毕,台下响起热烈的掌声。我明白,并不是我们唱得有多好,只是因为——白求恩,那颗永恒的星辰,在天上照亮着我们。诚如中国驻加大使丛培武先生在致辞中说的那样,"希望大家一如既往地支持两国关系发展,这也是我们缅怀白求恩医生的最好方式"。

(作者:《新民晚报·夜光杯》主编、报社副刊部主任)

百年回眸：
顾维钧校友在巴黎和会之后

郑 蓉

过去的一年是值得留念的，诚如南洋中学党委书记、校长王圣春在2020年的新年致辞中所赞赏的那样：全体南洋人奋起追梦，全力奔跑，用实际行动与祖国同行，与时代共进；用汗水编织梦想，用奋斗浇灌收获！王校长充分肯定了过去一年所有南洋中学做出的成绩，同时也表达了对新一年的憧憬与希望。她还指出：新的一年，全体南洋人必定将满怀豪情，奋勇搏击，再创发展的新高度！

2019年，南洋中学的各类校园活动十分丰富。我自己印象比较突出的是对杰出校友历史功绩的再关注，这方面也获得了不少专家和领导的支持。如在学校纪念"五四运动"100年之际，因研究顾维钧与巴黎和会的课题，就得到了上海社科院王泠一博士的积极呼应。同时，他还提议我，应该和南洋学子讲清楚顾维钧在巴黎和会之后的外交贡献。王博士特地提醒我的是，顾维钧与国联及联合国话题。

国联的全称是国际联盟，即巴黎和会最终所谓成果《凡尔赛条约》签订后组成的国际组织。其成立于1920年1月，解散于1946年4月。1934年9月—1935年2月处于活动高峰时期，曾拥有58个成员国。在世界外交史上，国联被认为是联合国的前身和探索，反映了那个时期政治家们的某些理想。

旧中国的国民政府参加了国联，外交代表就是顾维钧。国联的宗旨是减少武器数量、平息国际纠纷、提高民众的生活水平以及促进国际合作和国际贸易。其存在的26年中，国联曾协助调解某些国际争端和处理某些国际问题。不过国联本身缺乏军队武力(如今联合国有维和部队),所以要依赖大国援助,尤其是在制裁某些国家的时候。然而,国联缺乏执行决议的强制力,未能发挥其应有的作用,其国际制裁的影响力也是有限的。鲁迅生前就批判过国联的软弱性。

让鲁迅先生最愤慨的,就是国联根本无力阻止日本帝国主义对我国东北的侵略。"九一八"事变之后,国联决定派遣调查团调查伪满洲国的情况。顾维钧作为当事国之一中国的代表,参加了国联调查团。顾维钧在国联调查团中的正式头衔是"顾问",国联顾问的工作不仅仅是陪同调查团参与各项调查工作,还需要对调查团提供全面的报告,使政府官员乃至调查团所去各省的高级官员对调查团可能提出的问题做出适当回答,表明中国的基本立场。此外,顾维钧还得负责调查团的接待工作,安排好他们的生活和工作。顾维钧将政府内不同领域的专家集中起来,他们不仅熟悉东北,而且熟悉中国的军事形势、交通问题、中央政府的组织管理,还特别了解列强和外侨在中国的地位,特别是他们的权益以及中国对他们的政策。很快,一个专门的委员会成立了。顾维钧自己则亲手起草了一份涉及整个中日问题的备忘录《中日纠纷问题之总说帖》,代表着当时的谈判底线。

1932年3月14日,国联调查团一行抵达上海。不出顾维钧和他的同事所料,调查团很活跃。他们一到就提出许多问题要了解,顾维钧向调查团递交了各类备忘录。这些备忘录事实详尽,理据充分,对向调查团和国际舆论揭露日本帝国主义的侵华罪行,客观上起了积极的作用。日本政府自然百般设置障碍以破坏实地调查;但在顾维钧的努力下,国联调查团得以在3月下旬离开上海前往东北。

日本政府自然清楚顾维钧的外交才能,为了阻止国联调查团对东北进行正常的调查,反对顾维钧进入参与此事。理由是:东北的局势还不正常,日本在当地的军队无法确保顾维钧的人身安全。而同时,卑鄙无耻的日本政府还故意散布各种不安全的消息,以期对顾维钧施加心理上的威胁性压力。如法国驻华公使盖里多和比利时驻华公使华洛思专程来看望顾维钧的夫人黄惠兰,说是有私事要见她面谈。黄惠兰分别会见了他们,然而两国公使的游说目的和口径是一样的,他们都说从其国家驻东京大使馆得到了可靠的机密消息,顾维钧如果去了东北,生命会受到威胁。黄惠兰自然很是担心并劝顾维钧能否慎重考虑,但他还是义无反顾。

进入东北,顾维钧遭遇更为艰险的局面,他受到日本方面的严密监视。在旅馆,日本军警日夜值班;只要出门了,就有人紧跟其后。顾维钧有每天散步的习惯,一天散步途中他还躲过了日本浪人的暗杀。调查团的其他成员虽无生命危险,但也受到监视。在东北,许多求见者被逮捕,直接提供证据十分困难,间接的联络成了调查的主要渠道。为了完成调查任务,顾维钧想方设法与东北各界人士联系,以求揭露日本侵略的真相。为了避开日本人的干扰,顾维钧在访问人员、地点、提问等细节上下功夫。8月末,国联调查工作结束且发布了谴责日本的报告。

国联的调查报告和关于日本侵略中国东北的结论,并没能遏制日本帝国主义的侵略步伐。当时的中国,只是获得了道义上的同情。但这种同情,还是有助于全面抗战爆发之后的中国,逐步获得了国际各类援助。值得指出的是,顾维钧广交朋友、广设人脉,交结名人贵人、各国首脑,以提升中国外交地位。而早在顾维钧求学哥伦比亚大学期间,他就结识了后来成为美国总统的威尔逊和罗斯福等美国上流社会精英,并跟他们建立了终生的友谊。这在他的外交生涯中,特别是在解决和处理关于中国事务的国际场合中,尤其是对战后安排起到了很多潜在作用。

关于战后国际秩序的安排,实际上在日本在中国、德国在欧洲还没有完全战败之前就已经开始设计了。但要争取中国的合理地位,又是何其艰难。顾维钧与罗斯福有过一次深入交谈,据顾维钧自己的回忆,美国总统罗斯福表述了他支持中国成为战后四强(最后则是五强、增加了法国)的理由——"我们坐下来交谈了将近半个小时。他对我谈了一下苏俄代表对新国际组织表决程序的要求。他还向我讲述了他坚持要中国参加敦巴顿橡树园会谈的事。并对我讲了为什么他要求将中国列为战后负有维持和平责任的大国之一。他说,他希望在世界各地都看到和平。由于有了中国这个地处亚洲的强大盟国,美国就可以将全部注意力放到欧洲。他说:'顾,到目前为止,所有大规模的战争都起源于欧洲。这些战争使世界的其他地方不得安宁,并使人民生命和国家财产遭到了骇人听闻的损失。'就人口而言,中国是世界上最大的国家;就领土而言,中国是亚洲最大的国家;综观中国历史,中国人民是热爱和平的人民。因此他决心使中国成为负责维持世界和平的四大国之一。"这个新组织就是联合国,而一开始的博弈者是美、英和苏联。

联合国的设计和大国间的博弈,几乎贯穿了1945年。此后,顾维钧又作为第二次世界大战胜利国的代表,参与了联合国的策划、筹建和组织的工作。他亲自参与撰写并修改了联合国宪章等重要文献,作为中国代表团的团长,他代表中国第一个在联合国宪章上签了字,确立了中国在世界舞台上举足轻重的地位。

以上就是巴黎和会之后,顾维钧主要外交努力的缩影;他也终于看到了日本帝国主义在中国最后的失败,以及山东和东北的彻底光复。他的一生是丰富和曲折的,诚如我的同事南洋中学李瑾副校长所指出的,对于初学者而言:"关于顾维钧的生平,断断续续参阅许多,很难理出头绪。毕竟他的一生也映射出20世纪百年中华外交、政治以及历史事件的缩影。其中涉及很多著名掌故,值得细细推敲。"而"今天来看顾维钧1919年的外交举措可以理解为——肯定是当时对于弱国无外交定律的强有力转折点。是年1月28日,顾维钧代表中国就山东问题在巴黎和会上发言,驳斥日本要求。6月28日,拒签对德和约。这次拒签在中国外交史上,具有里程碑式的意义。中国第一次坚决地对列强说'不',终于打破了始争终让的外交局面,最后并没有退让。这也是中国外交斗争的新起点。"

李瑾还告诉我:"自己也是南洋中学校友。在我大学毕业回到南洋中学的1996年时,正好是建校一百周年,我参与了教师服务,也看了编纂的一些校史文集,才逐步意识到自己学校的厚重。也可能因为是老师的缘故,总希望把教育资源巧妙地融合到日常与学生共处的日子里去,不仅提升学生,同样提高自己的视界素养。"而关于"五四"百年的感怀,李瑾则强调说:"年轻人一直在各类平台、舞台上完善自己,表达自己。而有为青年还是需要各种担当,为集体、为国家、为民族据理力争,同样舞台后的人们,更需要团结一致,履行承诺,成就梦想!"

而我更觉得"不忘初心、牢记使命"的要求很有神圣感,除了青年教师、学科骨干应该按照学校党委和王圣春校长的工作部署积极行动,对于学校历史文化底蕴的继续探究和从中吸取合理的思想养料、坚定对中国梦的道路自信,是一个值得我不断深化的课题。这方面,我认为可以结合学校党的建设,更加积极地探索如何培养人、培养什么人、为谁培养人的思政目标。与此同时,也可以进一步地发挥团员干部和学生社团的积极作用,促进优秀学生代表自主学习、了解国情和服务社会,并把他们的成果及时发布以带动全体南洋学子"五育并举"的氛围。

(作者:上海市南洋中学党委副书记)

林徽因——从大学校徽到
新中国国徽的设计

要 英

中华人民共和国七十华诞,自然让人缅怀那些被称为脊梁的民族精英。在上海的各个学校,给学生们讲解中华人民共和国的诞生就成为一个热门的课题。不过,和往往是上海世博会之后才开始有兴趣了解中国的留学生们进行交流也是富有挑战性的。

说起一代才女林徽因,现在所谓喜欢民国往事的人总是第一反应往往是"人间四月天"或者是"再别康桥"。她确实是一位出色的诗人,散文也是相当的优美。林徽因,这个美丽的名字里有个徽字。早就知道她设计了国徽,后读哈尔滨出版社推出的林徽因传记——《不慌不忙的坚强》,才知道早年的她还设计过大学校徽。而这本可读性很强的林徽因传记,也成了我给留学生们备课的好帮手。

就像鲁迅设计了北京大学的校徽一样,那时候文人多才多艺;林徽因设计的是东北大学的校徽。林徽因出生于笔者的故乡杭州,从小就有绘画天赋。虽然她的求学志向和梁思成一样痴迷建筑学,但他俩在1924年同赴宾夕法尼亚大学留学时,梁思成按照预定计划进了建筑系,而林徽因进了美术系,因为当时美国高校建筑系是不收女生的。不过,她旁听建筑系的所有课程,居然在1926年的春季就成为宾大建筑系的助教。在美国学有所成之后,他们俩就去欧洲游历。

几乎在同一时间段,力图振兴中华的志士们有了明确的科教兴国设想。1923年,沈阳创办了东北大学。学校借鉴德国柏林大学的布局设计,以"知行合一"为东北大学校训。1928年即日本军国主义者蓄意制造皇姑屯事件的这一年,张学良在"东北易帜"的同时成为东北大学第三任校长。他提出了"研究高深学术,培养专门人才,应社会之需要,谋求文化之发展"的办学宗旨,先后捐出其父张作霖留下的大部分遗产约 180 万银圆,用于学校扩建校舍、高薪礼聘著名学者、购置国外先进实验设备、资送优秀学生出国。当时,东北大学就已设立了理、工、文、法、教育等较为齐全的学科体系,而各学科学会、学术刊物以及学校实验工厂也迅速地发展起来。这在当时的中国社会,可是领风气之先的。

这一年的 8 月,结束欧洲旅行考察的梁思成、林徽因夫妇应张学良校长邀请来到东北大学,着手创建中国高校第一个建筑系。与此同时,张学良校长认为大学应该有一个符合国情和地域特色的标准性校徽并个人出资悬赏。一年后,在征集到的各类校徽方案中,林徽因设计的"白山黑水"校徽图案脱颖而出、力拔头筹。1929 年的林徽因,芳龄只有 25 岁。但在她很引以为豪的东北大学校徽设计思路中已蕴含着国家危机。她解释其图案主题是"被列强围绕、形势逼迫仍然巍然耸立的皑皑白山和奔腾不息的滔滔黑水"。两年后爆发九一八事变,全东北沦陷。

东北沦陷,东北大学无法在沈阳立足而被迫迁到北京(北平)。1932 年 7 月,张学良校长出资 8 000 银圆资助东北大学学生、100 米全国纪录的保持者刘长春参加在美国洛杉矶举办的第十届奥林匹克运动会。7 月 30 日,刘长春手执国旗阔步走在奥运会开幕式上,成为中国首次参加奥运会的唯一运动员。同时为揭露日本侵华暴行,流亡关内而出战奥运的刘长春赛服上就印着林徽因设计的校徽!然而,并没有因为这样的抗争,侵略者就会停止自己的步伐。林徽因和东北大学的学子一样,开始了自己的流亡生涯。在颠沛流离的生活中,她发出了乡愁的呼唤。

可以说,林徽因长年生活在多灾多难的祖国,遭遇的民族危亡是空前的。《不慌不忙的坚强》告诉读者:林徽因的三弟林恒就是一位殉国空军烈士;他牺牲在 1941 年 3 月的成都上空,年仅 25 岁。3 年后的忌日,林徽因写下了《哭三弟恒》的悲壮诗篇:"弟弟,我没有适合时代的语言,来哀悼你的死;它是时代向你的要求,简单的,你给了。这冷酷简单的壮烈是时代的诗,这沉默的光荣是你"!显然,在这样危机四伏的时代背景之下,所谓林徽因的浪漫只是现在不知情者的臆想。而随着国民党军队战场上的节节败退,真实情况是：面对日本侵华军队的不断沿长江的西进压迫,后在四川流亡的林徽因已做好投江殉国的准备。

好在最悲剧的设想没有出现,中国共产党领导的全民族抗战最后获胜。而在重庆的上层建筑舞台上,同为著名建筑学家的梁思成、林徽因夫妇和西南联大的教授们集体加入了民盟。民盟又在后来反内战、反独裁的斗争中坚定地和中国共产党并肩战斗,并且在解放战争后期京沪等大城市的第二条战线上,成为知识分子的光辉旗帜。所以,在中华人民共和国诞生前夜的舞台上,民盟及其领袖也是英勇无畏的开国元勋！对于这一点,我认为有必要让更多的年轻人加以充分认知。

如民盟争取了一部分国民党军队的起义,这被认为"有大功于人民"。不过民盟更大的贡献是参与了新的政治协商会议,包括对国歌、国旗、国徽等国家主要象征符号的探讨。而在1949年7月,全国人民政治协商会议筹备会(即新政协)为了迎接新中国的成立,就在《人民日报》刊发了向全国征求国旗、国徽及国歌词谱的启事。其中明确提出对国徽设计的要求是：要有中国特征;要有政权特征;形式要庄严富丽。有意思的是：国歌、国旗确定之后,国徽却暂时空缺着。

也就是说,如今我们非常熟悉的国徽没有来得及出现在开国大典上。截至1949年8月20日,共收到国内及海外华侨寄来的国徽稿件112件,图案900幅。这些稿件和图案虽各具特色,但都有不足之处,故都未被采纳。在这一新的历史时期,梁思成、林徽因夫妇积极筹备了清华大学建筑系。为了赶在1950年的国庆节挂上新国徽,直接接受周恩来总理任务的清华大学教授梁思成、林徽因夫妇,随后就夜以继日地忘我投入国徽的设计工作中去了。而事实上,那时候林徽因的身体极为虚弱,因为她在1948年年底切除了一个肾脏,很长一段时间都是卧病在床。但接受了周总理的任务之后,仿佛一切病魔都被林徽因击退了。

林徽因曾设计了4种国徽样图,最后一张成为如今的国徽。终于在1950年9月20日,中央人民政府主席毛泽东向全中国颁发了公布国徽的命令。国徽挂到天安门上,林徽因设计组有功人员8名;每人后来得到了800斤小米奖励。不过,这些奖励却是在不久又被林徽因设计组集体捐赠给了抗美援朝的前线战士。

中华人民共和国成立后,东北大学得以回归其诞生地沈阳;并曾经因中华人民共和国成立初期的全国院校调整而更名为沈阳工学院。1993年,国务院决定恢复东北大学校名,并联系到了在美国安度晚年的张学良,聘请其为名誉校长。在中华人民共和国的新时期,东北大学先后研发出我国第一台电子模拟计算机、第一块超级钢,以及取得了钒钛磁铁矿冶炼新技术、钢铁工业节能理论和技术、控轧控冷技术、混合智能优化控制技术等一大批高水平科研成果。如今其办学目标是"做中国新型工业化引领者"。

值得指出的是:沈阳,是林徽因梦想起步的地方。而中国人民志愿军出国作战集结地也是沈阳。抗美援朝,是中华人民共和国的立国之战。随后朝鲜停战的外交文本封面上,就印刷着林徽因主设计的中华人民共和国国徽。还可以告慰她的是,1984年夏季也是在洛杉矶(第二十三届奥运会),中华人民共和国体育健儿第一次亮相在奥运舞台上。健儿们赛服胸前就辉映着鲜红的国徽,宣告着东亚病夫时代的一去不复返。

最后,让我们完整地看一下林徽因教授给后人解读的国徽构图:中华人民共和国国徽中间是五星照耀下的天安门,周围是谷穗和齿轮。麦稻穗、五星、天安门、齿轮为金色,圆环内的底子及垂绶为红色,金、红两种颜色在中国是象征吉祥喜庆的传统色彩。天安门象征中国人民反帝反封建的不屈的民族精神;齿轮和麦稻穗象征工人阶级与农民阶级;五颗星代表中国共产党领导下的人民站起来了。

(作者单位:复旦大学国际文化交流学院)

不忘初心：雷经天六十周年祭

王泠一

捧着《走近雷经天》，不仅能够重拾历史的记忆、红色的基因，也让我禁不住地想起自己求学的往事。那些年、那些人，都已经远去；但我对这样一位共产主义者的了解从片段到全面，却已前后经历了40年光景。很怀念帮助过我的人！

我第一次知道革命前辈雷经天的英名，是在1979年秋季。那时，我刚刚进入初中阶段学习，改革开放伟业启动了。我初中的政治课，一方面讲拨乱反正的伟大意义；另一方面讲邓小平的历史功勋。这个时候，我就知道了"刘邓大军"、知道了"淮海战役总前委书记邓小平"，还知道了更加早期的革命业绩"百色起义"。因为老师特地强调"百色"读音是"伯色"，于是，我和同学们记住了这个远在广西壮族自治区的地名和这一起义的其他领导人如张云逸、雷经天等。

1985年夏季，我参加上海的高考文科考试；历史科目的复习提纲里涉及中国共产党在第二次国内革命战争时期领导的武装起义，时间上依次是南昌起义、秋收起义、广州起义和百色起义。关于百色起义，老师要求考生记住的关键是：由邓小平、张云逸、雷经天领导；随后建立了左右江革命根据地和红七军、红八军。当时，我已经知道张云逸后来成为新四军的主要领导人，是开国大将；但雷经天后来的革命征途如何是不清楚的，何况在高三也找不到具体史料。

好在不久就去复旦大学历史系求学，本科阶段还有两位来自广西的同学刘登云和施显悦；他们分别来自桂林和钦州，对广西的革命史比较了解，给了我一些地方志方面（当时叫乡土历史）的帮助。30多年前的大学专业历史教材上,关于广西地区革命伟业的记录中,百色起义和再早些时候的太平天国金田起义都是重要的概念,虽然具体文字篇幅都不多。这就让广西的同学,在课堂上感到很是自豪。除了洪秀全、雷经天等广西革命英雄,我还知道一位参加百色起义的壮族革命英烈韦拔群,因为我读中学时看过一本"小人书"(连环画)《拔哥的故事》。

  同学们还是比较好学的,尤其是课后。最初,是在历史系自己的资料室,刘登云翻到一些广西高校的文科学报总是让我看看,几乎每期都有当地红军和革命根据地研究的学术论文,不过雷经天与百色起义的内容还很罕见。那时,广西的学术界视野也比较开阔,包括桂系军阀及抗战的研究也已经起步;来复旦大学交流的广西历史学家就给我们讲过李宗仁的台儿庄战役。1987年秋季,邯郸路复旦大学校门对面的文科图书馆建成开放,这对我和同学们来说是个大事,分管副馆长正好由历史系资料室主任王明根出任,自然对我们历史系的学子很是关照。

  这种关照,现在大学里的孩子是很难理解了,不是指在图书借阅方面给我们本系学子以照顾,复旦大学图书馆是图书面前人人平等的。如教授借书超越了1个月的期限,本科生也想借阅这本书了,图书管理员照样去催促教授。我和刘登云以及还有一个喜欢了解党史的上海籍同学屠宝迪,遇到的悉心关照是检索便利方面的指导。因为技术原因的限制(后来百度搜索的发明者当时也在读大学),我们本科生要自己找到一篇学术文献往往要耗上1个多小时。王明根教授是行业内知名的版本学家和目录学家,他的大脑也简直是近现代史学术论文的检索库。比如说我要知道百色起义或者是左右江革命根据地的最新研究成果,王明根教授就会马上告诉我在《广西师范学院文科学报》某年某期以及中国革命史相关刊物上。

  关于雷经天的革命功勋,也是王明根教授告诉我的——毛泽东给雷经天写过信。那是在长征之后的陕甘宁革命根据地了,雷经天作为边区高等法院院长审理一个叫黄克功的中级军事指挥员杀人刑事案;毛泽东特地写了信给予了相当具体的司法指导。雷经天和高等法院在毛泽东的指导下,严惩了黄克功;黄克功在被处以极刑前也听取了这封信的诵读并表示低头认罪。雷经天还对陕北群众做了大量的、必要的司法普及工作,使案件审理成为中国共产党从严治党的著名案例。

不过在我大学三年级第二学期的 1988 年春季,毛泽东给雷经天的信及其案件背景还是很神秘的党史文献资料,属于内参系列。所以,我从文科图书馆阅后回历史系的第六宿舍,告诉刘登云和屠宝迪时,他俩都很吃惊的。大学本科的学涯很快就结束了,刘登云和施显悦各自回了广西老家工作,屠宝迪则去了上海某区政府任职基层;为了生活他们都改行了,不会再关心党史研究以及雷经天前辈了。我因为得到了在上海社会科学院历史研究所继续深造的机会,硕士研究生的专业方向也是中国近现代思想文化史,还有条件继续关注党和红军的革命艰辛。

1989 年的冬季,我有幸认识了学术泰斗、上海社会科学院院长张仲礼教授。他是享有国际声誉的中国近现代经济史权威,对太平天国运动以来的各省地方志还特别熟悉。他很高兴地告诉我地方志极为重要,他的博士论文是在华盛顿大学完成的(后来成为学术名著《中国绅士》);著作中关于近代士大夫阶层的收入和消费、交际等史料主要来自各省地方志,而这些地方志在美国华盛顿大学、哥伦比亚大学、哈佛大学等研究东方著称的高校图书馆居然很密集。他告诉了我早年精读各类广西地方志的情况,如太平天国起义、百色起义时的社会经济状况和民众生活背景,都足以证明民不聊生和官逼民反。关于百色起义,张仲礼先生很兴奋地告诉我——这个起义的核心领导人雷经天,就是 1958 年 9 月成立的上海社会科学院首任院长、参加过二万五千里长征!张仲礼还说,自己获得华盛顿大学博士学位后就努力争取回国,而第一个接待他的领导就是雷经天。

张仲礼到上海社科院工作后,就始终没有离开过这个单位。最初,他的部门是经济研究所,课题则是雷经天批准立项的上海民族资本企业的调研。张仲礼回国后早期的学术成果有《荣家企业史》《江南造船厂史》等著名经济史权威著作,这是后话。关于雷经天在党史上及红军时期的革命功勋,张仲礼院长让我搞清楚后告诉他。这是我很感兴趣的课题,上海社科院图书馆给了我极大的便利。不过,最权威的成果则是集体努力的结晶——《走近雷经天》,不仅有光明,也还有曲折。

在书中,读者可以得知因为反对"左"倾机会主义给革命造成的损失,雷经天在百色起义后不久是被撤销领导职务的;在井冈山中央根据地还被怀疑,是周恩来做的担保,才有继续革命的"资格"。他是带着不公正的"结论"

参加中央红军的长征的,但党性使然,他无怨无悔地参加了各类组织工作和火线上的战斗。

史诗般的著作《走近雷经天》,如实地记录:在85年前的秋季,中央红军被迫开始进行战略转移,雷经天当时却是没有职务、没有党籍的。他本是1925年入党的原红军将领,这么老的资历,却成为一个没有党籍的老兵,而且就一直维持着这个身份跟着部队打仗;而和他差不多资历的那些人中,很多都是红军的高级指挥员了。最初的长征途中,他是连队的文书;进入广西后,他又成为一名伙夫。后来有红军战友回忆雷经天——"每天背着一口沉甸甸的大铁锅跋山涉水、行军打仗、烧水做饭。"当长征的队伍途经桂北即他当年曾经战斗过的故土时,有地方干部劝他留下来就地革命;因为以他的才华随时随处可以干出一番大事业,何必"背着黑锅"呢。但雷经天不为所动,并考虑到他一走虽然自己不必背锅行军了,但其他背"黑锅"的同志就会受牵连,问题可能再也说不清楚。

他相信党中央,也相信"历史会还自己一个清白"。遵义会议后,他的境遇有所改善——调保卫局当侦察员。到达毛儿盖时红军有过短暂的停留,他被调入刘伯承任校长的红军大学(抗大前身)为文化教员。就在那里,雷经天结识了红军大学的政治教员、后来他的搭档——上海社会科学院的首任党委书记李培南。

长征途中,雷经天还遇到了一个关键人物——他的老乡,也是百色起义时的战友莫文骅。莫文骅是后来的开国中将、装甲兵司令;他也出身书香门第,写了很多关于长征的回忆录,多次涉及老领导雷经天的细节。在他的回忆中:雷经天善于化装、勤于调查、会讲方言、吃得起苦;善于和少数民族群众打交道的雷经天还有侦察员的天赋,征战路上经常要先去摸清敌情——皎平渡口就是一例。

长征史料显示:1935年4月,莫文骅任红军干部团政治处主任,团长和政委分别是陈赓和宋任穷。4月29日,红色干部团进抵彝民地区,继而奉中央军委命令抢占皎平渡口,强渡金沙江。袭取皎平渡口,对红军的整个北进战略方针的完成有着决定性的意义,事关党中央、中央军委和中央红军的生死存亡。侦察员雷经天摸清了这些情况:"敌人已占领其上、下游所有的渡口,扼守着对岸,而且已烧毁了岸边老百姓的船只,而后面还有10多万敌人兵分三路追来。如果不能夺取渡口,将是前无去路,后有追兵,后果不堪设想。"由于事关重大,中央军委副主席周恩来于30日亲临干部团作战斗动员,并派总参谋长刘伯承与宋任穷率领干部团一个营及工兵等作为先遣营出发,莫文骅和陈赓率领团直属队与一个步兵营、机炮连等紧随推进。红军干部团的勇士们,凭着长征磨炼出来的两只"铁脚板",不顾疲劳,克服一切困难和险阻,强行军280余里崎岖山路,活捉敌人30多名,没收了厘金局盘剥群众的税款5 000块大洋,顺利控制了皎平渡口。接着,他们打败了前来抢夺渡口的敌军一个营,开辟了挥师北上的前进道路。

后来,雷经天随毛泽东的部队最先抵达陕北,并且在毛泽东的关怀下,中共中央组织部部长陈云为雷经天恢复了党籍和名誉,于是他从延安开始了新的革命征程。在抗战时期的延安,雷经天先后担任过中央粮食部秘书、陕甘宁边区高等法院法庭庭长、代理院长、院长等职务。他就是在法院院长岗位上,审理了党史上著名的、后来被拍摄成电影的"黄克功案件",由此,也奠定了雷经天成为中华人民共和国法制建设元勋的历史地位。雷经天也参加了决定中国命运的解放战争,并率领两广纵队从山东战场打过黄河、打过长江,最后直接解放了家乡南宁及广西全境。

广西解放之后,雷经天就按中央决定转业,并先后成为广西政府以及中南法院的领导人。雷经天革命历程的最后一站在上海,他成为华东政法学院院长和上海社会科学院首任院长、上海法学会首任会长。1959年8月11日,一代儒将雷经天病逝于上海社会科学院首任院长的岗位上,年仅55岁。这么多年来,雷经天一直被他昔日的红军战友及子女、法院系统同事和社科院学者们深深地怀念着。

本来,上海社会科学院出版社推出《走近雷经天》之后,我一度认为已经功德圆满了。但是,今年一位不愿意透露姓名的中学历史特级教师却告诉我:现在中学的历史教科书上已经没有雷经天和百色起义的相关介绍。这让我内心感到很不安,想起雷经天早年投笔从戎,在黄埔军校就是政治部宣传科科长,参加了北伐和南昌起义,又是广州起义和百色起义的主要领导人之一;他在广州起义中还身负重伤,在长征途中也差点因饥寒而牺牲,怎么如今传播他的事迹这么困难?

于是,我找到了志同道合的红色基因培育者——南洋中学校长陈宏观、民盟徐汇区委主委于东航,一起议论这一我觉得不怎么合理的现象。我们深入探讨后一致认为:先烈的事迹必须得到积极传播,雷经天的故事必须有人来讲述。为了更好地执行习近平总书记关于思想政治课的重要讲话精神,积极做好徐汇海派德育的布局工作,并纪念百色起义90周年和中华人民共和国诞生70周年,经雷经天的儿子雷炳坚先生首肯,我们就在2019年秋季新学期于南洋中学设立"雷经天班",直接让初中生们去寻找、去发现、去走近雷经天,去传播他的故事和情怀!

(作者单位:上海社会科学院)

王亚文：战斗在黎明前的十里洋场

王泠一

大浪淘沙尽，岁月如歌还。在纪念上海解放70周年的日子里，我再次精读了这本惊涛骇浪的《策反英杰——王亚文传奇》。王亚文，湖南醴陵人，1910年出生于务农世家，为家中次子，因家境相对宽裕而在当地接受了新式的中学基础教育。他的理想本来是做个读书人，但乱世总是激荡着他的书桌。他13岁就参加了安源路矿大罢工，结识了刘少奇和李立三，两年后成为中共党员。他16岁考入黄埔军校第四期，与林彪是一个宿舍同学。黄埔期间，他参加了东征和北伐，因英勇战斗、身先士卒，被周恩来誉为"小钢炮"。他17岁参加了毛泽东领导的秋收起义，之后还考入北京大学并参加了"一二九"学生运动。28岁开始，在周恩来、董必武、叶剑英等领导下，王亚文成为我党隐蔽战线的骨干。

皖南事变的消息，就是由王亚文第一时间传入重庆周公馆的。1941年1月16日，王亚文与几位朋友拜访程潜，正说到兴奋处，蒋介石打来电话。接电话后，程潜神情异样地对在座的人说："刚才蒋委员长来电话说，新四军军长叶挺被俘，副军长项英被击毙，要我今晚去开会，明天宣布新四军叛变，取消新四军的番号。"王亚文内心很震惊，瞅准机会借口离开，避开特务耳目，冒险立即由密道进入周公馆，汇报这一重要情况，使得党中央及时作出应对决策。蒋介石独裁政权宣布取缔新四军番号仅3天，延安便下令重建新四军军部，领导新四军坚守长江南北。

1947年3月，中国人民的解放战争即将进入战略反攻阶段，中共中央军委决策核心就以其前瞻性的战略眼光预见到——"蒋介石必定会在上海这座远东第一大都市孤注一掷"，决定先期选派精干、忠诚的骨干在国民党反动政权驻守于上海的军队中进行策反,使解放上海时发生的损失减少到最低程度。在选派骨干人员的讨论中,董必武提议此项任务非王亚文莫属。肩负特殊使命的王亚文,化名张子舒潜入上海。在董必武指示下,由时任华东野战军对敌作战部部长、城市工作部部长沙文汉(后为中华人民共和国首任浙江省省长)代表刘伯承和陈毅、粟裕领导王亚文工作,并正式任命王亚文为上海策反工作组组长。由此到1949年5月27日即26个月的时间里,王亚文开启了自己一生中最为波澜壮阔的谍海生涯。

这26个月时间里的惊心动魄,长期以来并不为人所知,甚至不少专业的党史工作者和研究人员也是所知甚寡。我是1985年从上海延安中学考入复旦大学历史系的,1987年上半年两位青年讲师张济顺(后为华东师范大学党委书记、教授)和张云(后为上海党史研究会会长、教授),分别给我和同学们讲授中国现代史和中国革命史。他们所熟悉的都是解放军三大战役等正面战场,对于上海如何迎接解放主要聚焦在复旦大学、交通大学、同济大学等高校的青年学生运动上。关于隐蔽战线的斗争和革命先驱的大智大勇,我和同学们主要还是通过《永不消失的电波》《渡江侦察记》《战上海》等中学时代就已熟悉的经典影片来了解一些历史故事的。毕业于复兴中学的孙崇文和余春雷同学,曾经在主题班会上很自豪地介绍过鲁迅在虹口、红色电波在虹口等上海的往事。余春雷同学的家,就住在鲁迅公园(当时叫虹口公园)对面的黄渡路;她陪我瞻仰过邻居的家——李白烈士的故居,那时这故居还没有向公众开放呢。而另一位上海籍的同学屠宝迪,则明确地告诉过我,和唐朝大诗人同名的李白就是《永不消失的电波》中李侠的原型。

但我在很长的时间里,对王亚文前辈是一无所知的。我听说王老前辈的大名,已经是在上海社科院历史所攻读硕士学位期间了。记得是建党70周年即1991年的上半年,我当时是社科院研究生的学生会主席,算是进步青年。社科院党委书记严谨、研究生部(现在叫研究生院)主任胡振平研究员和我的导师李华兴教授,都希望我能够在研究生中带头学习中共党史,去了解上海迎接黎明的艰辛岁月,并且参与抢救地下党前辈的口述革命回忆录。我很认真地投入了这份研究型工作,也一心想整理出一些革命斗争的宝贵史料。经组织安排,我在华东医院见到并采访了陈修良老前辈,她就是沙文汉的夫人。陈修良是1925年入党的老同志,她的入党介绍人是向警予,她是南京最后一任地下党市委书记,之前的八任书记都牺牲了。我采访时,她的身份是上海社科院党委顾问,正在病榻上奋笔疾书革命回忆录。交流当中,她丝毫不谈自己的惊险往事,哪怕是曾经的出生入死的片段;她主要和我叙述了潘汉年的不朽功绩,还提到了我极为陌生的王亚文。陈修良老人家了解到我高中毕业于延安中学,大学毕业于复旦大学历史系,但又第一次听说王亚文的大名之后,很不满意!因为上海解放后,王亚文就担任了延安中学(最初叫真如中学)的首任校长;她让我自己去好好了解王先生。

陈修良老人家还希望我把王亚文的上海地下党功绩整理出来,但我没能完成这个很庄严的任务。虽然王亚文当时是社科院经济所副所长、研究员,我还从当时社科院副院长夏禹龙(也是地下党骨干)那里知道了一些片段,但是在社科院的走廊里,王亚文听了我的请求之后只回答了 6 个字——"现在还不能说。"第二天,夏禹龙特地安慰我:到 1999 年上海解放 50 周年的时候也就是 50 年解密期到了,有些档案就能开放,有些故事就能公开,王亚文先生一定会接受你的专题采访,但是,这年 10 月的最后一天,王亚文去世了。

他带着很多"深海的秘密"和他的忠贞,静静地走了,这让他的同事、战友和党史专家们深深地惋惜着。又过了 10 年即上海解放 60 周年之际,上海社科院和其他红色基因丰富的单位一样,在市委宣传部和中共上海市委党史研究室的鼓励下,积极展开了抢救地下党革命史料的学术工作。如在上海社科院党委书记于信汇教授的关心下,社科院老干部办公室推出了夏禹龙的口述回忆录。在这之前,则由作家、社科院文学所的董德兴老师推出了史诗性专著《策反英杰——王亚文传奇》。这不仅是对王亚文最好的纪念,也让我得以知晓那些黎明的幽光。

董德兴在《策反英杰——王亚文传奇》中明确无误地告诉读者:王亚文一到黎明前的上海,就居住和工作在牌号为虹口东体育会路 20 号的一栋小洋房里,这是沙文汉用他岳母的 15 根金条买下来从事秘密联络的核心据点。这个时刻,王亚文联络最为关键和频繁的是中共党外干部张权将军(能够接触蒋介石政权核心机密的国民党中将),王亚文自己则是国民党军的少将。张权的寓所是离东体育会路不远的麦加里(Maijiali)即溧阳路 965 弄,在天水路、海伦路之间。因 1920 年由麦加利银行兴建而得名,其占地 0.4 公顷,当时有楼房38幢、居民400余人。目前,弄堂内还有上海总工会秘密机关旧址,为上海的市级文物保护单位。

一直到1948年冬季,王亚文收集到的很多军事情报,都是他到黄渡路交由李白电台发往淮海战役总前委。而张权则根据中共地下党上海局的要求,利用其国防部中将观察员的合法身份到沿江前线"视察",驱车跑遍了国民党军队在长江的千里防线,在渡江战役之前几乎每个营地、每个炮台都察看了。回到上海后,张权就立马来到东体育会路20号的小洋房阁楼上,与王亚文夫妇一起,三天三夜未合眼,将沿途记录、速画的一大包小纸片一一铺在地板上,由擅长绘图的张端元对照着绘制成一张巨大的《长江沿岸江防图》,连同王亚文从吴石将军那里秘密获得的《国民党国防部全国军备部署图》,一并交给了沙文汉。由于李白电台已经被破坏,沙文汉另行安排地下党的人力交通员迅速送达江北解放军的前敌指挥部,这对解放军胜利渡江、攻打上海和解放全中国起到了至关重要的作用。

现在回想起来,这些关键情节在《渡江侦察记》拍摄之际都是无法公开的机密。所以,影片中只能是解放军派侦察战斗小分队,在江南游击队的配合下,获取了国民党军队的江防沿线第一手情报,再由战斗英雄泗渡过江交给前敌指挥部。

除了军事情报的收集、绘制和传递,更惊心动魄的就是从敌人内部和最关键岗位策反对方、瓦解对方。《策反英杰——王亚文传奇》中就这样记载:1949年2月王亚文与周应聪(公开身份是国民党海军参谋长、少将),成功策反国民党海军主力军舰"重庆号"巡洋舰舰长邓兆祥率舰起义。王与周,两人在上海地下党的身份分别是起义海军政委和司令。邓兆祥出生于广东省高要县,1930年赴英国格林威治皇家海军学院、英国海军鱼雷学校深造,他刻苦钻研、成绩优异,熟练掌握了鱼雷、航海、信号、舰炮等专业核心业务,归国后即有"英国海军通"的美誉。他参加了抗日战争的对日海战,痛恨国民党发动内战以及四大家族的无耻行径。在起义的前一天,邓兆祥接到国民党海军司令桂永清的命令即要他率舰赴江阴要塞,阻挡解放军渡江。2月24日子夜,在上海地下党的积极支持下,邓兆祥和王亚文事先精心组织的"士兵解放委员会"骨干把数十名态度暧昧的官兵悄悄缴械,一瞬间全舰就全部掌握在起义者手中。25日凌晨,邓兆祥一声令下,重庆号这艘吨位最大的国民党海军军舰驶出吴淞港;于26日6点安全抵达烟台解放区。邓兆祥和起义官兵迅即得到了毛泽东的通电嘉奖!

董德兴对此评价道:这艘国民党最大军舰的起义,带动了国民党海军第二舰队以及随后的一批军舰起义,极大地震撼了日暮途穷的国民党反动统治。就在"重庆号"巡洋舰投奔光明后不久,王亚文与周应聪加紧了和海军第二舰队司令林遵的起义接洽工作。林遵,是民族英雄林则徐的侄孙,其父亲林朝曦曾供职于北洋海军,参加了甲午海战。由于祖辈的影响,青年时代的林遵就满怀振兴中国海军和雪耻甲午战败的豪情。他曾赴德国学习潜水艇技术,日本投降之后,他即率"太平""中业"两舰接收南沙群岛,并在主岛上立碑"太平岛"以宣示领土主权。

林遵同样痛恨国民党政府的腐败无能,以及军内派系林立和排斥异己。早在抗战时期的重庆,林遵就和王亚文成为推心置腹的朋友,表达了向往光明和跟着共产党一起干的意愿。1949年4月21日,人民解放军百万雄师强渡长江天堑,国民党军苦心经营的千里江防瞬间被多处突破。国民党海军垂死挣扎,准备与南京共存亡。此时,王亚文借用周应聪的专车急赴南京,代表党中央向林遵下达了立即率舰队起义的命令,同时要求他起义后设法找到解放军进攻南京先头部队的首长。在得到王亚文的具体指令之后,准备工作做得相当充分的林遵立即率领第二舰队30余艘军舰,于4月23日在长江江面起义;并在陈修良即南京地下党的帮助下直接成功地接洽了解放军先头部队首长,坚决地粉碎了敌人固守南京的迷梦。在王亚文等同志的努力下,在上海解放前夕相继成功参与海军起义的共有70多艘军舰。这些军舰和邓兆祥、林遵等将领,旋即成为人民海军初建的中坚力量。同时,王亚文还对国民党空军的50余架飞机起义发挥了积极作用。

5月,上海解放前夕,王亚文与张权拟定了上海武装起义周密计划,并得到了陈毅、刘伯承前敌指挥部的批准。按计划,届时张权将亲自率领一支部队,配合人民解放军强攻四川北路的敌警备司令部,然后直扑复兴岛,以期赢得上海的和平解放。起义时间定于5月16日上午10点,前一天则是王亚文与张权的最后一次接头。但是上海国民党陆军部队阵地起义,由于一个中校军官的出卖而功亏一篑,张权不幸被捕。坚贞不屈的张权,21日以自己的壮烈牺牲,确保了所有参与起义者的安然无恙。此时,离上海解放只有6

天。上海解放后,张权将军得到了隆重追悼,并最后安葬于龙华烈士陵园;他也是陈毅市长签发的第一号烈士证书的主人。半个世纪之后,王亚文也安葬于龙华烈士陵园,与昔日战友重新相伴!

(作者单位:上海社会科学院)

东北老航校:中国空军英雄诞生之地

姜浩峰

在中国人民解放军空军成立70周年之前,2019年空军航空开放活动在空军长春机场举行。完全可以说,东北与人民空军缘分不浅。人民军队的航校,诞生在中华人民共和国成立之前。而人民空军的成立,离不开东北航校等作为基础。

回顾历史,1946年3月1日,中国人民解放军第一所航空学校——东北民主联军航空学校(东北老航校),在吉林通化成立。成为中国战斗机甚至民航飞机飞行员的摇篮,至今不绝。如今,已举办到第7个年头的人民空军开放活动,有几年恰恰是与空军航空大学开学典礼一起举办的。回顾从东北老航校到空军航空大学的历程,完全可以说,航校,是英雄辈出之地。抗美援朝战场上令美军闻风丧胆的著名战斗英雄王海、张积慧、刘玉堤、李汉、邹炎、王天保、高月明等,到2001年在海南上空与美军机撞击、为保卫祖国而献身的81192号歼-8飞机飞行员王伟,包括民航系统的中国机长们,都是解放军系统航校毕业生。

一、先有航校再有空军

1949年11月11日,中国人民解放军空军司令部在北京成立,原军委航空局撤销,其人员及业务移交空军司令部。由此,11月11日成了人民空军成立的纪念日。作为一个独立的军种,空军当然不应该只有飞行员,包括机务、领航、场站、气象、通信、仪表、参谋人员,都需要培养。"罗马不是一天建成的",早在抗战胜利之际,1945年9月18日,东北民主联军总部在沈阳成立,参谋长伍修权就开始筹划组建航校。当年 12 月 20 日,东北民主联军成立航空委员会,伍修权任主任委员。该委员会当时有 3 项任务:一是组织人员赴南满各地搜集飞机器材。二是确定航校的办校任务、招生、训练的大政方针。三是把国民党投诚起义的空军驾驶员、投降的日本航空兵技术人员组织到一起,充分发挥他们的技术专长,在最短的时间内培养出中国共产党和人民军队自己的飞行员和飞机机械修理人员。

在此之前,中国共产党领导的人民军队虽然还没有空军,但也积累了一些航空人才。譬如 1937 年 5 月,中国工农红军四方面军余部 400 余人到达新疆迪化(今乌鲁木齐)。当年 10 月,中共在新疆成立八路军办事处,与新疆军阀盛世才建立统一战线。这四百余人对外称"新兵营",利用苏联援助盛世才的装备做教具,以苏联和盛世才的军事教官为老师,学习汽车、炮兵、装甲车、无线电和航空等不同专业。其中航空技术人才的培养,尤其受到中共中央的特别关注。中共从延安抗大、保卫部和摩托步校选调 19 人,与"新兵营"优选的 25 人共同组成航空队,学习飞行和地勤等航空技术。1940 年初,"新兵营"大部分官兵提前回延安,而学习空军技术的学员则留下继续学习。1942 年,由于形势变化,盛世才完全投靠蒋介石,包括航空队在内的 140 多名中共党员全部被囚禁,直到抗战胜利后才得以回到延安。接着,他们马不停蹄,在曾任"新兵营"理论教员的著名飞行专家常乾坤的率领下,从延安出发,冲破敌人的重重封锁,跋山涉水,赶到了东北。去东北的还有国民党空军的起义人员刘善本等。毛泽东在接见刘善本等人时曾指出:"去东北也是一个万里长征,那里生活很苦,但英雄有用武之地。"

加盟航校的还有日本人。1945 年 10 月,中共东北局决定收编归降而来的以林弥一郎为队长的日本航空技术人员——飞行员 20 名、机械师 24 名、机械员 72 名,以及各类空勤、地勤人员近 200 人。让他们集体加入东北民主联军。随即成立沈阳航空队,并指派刘风、黄乃一、蔡云翔、林弥一郎负责航空队工作。1946 年 3 月 1 日,人民军队的第一所航空学校——东北民主联军航空学校在吉林通化正式成立。林弥一郎被任命为主任教官。理论、实践、训练、教学,都在艰苦的环境下展开。由于蒋军飞机发现通化机场,进行轰炸,导致多架飞机受损,航校在成立仅 1 个月后,就搬迁到牡丹江。然而,牡丹江的海浪机场也曾遭到严重破坏——地面上没有像样的建筑,跑道上尽是弹坑。好歹等航校师生将机场修理得能用了,敌机又来轰炸了。1946年11月,航校再次搬迁到更北方的东安。东安如今的地名叫密山,和牡丹江之间的列车仍要运行五六个小时。当年的艰苦条件,如今更是难以想象——用马拉飞机,集体出动人力推着火车走。搬迁时负责押运的学生队学员,每人配发一支枪和30发子弹,遇到土匪就得停下来战斗。千辛万苦,完成搬迁。

东北的山林,寒风刺骨。到达东安后,由于住房简陋,师生们不得不戴着棉帽子睡觉。在"一切为了前线"的号召下,后方的物资供应十分困难:航校在缺乏汽油的情况下,曾用酒精替代,让飞机能够升空;飞行人员的棉衣都是用面袋子缝的。东安倒是也有一些土特产——大豆、豆油、白酒、猪肉等,但这些物资又得通过好不容易谈判成功开设的边境贸易,与苏联方面交换航空汽油、棉布、棉花、汽车、食盐等物资。

1948年1月,东北民主联军航空学校更名为东北人民解放军航空学校;1949年5月改名为中国人民解放军航空学校。于是,人们习惯称东北民主联军时期的航校为"东北老航校"。从1946年3月至1949年11月空军司令部成立前夕,这所航校在三年半的时间里,共培养出各种航空人才560名。其中,飞行员126名,机务人员322名,领航员24名,场站、气象、通信、仪表、参谋人员88名。为中国空军的不断发展壮大孕育了第一批精良的种子,在人民空军的历史上写下了光辉的一页。

二、速成奇迹从哪里来

1949年10月1日,东北老航校的毕业学员驾机编队通过天安门上空,接受党和人民的检阅,向世界宣布:中国必将拥有强大的人民空军。抗美援朝的战场上,5名空军一级战斗英雄中,有3人出自东北老航校——王海、张积慧、刘玉堤。二级战斗英雄中,李汉、邹炎、王天保、高月明出自东北老航校。

为何东北老航校能一下子诞生一个英雄群体呢?在空军哈尔滨飞行学院理训系刘丽馨教授看来,得从一开始的人才选拔说起。刘丽馨说:"当'东北老航校'的校舍、教员、设备都基本齐备时,在学员选拔上,大家出现了分歧——在学员选择的先决条件上,是更看重学员的文化基础,还是政治基础?其中大力主张把政治条件放在第一位的代表就是林弥一郎。他忠告我们培养飞行员,说空中没有万里长城。他说你们要培养的飞行员一定要忠诚于你们。"

经过激烈的争论之后,航校最终采纳了林弥一郎的建议,把政治条件放在首位,其次是身体状况和年龄,最后才是文化基础。在这样的选拔条件下,航校建设者很快就从各作战部队与山东抗大的1 000多名学生中选拔出了105人,这其中就包括张积慧、牟敦康、林虎和孟进等后来在抗美援朝空战中叱咤风云的战斗英雄。从教学的角度分析,当年将文化基础放在选拔学员的最后一关来考验,对林弥一郎的教学来说,实则是添了麻烦的。进航校学习的很多学员,文化课底子很差。差到什么程度?第一堂航空理论课,飞行教官在黑板上写下了这样一道数学题——"$15 \times 26 = ?$"得到的"答案"是讲台下绝大多数飞行学员大眼瞪小眼。这样的情况,在其他国家的航校中是不可思议的。在中国来说,也是前无古人后无来者的。但"东北老航校"师生并没有被这个现实情况所吓倒。

林弥一郎根据现实情况,带领一干教员,编写了适合当时中国学员实际的教材。然而,仍有不少学员感到,学理论比打仗、攻碉堡还难。但再难也挡不住学员们的斗志,不知道熬了多少夜,费了多少心思,这群曾经连四则运算都不会的学员们,硬是把航理掌握了!即使是有所心理准备,认为政治过硬的中国学员一定能学好飞行的林弥一郎,对此也感到震惊。然而,学好航理,只是第一步。按照飞行训练的常规情况,想训练一个飞行员,要完整地经过滑翔机适应、初级教练机学习操作飞机、中级教练机训练仪表飞行和队列飞行,然后才能上高级教练机训练复杂气象飞行和战术动作,最终才能上真正的战斗机,成为一名可以实战的飞行员。

然而,"东北老航校"几乎没有初教机、中教机,即使高教机也很短缺,并且是从"捡洋落"那里东拼西凑出来的东西,危险系数可想而知。换句话说,"东北老航校"学员一上飞机,就面临生死考验。1947年冬天,东北老航校迎来了年度最后一个飞行日。如同往常一样,飞行学员马杰三与教官一同登上了拼凑的飞机,滑翔、起飞。然而,危险说来就来,刹那间,机头一仰,倒扣下来,翻着跟头,扎向地面,是"螺旋"!千钧一发之际,马杰三沉着应对,推杆、蹬舵,瞬间,飞机改出——也就是恢复正常飞行。如果飞机不能及时改出,面对的将是机毁人亡。

后来成为王牌飞行员和中国空军司令员的王海在训练飞行时,因为没有初级教练机,要求直接用"九九"式高级教练机完成学习。在空中,王海大胆的动作甚至吓着了带飞的林弥一郎。不过,林弥一郎也并非不顾一切大胆让学员"自我放飞"。后来在抗美援朝战争中一举击落了号称美国空军王牌飞行员戴维斯而闻名世界的战斗英雄张积慧,在"东北老航校"期间,是同一批学员中最后一个被放单飞的。张积慧看到别人都放飞了,只有自己被卡,心里一万个委屈、不服气。然而,林弥一郎说,身为教官如果对学员不严格要求,那就是对学员、对中国人民的"最大的不负责"。在林弥一郎的精心指导下,张积慧又刻苦练了起来。最后他的单飞放得非常成功。

三、一花催得百花开

"兴凯湖畔重升空,蓝天复练基本功。敌机残杀仇必报,枕戈待旦看明朝。"这是当年飞行教员队队长吕黎平在日记本中留下的一首诗。当然,除了枕戈待旦准备打仗以外,"东北老航校"探索总结出的一套在战争年代组织飞行训练,以及机务、后勤保障、思想政治工作的规章制度、方法,为创办适合中国国情的航校积累了丰富的经验。1949年3月8日,"东北老航校"校长常乾坤、政委王弼等到当时中共中央所在地——河北省平山县西柏坡村向中央领导汇报航校工作时,毛泽东高兴地说:"很好,过去在延安办不到的事,今天办到了。你们为今后正式建立空军做了准备工作,培养了一些种子。"

1949年8月,已确定担任空军司令员的刘亚楼受命率领代表团赴苏联商请援建中国空军有关事宜,8月24日与苏联政府达成协议,由苏联帮助中国创办6所航空学校。中华人民共和国成立后,迅速组建了7所航校,分别是在哈尔滨和长春建立2所轰炸机航校,在锦州、沈阳、济南和北京建立4所歼击机航校。特别是为充分发挥"东北老航校"留下的人员和装备之作用,中央军委又批准在牡丹江再建一所运输机航校。12月20日,中央军委颁布命令,将上述航校依次命名为中国人民解放军第一至第七航空学校。

校址确定后,人员的选调又成了首要的任务。空军领导经认真研究,报请中央军委批准,各航校校长人选全部由东北老航校抽调有飞行经验的干部担任,政委则从各野战军中选调。由此,也可以说,一花催得百花开,空军最早组建的7所航校,都流淌着"东北老航校"的血液。如今总部位于长春的中国人民解放军空军航空大学,由原空军长春飞行学院、第七飞行学院和第二航空学院于2004年6月9日合并组建成立。其前身恰恰就是"东北老航校"。

在2019年度空军开放活动前,空军新闻发言人申进科称:"在新时代练兵备战中,空军注重加强电子战能力建设迈出了新步伐。'擎电'演练作为空军实战化训练的新品牌,正在牵引空军电子战能力全面提升。空军坚持不懈开展实战化军事训练,形成了'红剑''蓝盾''金头盔''金飞镖'和'擎电'五大品牌,全面提升空军综合作战能力。"中国空军的实力,早已发生质的飞跃,而当年"东北老航校"精神内核仍在,仍将培养出新一代英雄……

(作者:《新民周刊》社首席记者)

天平德育篇

天平德育圈：
以德育人的新时代社区探索

高 路

青少年是祖国的未来、民族的希望。习近平总书记在2019年3月召开了学校思想政治理论课教师座谈会，会后我走访了天平居民刘西拉，他是上海交通大学土木工程系的教授，是受邀参加座谈会的唯一一位非思想政治课老师。习总书记与他亲切握手，他非常感慨，他觉得总书记的讲话高屋建瓴，不仅是对思政老师的要求，更是对所有教育工作者乃至全社会的要求，我想这也是我们在街道谋划社区教育工作的重要遵循和核心内容。

天平街道红色基因聚集、人文底蕴深厚、名人名家荟萃，同时，辖区内有大中小幼学校20余所，这么丰富的德育资源和教育资源汇聚在一个社区，在上海乃至全国可能都为数不多。怎样让身边的"红色基因"成为社区青少年思想道德教育的源头活水？2014年，我们在上海社科院和徐汇区教育局的指导和支持下，启动"天平德育圈"项目，打通社区、学校、家庭之间的横向联系，持续开展未成年人德育实践活动。经过5年多探索，天平德育圈已成为一个"没有围墙的德育实践平台"、全体社区成员踊跃参与的"行走的思政课"。

一、近年来的探索与实践

（一）寻访践行，德育入脑入心。"天平德育圈"以"红色建筑和榜样人物"为载体，以"寻访和践行"为途径，组织学生利用暑期到居委会开展实践活动，并通过"三个一"实现德育资源的立体化、可视化："一张地图"（学生通过网站寻踪、图书导引、居委访谈等路径，确立"红色经典""人文底蕴"两大主题线路,绘成"天平30分钟德育圈"地图),"一个平台"(组织学生对红军将领后人进行专访,邀请社会名流、有识之士与学生们畅谈理想信念,在《新民晚报社区版·天平家园》上开辟专栏,丰富"德育圈"参与方式),"一本手册"(制作《德育圈微课程》手册,作为社区学校校本读物,发放至辖区内中小学和所有居民区,扩大"德育圈"辐射效应)。

(二)分层施教,不同学段纵向协同。"天平德育圈"根据不同学段学生在认知、情感、行为上的发展规律,设计针对幼儿园学生的启蒙教育、小学生的习惯养成、初中生的互动讨论、高中生的寻访践行为重点的德育实践活动。如:与上海市委机关幼儿园联手举办"小手牵大手"共绘文明墙活动;与徐汇区第一中心小学联手举办韩慧如、秦鸿钧革命事迹展;携手市二中学开展"三寻访"活动,发动学生寻访社区内的红色建筑、优秀校友和革命志士,帮助学生树根立魂等。

(三)丰富载体,爱国主义教育形成长效。"天平德育圈"将丰富的红色教育资源和重要节庆活动相结合,组织各学段学生积极参与到社区丰富多彩的主题教育活动中,形成以传承红色基因为特色的爱国主义教育长效机制。在世界反法西斯胜利70周年、长征胜利80周年、建军90周年、十九大召开等重要时间节点,通过主题征文、专题报道、主题展览、舞台剧等形式让学生参与其中,将远大理想、爱国情怀和奋斗精神根植于心。

二、成效与体会

"天平德育圈"以共建、共享、共育的有效实践,打通了学校、家庭、社会三结合开展青少年思想道德教育的"最后一公里",是街道落实习近平总书记立德树人要求的重要抓手。各项成果在人民网、中国文明网、《新民晚报》、文汇APP、《新民周刊》、《东方体育日报》等媒体刊登录用,街道相继荣获"2017年全国社区教育示范街道(乡镇)""上海市未成年人思想道德建设工作先进单位"等荣誉。随着项目深化推进,我们感到:

(一)要坚持改革创新,不断强化思想道德教育的责任担当。街道作为城市发展和社会治理的重要单元,有责任建好立德树人的社区平台。通过与学校寻找德育共建契合点,导入优质资源,树立德育品牌,提升社区成员的思想道德水平。

（二）要坚持有效管用，不断优化思想道德教育的方式方法。教育只有入脑入心，才能实现其重要功能。在德育圈建设中，我们把发挥学生主体意识作为核心动力，找到学生所喜欢的德育载体和形式，比如前阶段在永嘉新村"都市之光"公共艺术空间举办的"德育圈"学生艺术展，就是一个很受家长、师生欢迎的方式。

（三）要坚持联动融合，不断丰富思想道德教育的资源支撑。我们突出互联、互补、互动，调动社区楼组、区域单位、学生家长共同参与德育圈打造，营造了"三全育人"良好氛围。近年来，随着学区化建设的不断推进，"德育圈"还逐步吸纳了徐汇中学"少年中国梦孵化基地"、钱学森图书馆等一批徐汇优质教育资源，在社区开展思想道德教育的示范效应和辐射效应不断扩大。

三、设想与展望

习近平总书记在全国教育大会上指出"培养什么人是教育的首要问题"。对此《上海面向2020年加快推进教育现代化实施方案》做出了明确呼应，"天平德育圈"也将在以下方面继续努力：

（一）注重"德育融合"，社区家庭学校实现同频共振。将社区红色基因嵌入学校思想政治课程，实现课程体系模块化。

（二）强化"身体力行"，让学生在社区实践中成长。德育的目标是为了实践，在垃圾分类等文明实践养成方面，天平的学生要走在前列。

（三）扩大"功能半径"，增强"天平德育圈"社会效应。期待"天平德育圈"以它特有的凝聚力和感召力，吸引更多区域外的优质资源加入，使得"德育圈"成为立足天平，辐射全区，引领风尚的德育品牌。

"立德树人，构建育人共同体"是"天平德育圈"一以贯之的宗旨。今后，我们将不断丰富育人内涵、拓展育人渠道、改善育人环境、提升育人能力，不断深化育人共同体的内涵和外延，为"立德树人"贡献社区的一分力量。

（作者：上海市人大代表、天平街道党工委书记）

天平街道：致敬人民艺术家秦怡

王泠一

红十月，上海频频连接着国家荣誉。10月初，市委书记李强在京出席中华人民共和国成立70周年庆祝活动回沪后，就走访看望了"人民教育家"国家荣誉称号获得者于漪、"人民艺术家"国家荣誉称号获得者秦怡，代表市委、市政府表示热烈祝贺并致以崇高敬意。其中，人民艺术家秦怡是徐汇区天平社区居民。

李强说："一个国家、一座城市的发展进步，离不开千千万万英雄模范的奋斗奉献。我们要深入学习贯彻习近平总书记在中华人民共和国国家勋章和国家荣誉称号颁授仪式上的重要讲话精神，大力学习弘扬英雄模范忠诚、执着、朴实的鲜明品格，奋力建设与共和国综合国力和国际地位相匹配的社会主义现代化国际大都市。"对此，天平街道党工委、办事处予以高度重视，并融入主题教育活动。

值得指出的是：秦怡大姐获得"人民艺术家"国家荣誉称号，新华社9月17日就正式公布了。第二天即9月18日上午，天平街道党工委书记高路、副书记李琼等就和笔者一起商议，如何表达天平社区对这位德高望重的人民艺术家致以深切的敬意。高路说：秦怡大姐是社会主义核心价值观的人格化，当然是国家的宝贵财富和艺术骄傲；同时，她也是天平社区邻里和谐、文化睦邻和道德风范的时代坐标。秦怡大姐的优秀品质和优雅气度，是全体天平居民的楷模！

于是，天平街道党工委迅即完成了给秦怡大姐的致敬信，并决定由天平德育圈的红领巾来宣读。因为胡歌是向阳小学的知名校友，该校注重将优秀的国产影片包括秦怡大姐的经典作品开发为爱国主义影视教材。这封致敬信就决定由向阳小学学生社团鲁迅知己社的朱沐恬同学在学校广播台诵读,同时宣讲秦怡事迹。

天平街道党工委致敬"人民艺术家"秦怡

敬爱的秦怡老师:

在中华人民共和国七十华诞前夕,欣闻您获得"人民艺术家"国家荣誉称号。对此,天平街道党工委对您和您的家人表示热烈的祝贺。您的荣誉,就是我们天平街道的、徐汇区的、上海的荣誉。

秦怡老师,我们都是您忠实的影迷。您在《铁道游击队》《女篮五号》《青海湖畔》等不朽作品中塑造的光辉形象,哺育了我们几代人。

最美就是夕阳红!特别要感谢您的是,多年来,您无私地奉献于社区先进文化的培育工作,为我们打造了"名家坊"这一全市著名社区文化建设品牌。您的高风亮节,永远是我们的精神财富。

秦怡老师,天平街道"不忘初心、牢记使命"主题教育活动已经拉开序幕。我们将以您为榜样,永远保持共产党员的先进模范作用和勇于奉献精神。与此同时,我们将把您的报国故事通过天平德育圈的平台,让更多的孩子了解您、学习您。

最后,我们代表天平社区全体居民向您致以节日的问候!

天平街道党工委
2019 年 9 月 18 日

在诵读致敬信和宣讲秦怡奶奶事迹之前,向阳小学进行了精心的准备。如范建军校长亲自给红领巾们讲述秦怡作品故事,毕竟时过境迁而历史背景让现在的孩子们有些陌生,如《铁道游击队》就需要加以说明,笔者也参加了这些准备工作。

如"60 后""70 后""80 后"都十分熟悉的《铁道游击队》经典主题歌曲《弹起我心爱的土琵琶》,目前仍然是各类群众文艺演出中极受欢迎的曲目。但是在九龄童女孩朱沐恬、罗少男眼里——"爬上飞快的火车"是难以理解的。因为她们都乘动车远行过,生活经验告诉朱沐恬"爬上火车"是不可能的,而且是"违法"的。而罗少男还有新的疑虑,即《铁道游击队》是否是以前拍的

"抗日神剧"?

对此,范建军校长、大队辅导员姜颖老师等和笔者一起备课,给红领巾们讲解了两回秦怡奶奶电影作品的时代背景。家长们也利用国庆长假机会,带孩子们走进影院、走近献礼影片,感知"遗爱斑斑在,勿忘缔造难"。天平街道党工委副书记李琼、办事处副主任董明,热情地为孩子们找来秦怡奶奶的社区奉献事迹:

如在2006年的一个冬日,秦怡走访收留了30多位"智障学员"的社区阳光之家:3位年轻的学员用口风琴演奏了一曲《我爱阳光我爱家》,整齐的旋律,欢快的乐曲,在大厅里回响。一曲演罢,秦怡便热烈鼓掌并夸孩子们吹弹得真不错,很有音乐节奏感!她还走进一间间教室,参观了学员们自己动手的劳动作品展。看到桌子上摆满了各种劳动作品:彩色珠子串起来的生活用品、彩色折纸折叠的多种飞鸟走禽、五彩缤纷的丝袜花等……秦怡那慈祥的目光宛如雕塑。

天平街道党工委还成立了"高大上"的"名家坊",旨在普及高雅艺术。而秦怡、周小燕、尚长荣等艺术家居民,就成了名家坊第一批公益讲师,哺育着社区群众文化的源头。一晃10年过去了,社区居民的书画展、社区艺术节开幕式、中华文化经典诵读大会、小区健身运动会等社区的各类公益活动中,总能看到秦怡从容、优雅的身影。而在秦怡的感召下,不断有中年和更年轻的艺术家义务加入。

天平社区的10万居民,也十分爱戴这位邻家的慈善奶奶。2012年2月,秦怡九十大寿;大伙在社区文化活动中心为她举办了"秦怡电影月",每天播放一部以她为主角的经典作品。组织者还请来一批文化学者,为她进行了专题学术研讨会。秦怡对于自己的艺术成就极为谦虚,但她和社区干部说道:"文化的积淀是细水长流日积月累的事,但只要认真、努力并持之以恒,就会有收获有进步。"

后来,秦怡把她的感悟凝练成一句家训——勤于学习让生命更加精彩,并赠送给全体社区居民。"活着,就要拍戏。活着,就不退缩。"带着这一贯的人生信念,所以93岁的她会在青藏高原拍摄她原创剧本的影片《青海湖畔》……

这样,经过1个月的筹备,通过社区、学校、家长和志愿者的通力合作,向阳小学的九龄童们终于能够理解和讲清楚秦怡奶奶的高风亮节和不朽作品。就在 10 月 21 日,朱沐恬、罗少男分别完成了诵读致敬信和宣讲秦怡奶奶事迹的天平德育圈任务。而这个案例也充分说明,讲好身边楷模的故事并非是轻而易举的。

(作者单位:上海社会科学院)

园南小学致敬敦煌学
点燃我和我的祖国

王泠一

2019年9月25日,魔都上海的大街小巷、主要单位、各类媒体和微信朋友圈里,仿佛约定了热爱祖国、辉映五星红旗和喜迎中华人民共和国七十华诞的最大公约数——人们纷纷唱响了《我和我的祖国》。这天在徐汇区长桥社区的园南小学,红领巾们则是以致敬樊锦诗奶奶、致敬敦煌学普及、致敬中国文化故乡,来表达自己的情怀。

园南小学这一国庆主题活动的设计者,是宋霞峰校长和她的同事副校长周玲及大队辅导员钱丽莎老师。宋霞峰校长以前一直在徐汇区天平社区的高一小学任职,数学老师出身的她特别注重德育和素质教育,而高一小学又是天平德育圈的主力单位,所以我和她合作已经10多年了。如今她履新,我也就成了园南小学德育和素质教育的顾问。园南小学成立于邓小平发表南方谈话的1992年,是当年徐汇南部地区"一年一个样,三年大变样"的见证,也是近年来徐汇教育基础建设实施南北均衡战略的一个突出案例,如今被社区群众誉为家门口的好学校。

宋霞峰履新后,很快发现长桥社区这里的孩子质朴、勤奋,如果在园南小学常规课程和"德智体美劳"五育并举的理念之间,有个主题抓手就更好了。她在很敬业地探索,我也在因校制宜地积极参与谋划。暑假里,孩子们敬爱的国家主席、中共中央总书记习近平视察了甘肃;他的足迹遍布河西走廊的全部人类文化遗产之地,他也到达了敦煌研究院并与名誉院长樊锦诗教授等文物专家亲切交流。

有缘分的是,我当年就读复旦大学本科时有一位很好学、交流起来也很投缘的甘肃同学张元林，毕业30年后如今已是敦煌研究院的学术权威了。樊锦诗教授的事迹近年感动了上海、感动了中国，今年二季度上海公演原创沪剧《上海女儿》，其原型就是樊锦诗教授。为了让我更好地解读这部沪剧，张元林教授慷慨地从敦煌研究院邮递给我一箱子敦煌学的著作，包括国际学术会议文集、樊锦诗教授的学术作品及她主编的双月刊《敦煌研究》、相关学术专著和普及本。我就决定和园南小学的师生们一起共享这文化的盛宴，从上海向黄河文明的源头致敬。

一开始，宋霞峰和她的新同事是有所顾虑的：担心让红领巾直接接触敦煌学是否太"高大上"了。我建议她们选择四年级的孩子进行交流，并以我的经验认为可不能小看孩子啊，何况"少年智则中国智"！我还认为上海的孩子如果只接触涉及西方文化的图书、动漫等作品是不完整的，应该积极了解中国文化的故乡。

而中华人民共和国七十华诞前夕，荣获国家荣誉称号的樊锦诗自然是甘肃文物与博物馆界的自豪，其实也是全体中国人的自豪。其文化背景是：甘肃被誉为世界上独一无二、规模壮观的石窟走廊和艺术长廊。著名的莫高窟、麦积山、榆林窟、马蹄寺、天梯山、炳灵寺等50多处石窟群，灿若繁星，辉耀于陇原大地。甘肃还是世界文化遗产万里长城所途经的重要线段和现存长城长度最长、保存遗迹最多、形态结构最复杂、最能代表"长城文化"的地区；秦、汉、明三代长城至今仍绵延于陇原。在此总体背景下，甘肃境内岩画、碑石、摩崖石刻等资源丰富，在全国乃至世界文化遗产宝库中具有不可替代的重要意义。甘肃，是黄河文明的摇篮！

与此同时，樊锦诗身上所凝聚的民族魂、爱国情和敬业精神，不正是社会主义核心价值观的生动体现吗？这可是德育资源的人格化，她的故事也完全可以让孩子们自己去了解、去传颂。于是，园南小学大队部在积极行动后有了可喜的初步收获。如到过西安、接触过汉唐文化的四年级(5)班的阳光男孩林童，对敦煌非常向往，他的父母也积极支持他在学校里接触敦煌学。在信中，他这样致敬：

尊敬的樊奶奶：

您好！

秒针与分针交替,月亮与太阳交替,冬天与春天交替,都是传承。现在,我们能看到始建于公元366年的莫高窟,正是因为有像您这样视敦煌如生命的人在前赴后继,在此先向您致以崇高的敬意!

大漠孤烟直,每一缕都是荒凉。在那个风沙漫天的地方,你喝着咸水,点着油灯,爬着蜈蚣梯,用炽热的爱守候着敦煌建筑,用清澈的眼欣赏着敦煌壁画,用虔诚的心保护着敦煌泥塑。您一定迎接过黎明的云雾、送走过落日的余晖、细数过夜晚的繁星,就这样,在那里,您度过了55个年头。

无法想象,没有电、没有自来水、土屋土炕、上厕所和洗澡都成问题的那个地方,你为何留恋,那是需要多么顽强的毅力才能坚持的事。我好奇您坚守的理由,您说那是因为爱,敦煌艺术的博大无边、深不及底,仿佛有一种很强的磁力牢牢把您吸引住。由此我懂得了,爱是前行的力量,要做一行爱一行!

从北京大学毕业后,您放弃了大城市的工作机会,毅然回到敦煌,我好奇您放弃的理由,您说要到祖国最需要的地方去。于是您践行志向,扎根戈壁沙漠,潜心于敦煌石窟的考古研究,在大漠倾情投入、奉献自我,用美好青春诠释了共产党人的初心使命,谱写了新时代的青春之歌,为敦煌莫高窟这一人类宝贵的文化资源保护与利用作出了杰出贡献。

您牵头起草的《敦煌莫高窟保护条例》成为甘肃省第一部为保护一处文化遗址做出的专项立法。您编写的26卷大型丛书《敦煌石窟全集》集中展示了敦煌石窟百年研究的成果。这些成就足以让我们仰望,但您说:"党和国家给了我很高的荣誉,我自认做的都是应该做的事,从没想过要得到什么。我领这个奖,实际上是代表敦煌研究院去领的。没有党和政府对文物保护的重视,没有研究院前辈们的指引,没有后来每一位同事的支持,就没有我的今天。"您说:"敦煌莫高窟的保护任重而道远,要继续前进,继续探索。我虽已退休,但也会为敦煌石窟发挥余热。"您还说:"我这辈子只干了一件事,就是保护莫高窟。"由此我懂得了,朴实纯粹、淡泊名利书写的人生是如此出彩,守一不移、坚守初心,水滴能穿石!

您在80多岁高龄之时,还战斗在莫高窟的第一线,我好奇您战斗的理由,您说"莫高精神"的内涵就是"坚守大漠,勇于担当,开拓进取"。于是您坚持改革创新,提出了"莫高窟治沙工程"等13项文物保护工程,独创了一套新型砂砾岩石窟崖体裂缝灌浆、风化崖面防风化加固的材料、工艺和技术，使莫高窟文物保护环境得到改善，本体病害和损毁得到遏制；首次提出了运用计算机技术进行敦煌壁画、彩塑艺术永久保护和展陈利用的构想并付诸实施；运用考古类型学的方法，完成了敦煌莫高窟北朝、隋及唐代前期的分期断代，成为学术界公认的敦煌石窟分期排年成果；引进先进保护理念和保护技术，构建"数字敦煌"，开创了敦煌莫高窟开放管理新模式，有效地缓解了文物保护与旅游开放的矛盾；积极开展文物保护领域的国际合作，成功解决了敦煌石窟研究和保护的有关难题。由此我懂得了，始终保持奋发有为的进取精神是多么可贵，斐然的成就来自永不止步！

今天，您被授予全国优秀共产党员、全国先进工作者，获得全国"三八"红旗手等荣誉称号，被誉为"敦煌的女儿"，这一切都来自您的奋斗。我要向您好好学习，甘于奉献、谦虚谨慎、艰苦奋斗，永葆一颗赤子之心！

敦，厚实之意；煌，明亮之意。愿敦煌文化、莫高窟精神代代相传！

我会一直记得您，一位与千年之美"厮守"终身的可爱老人，敦煌有效保护的探索者！愿您健康长寿！

此致

敬礼！

园南小学四(5)班
林童

无独有偶，热爱中国文化的同年级女孩胡婧宜也表达了深深敬意。她这样说：

敬爱的樊奶奶：

您好！

我叫胡婧宜，是一名普通的小学生。我的学校是上海市徐汇区园南小学，它因为在上海植物园的南面而得名。

当我通过《新民晚报》、金海岸等新闻媒体了解到您保护敦煌的事迹后，得知您获得了"文物保护杰出贡献者"的国家荣誉称号，您勇于担当、甘于奉献、坚守大漠、无怨无悔的精神让我非常感动。

您生在北京,长在上海,却被称作"敦煌的女儿"。您坚守戈壁大漠半个多世纪,守护着敦煌的735座石窟。当年的您,作为一名出身优渥的江南闺秀、风华正茂的北大高才生,为何选择了这荒野大漠深处,奉献了自己大半辈子的光阴?

我们都知道,考古工作是非常辛苦和艰难的,而您却在这无人问津的大漠荒滩坚持了下来。我想,您一定是带着对敦煌的爱,全身心地投入了石窟的保护研究工作中;您一定是带着对祖国的爱,扎根敦煌,无怨无悔地用青春和生命守护着莫高窟。

"国家的需要就是我个人的志愿",这是我听过的最朴素、最直击人心的话语。您用信念坚守着承诺,用实际行动表达了保护文物、报效祖国的决心,您为敦煌莫高窟的永久保存与永续利用做出了杰出贡献,这真的十分令我敬佩。

我希望自己将来能够成为像您那样的人——坚守自己的梦想,拥有勇往直前的毅力和甘于奉献的精神,努力成为一个对国家和社会有用的人。

希望不久,爸爸妈妈能带我来到敦煌,走进莫高窟,亲眼看看您守护的这方土地,欣赏莫高窟壁画的艺术之美,和您一起共同感受一份拳拳爱国情怀。

最后,祝您身体健康!

此致

敬礼!

园南小学四(4)班
胡婧宜

有意思的是:园南小学大队部在致敬敦煌学的国庆主题德育活动中,还发现了一位本身就喜欢地理、喜欢古典诗词和探究敦煌的学子——四年级(1)班的刘奕萌同学。她告诉老师和同学:"羌笛何须怨杨柳,春风不度玉门关";"大漠孤烟直,长河落日圆"。这些耳熟能详的诗句很多人都能倒背如流。悲壮苍凉的玉门关和大漠在诗中被传诵了千年,让一代又一代中国人记住了敦煌这座古城。敦煌莫高窟,自古以来闻名中外,它历史久远,是佛教艺术保存完好的宝库,每年都有数十万的游客从世界各地慕名而来,就是为了一睹中国古城敦煌的倾世容貌。

她还说：敦煌莫高窟是祖国西北的一颗明珠，古丝绸之路从这里经过。它位于我国甘肃省西北部，坐落在甘肃省三危山和鸣沙山的怀抱中，四周布满沙丘，那些洞窟像蜂窝似的排列在断崖绝壁上。莫高窟壁画规模宏大、美轮美奂：姿态万千的飞天舞者们或手持琵琶，或翩翩起舞。巨大的石像矗立于洞庭之中，神情悲悯，藏书阁中堆叠的书卷竹筒，向人们展示着敦煌的神秘与美好。然而，和这些震撼艺术形成鲜明对比的则是当地恶劣气候和生活环境。敦煌属典型的温带大陆性气候，气候极度干燥，昼夜温差大，黄沙漫天，冬冷夏热。这里水资源相当匮乏，很长一段时间人们喝的只能是盐碱水。在樊锦诗奶奶刚到敦煌的20世纪60年代，她住的是破庙泥屋，没水没电，半夜还会有老鼠掉下来，也没有卫生设施……樊锦诗奶奶，就是这样一路艰辛地向我们走来！而这敦煌又叫沙洲，的确，它就像一叶被搁浅在茫茫沙海上的小舟，等待我们开启一次非比寻常的远航……

孩子们的这些发现与感悟，让我和宋霞峰、周玲、钱丽莎等都倍感欣慰。我想那坚守在万里之外敦煌古城的樊锦诗奶奶和张元林教授，也一定会感到欣慰的！

（作者单位：上海社会科学院）

洪雨露：俯首甘为孺子牛的教育家

许蕴章

向阳小学学生社团鲁迅知己社成立已经2年了，我心里一直有向老校长洪雨露汇报的想法。我大概是老校长招进向阳小学的最后那批学生，我的师傅王泠一博士说这是关门弟子。机遇终于盼来了，这天是2020年1月10日；我们的期末考试也刚刚结束。天平德育圈的领导们亲自指导我们鲁迅知己社，为教育家洪雨露祝贺七十大寿。蛋糕和红领巾当然是必备的，更具有纪念意义的是：经王博士、范建军校长、大队辅导员姜颖老师和天平街道的董明、丛海燕老师一起策划后，我校在总部会议室（也是鲁迅知己社挂牌成立的地方）为老校长举行了"向阳小学功勋校长洪雨露先生德育理想座谈会"。这可是鲁迅知己社的骄傲！也是天平德育圈新年第一件大事。我也因此有幸见到了神采奕奕的洪校长。

范建军校长、大队辅导员姜颖老师事先对我们鲁迅知己社的5位同学进行了必要的培训，所以我们在向老校长汇报时表现都很清晰和从容，也得到了老校长的充分肯定。座谈会由姜颖老师主持，在王博士进行开场白之后，我们就依次发言。而我们的发言是有内涵的，内涵就是老校长为孩子打造的快乐教育五大板块：

发言一：快乐唱歌

洪校长：您好！我是二(5)班的孙艺闻。在向阳小学里，我很快乐，我最喜欢每天中午10分钟唱歌活动了，在这个学期中我学会了《国家》《最想念的季节》《生长吧》这些歌曲，我给大家唱几句吧！（演唱）老师们发现了我爱唱歌的长处,就让我在升旗仪式上带领大家唱校歌,我觉得很光荣很自豪,为了不辜负老师们,我每天练习发声,考进了上海市春天合唱团,希望通过专业的训练,代表学校参加活动和比赛,为向阳小学争光。

发言二:快乐游戏

洪校长:您好!我是来自三(8)班的朱沐恬。在学校里,课间10分钟是同学们最开心的时间了,我们都挺珍惜课间游戏的时间。

有时候,我会抓紧课间休息的时间,先在学校里多完成一些家庭作业,但大部分时间,都是和我的好朋友们做各种各样的游戏。我们喜欢捉迷藏,有一次,我藏在图书角的窗帘后面,一下子就被找到了。我们还喜欢玩老鹰捉小鸡的游戏,一般都是男孩子当老鹰和母鸡,我基本上都是当小鸡的,母鸡身后的那个位置最抢手了,因为最安全。不过,最近我有点伤心的事情,因为我们(8)班在拔河比赛中输给了(5)班,又输给了(4)班,只拿了第4名。(5)班太厉害了,他们有几个同学个子很高大,我们使劲儿拔,我觉得手都要拔破皮了,还是没能赢。

所以我们班的同学们都说,我们一定要继续努力,在下次拔河比赛中,一定要夺得冠军。

发言三:快乐运动

洪校长:您好!我是五(5)班的许蕴章。我想简单谈谈自己对快乐运动的感受和理解。记得一年级刚入校的时候,就听老师介绍我们向阳小学十分重视体育运动,也早就知道洪校长率先垂范、身体力行地推动校园体育发展,就拿我们学校的足球队和"三人制"小足球来说,那可是很有名的。这几年的学校运动会,我们都会看到洪校长带领老师们驰骋球场,同学们都感叹洪校长体能和球技都不输给年轻人,实在太厉害了!我想,您用这样的方式把快乐运动的理念生动地传递给我们每一位向阳学子,为我们创造了很好的学习氛围。

说到快乐运动,我想首先是要快乐地去运动。和大多数男生一样,我也很好动,下课铃一响,心立刻就飞到了操场上,体育课就更来劲了,特别是足球课,那种快乐是还没开始运动就已经产生了的。闷闷不乐地去踢球的人,踢球时一脸不高兴的人,至少我没见过。所以,运动注定是和快乐联系起来的,运动使我们变得更阳光、更开朗。我很庆幸在向阳小学养成了快乐运动的好习惯,我想这会使我一生受益。

发言四:快乐创造

洪校长:您好!我是来自四(6)班的王悦灵。我从二年级起就有幸加入了鲁迅知己社。在老师们的指导下,我逐渐成长为一名学生记者。很高兴,去年我先后采访了学校科技总指导黄勇良老师和上海市青少年科技创新大赛一等奖的获得者马彦达同学、中国少年科学院"小院士"们。在交流中,我发现同学们都具备了极强的创造能力。这一切得益于我们学校快乐创造的文化氛围。我们学校每年都举办不同主题的科技节,如"筑梦蓝天 一心向阳""最强大脑"。通过征集科技节 LOGO、游园闯关、评选创意科技画、小小发明家等丰富多彩的活动,为每一位向阳人播下了快乐创造的种子,搭建了展现创新才能的舞台。我要以他们为榜样,积极参加学校的各项科技活动,激发自己的创新意识的潜能。

发言五:快乐学习

洪校长:您好!我是三(7)班的罗少男,是个真正零基础的孩子。我害羞,我胆小,在进入学校之前,我没上过任何辅导班。所以,刚开始,我学习起来感觉很吃力,是个爬得很慢的小蜗牛。但是,这里的老师们很耐心,同学们也很关心我,很愿意帮助我。慢慢地,我觉得学习其实挺有意思。特别进入三年级,在老师同学帮助下,在我自己的努力下,我的成绩有了很快提升,大家都说我"进步好大"。我更是觉得:自己能行!爸爸、妈妈和我说过,学习是一件快乐的事,是一辈子的事,他们希望我慢慢地发芽,慢慢地发现学习中的乐趣,让学习的兴趣和劲头能伴随我的一生。直到现在,我还是没上任何辅导班,但我很高兴,因为在向阳小学,我找到了学习的乐趣。

随后,我还有幸为老校长戴上了红领巾。老校长还亲切、耐心地回答了我的采访提问。洪先生说:"我希望今天的小朋友,我们全体天平德育圈学校的孩子们,我们全区的孩子们,我们全国所有的孩子们,真的是全面的发展,就像我们党和国家要求的,叫德智体美劳全面发展。向阳小学的小朋友们,尤其要向自己的杰出校友学习;他们中有大科学家、大学者、大艺术家和全国劳模。"洪先生还明确要求我们:"我们今天的孩子们,洪校长很希望你们能不能加强一下劳动教育啊,就是通过劳动得到锻炼、掌握生活的必要技能。你们能不能在学习上更进一步的开动脑筋,创造性地学习和培养兴趣、想象、求知欲。总而言之一句话,就是听习总书记的话——热爱我们的祖国,热爱我们的党,将来报效祖国,为人民服务!"

洪雨露先生为少先队事业和徐汇基础教育,贡献了半个世纪的年华。他的不朽功绩和炙热情怀得到了广泛的赞赏。徐汇教育党工委原书记和天平街道党工委原书记,也是洪先生的挚友王纪远老师告诉大家:"洪先生是一个满怀理想、信仰坚定的人;是一个坚守理念、勇于实践的人;是一个充满激情、蓬勃向上的人;是一个严格律己、乐于奉献的人!"我们鲁迅知己社顾问、徐汇区青少年活动中心钱文华老师则说:"洪先生是为教育而天生的人。"那么王博士如何评价他呢?

王博士告诉我:鲁迅先生最有名的诗句就是"俯首甘为孺子牛",洪雨露先生就是孺子牛的人格化。王博士还特地为座谈会创作了《俯首甘为孺子牛》的诗篇,并代表徐汇区教育局调研员、民盟徐汇区委主委于东航,中共徐汇区委研究室主任张健慈,向阳小学范建军校长,徐汇区文明办主任杨海英,上海市地方志办公室主任洪民荣研究员,天平街道党工委书记高路等多位老师,向洪先生致敬!

向阳小学大队辅导员姜颖老师、园南小学大队辅导员钱丽莎老师等5位徐汇区的优秀辅导员,代表少先队事业的后继者朗诵了这首富有激情和情怀的诗篇:

俯首甘为孺子牛

王泠一

青春如歌歌风华

歌我雨露真情怀
情怀脉脉春常在
向阳而生不徘徊

致敬雨露彩云间
智者追梦志如磐
许身教育五十年
栋梁成才千千万

您是孩子的好朋友
您是老师的大哥哥
您是社区的不老松
您是我们的尊长者

您是徐汇的骄傲和宝啊
您是岁月给我们的馈赠
多么像凌寒绽放的腊梅
默默地馨润我们的心灵

虚心向上是您的风骨
海纳百川有您的探索
您是美丽心灵的源泉
您是教育领域的巨擘

您说体育应是第一成绩
您说每个孩子都有个性
成长比成功更加重要啊
谆谆教导如醍醐灌顶

洪雨露名校长培养基地

抒写一代又一代的传奇
可您只喊一声祖国万岁
更深沉的爱埋藏在心底

每一个孩子都快乐
每一位老师都高尚
这三尺讲台的岗位
时时刻刻焕发光芒

课堂一分钟,报国六十秒
耕耘在向阳,展翅新征程
这不仅仅是我们的事业
也是我们无悔的人生

  洪先生也是一位热爱歌唱的长者。座谈会,就是在他和我们一起歌唱着《让我们荡起双桨》的优美旋律中接近尾声。这场座谈会将永远驻留在我心间!

(作者:向阳小学学生社团鲁迅知己社社长、少先队大队长)

菊花台二十年祭：
无数牺牲换来的光明

杨承龄

2019年的清明时节,有一篇发布在新民网上题目为《连续20年,在南京菊花台长眠的烈士都会等来上海这所高中学弟学妹的身影》的文章,被南洋中学党委书记、校长陈宏观在朋友圈转发之后,引起了南洋师生极大的共鸣。

这是《新民晚报》记者陆梓华撰写的关于20年来,该校学生前往南京菊花台九烈士墓、烈士朱少屏墓祭扫烈士和校友,以及拜祭南京大屠杀遇难同胞纪念馆、在南京进行课题研究等一系列活动的报道。在学校自主楼校长室旁的心语屋里,学校党委副书记郑蓉老师向我展示了她搜集到的学校师生关于这篇报道的评论,字里行间表达的都是对南洋学子多年来缅怀英烈行动的感动和对南洋中学爱国主义教育成果的赞赏。身为南洋学子,我感动于学长学姐们这二十年里不断传承着的对先烈的缅怀之情,让我深深体会到：传承就是最好的纪念。作为天平德育圈的小记者,我觉得我有义务把这些评论整理出来,让更多的人看到这些文字,这不也是一种传承吗？

一、老校友老教师：20年的传承、经久不衰,我们很欣慰

郑书记告诉我,1999年南洋优秀学生代表来到南京,进行当时十分罕有的至外地社会实践活动。第二年由当时的党总支书记吴克勤和政工教导陈华英老师带队,第一批全年级的南洋学子踏上了前往南京的绿皮火车。第一次集体拜祭南京大屠杀纪念馆,第一次集体在朱少屏烈士墓前送上鲜花,

那时那景,让南洋学子们凝息静思:"东风不再,故人天涯,期冀青春年少;不负昭华;壮志凌云,不令岁月蹉跎。"于是在20年前,在菊花台,南洋人与先烈们立下了一个约。

我有心地数了数陈宏观书记这条朋友圈转发后的点赞数,足足有50+的人给了赞美和评论。对此,郑书记告诉我,在这些点赞和评论里有很多位就是南洋中学的老校友、老教师呢!如退休前长期在学校德育处工作的金卫和老师在评论中说道:"南京爱国主义教育实践,把爱国主题经过祭扫先烈和参观纪念馆直接内化成师生心中满满的爱国情怀,而带着课题去社会考察则让师生更具体地认识祖国、热爱祖国。每年总有一段不短的时间为实践倾注极大的热忱,经久不衰。"

除了菊花台,南京还有个著名的雨花台。1966届老校友马开华在看到陈书记的转发后就动情的留言,他说当他还在南洋中学求学时从《和爸爸一起坐牢的日子里》一书中第一次知道了雨花台。之后,学校不断地给学生们进行爱国主义教育。1969年马开华第一次去南京亲眼看到了雨花台,这让他印象深刻,终生难忘。马校友在留言最后动情地说道:"看到陈书记写的'传承英烈精神'这几个字,让我看到南洋中学给我们这一代学生的教育又在继续传承下去,深感欣慰。"

二、中青年教师们:20年的传承、坚持维系,我们要陪伴

20年前在菊花台烈士墓旁,我的南洋中学学长学姐们亲手种下了一棵"思屏树"。取名"思屏"是为了纪念校友、南洋中学第一届毕业生朱少屏烈士;他曾经是驻马尼拉外交官。当年,朱少屏拒绝为南京汪伪政府出力,拒绝效忠于日本天皇,被日军残忍杀害。现在,"思屏树"已经长得郁郁葱葱,高大繁茂,它好比是一个记录者,记录下了这20年来一批又一批南洋学子祭扫的身影;它又好比是一个传承者,传承了这20年来南洋学子对先烈的缅怀,对家国的情怀。

南洋中学1992届毕业生、现南洋中学副校长李瑾在留言里评论说:"家国情怀的维系就是'业':家业、事业的付出与努力。"李校长还回忆起一件往事:记得当时去南京时,她班上有一个学生因为遗忘了规定要带的小红帽而

在车站伤心地哭了起来,虽然她打电话让妈妈把帽子送到火车站来,但她仍旧哭得很伤心。经过了解后才得知,原来她是陷入了两难之中:一是因为自己的疏忽而让身患心脏病的妈妈心急如焚;二是因为她不愿意让任何小事损毁了集体的荣耀。在那个时刻,李校长突然深深体会到了"小家"和"大家"在一个学生内心里的挣扎和抉择。她认为这要归功于学校对学生的爱国主义教育,而身为教师要参与其中,陪伴学生、带领学生,和学生共同去经历去体验,共同为家业和事业而努力奋斗。

另一位在职教师评论说:"这份珍贵的记忆会在每一位南洋学子心中,伴随他们读大学直至工作,激励他们的一生。而这些记忆也会留在我们这些曾经伴随着学生一起的班主任和任课老师心中。这就是传承的力量。感恩学校,感恩所有参与其中的人。"看到这里,我明白了这种力量还是南洋师生和谐如亲人的源泉。

三、"00后"的我们:20年的传承、发扬光大,我们有责任

《连续20年,在南京菊花台长眠的烈士都会等来上海这所高中学弟学妹的身影》,相继被《新民晚报》《东方教育时报》《24小时青年报》等媒体转载,虽然报道内容各有侧重,但是都不约而同地传递了同一个心声——传承就是最好的纪念。

我在陈宏观书记朋友圈留言中还意外地发现,市教卫党委副书记及市教卫党委系统党建研究会副会长成旦红老师还特地做了一道计算题,他用20年的单位时间乘以20批次的单次南洋学子祭扫人数,得出结论:"细细算来,足足有8 000+人参与其中,在近千个人心中激发的是振兴中华的力量。"我惊讶于这个庞大的数字,感受到了南洋中学党组织的坚强领导,感叹道:"这是多么的伟大啊!"

这篇报道的作者陆梓华老师,对采访的一位"00后"姑娘印象深刻,她对自己的文章补充评论道:如果祭扫亲人是一种思念,那么祭扫英烈就是一份责任。同样是"00后"的我,被她的这句话深深触动。前不久的4月初,我随同南洋中学红领巾们参加了在龙华烈士陵园举行的"清明祭英烈"主题活动,当《义勇军进行曲》响起,我脑海里浮现出无数英烈抛头颅、洒热血的画

面,我感叹现在的岁月美好,都是有人在前方为我们负重前行!或者说,是无数牺牲换来的光明。

因此,我们这代人有责任把对先烈的祭奠和对家国的情怀一直传承下去,发扬光大!同时,我们还要思考将来自己要成为什么样的国家建设者?要思考自己如何去努力来实现我们的这个目标?我们还要多探索,不墨守成规。对国外的发达和自身的差距不妄自菲薄。我为自己是一名南洋学子而自豪,让我在这个美好的时代接受最好的爱国主义教育,感受什么才叫作家国情怀,真正理解中国特色社会主义发展道路的含义,让我树立起正确的世界观、人生观、价值观。

(作者:天平德育圈小记者)

天平德育圈集体收看国庆70周年阅兵式

丛海燕　黄海君

2019年10月1日上午，来自向阳小学、建襄小学、高一小学、光启小学、上师大一附小、南洋中学、西南位育中学等徐汇区名校的少先队代表及其家长，早早地就冒着倾盆大雨、着正装来到广元路上的天平街道社区文化活动中心，和天平街道干部、志愿者一起，参加天平德育圈集体收看国庆70周年阅兵式的主题活动。

徐汇区天平街道是上海市未成年人核心价值观教育先进集体，天平德育圈就是其著名社区德育品牌。旨在通过校校联盟、家校互动、主题活动、实地调研等有效措施，吸引孩子、老师和家长一起打造没有围墙的社区德育圈，并以此来促进被称为"德智体美劳"的五育并举工程，为孩子们扣好人生第一粒纽扣。在天平街道党工委和徐汇教育党工委的支持下，天平德育圈注重爱国主义教育和跨社区的学校思想政治课交流与探索；集体收看国庆70周年阅兵式就是其最新的举措。

集体收看国庆70周年阅兵式，让孩子们体会到国家节日的特有仪式感。如当李克强总理宣布庆典开始，《义勇军进行曲》的第一个音符奏响，孩子们就如同战士听到庄严的号令而瞬间起立，对着直播屏幕中的人民英雄纪念碑集体致以少先队的队礼！家长们、天平社区干部和志愿者们，也不约而同地一起高唱国歌。

中国特色的国庆阅兵式，既是中国共产党领导的武装力量热爱和平、捍卫和平的意志集中体现，也是我国科技力量、工业水准、军事能力等国家硬实力元素最高水平展示平台；同时，各军兵种方队、装备方队和空中方队的依次通过天安门主席台接受习近平总书记和人民的检阅,也深刻地表达了内在的组织性和纪律性。这对于未成年人的国家认知,则是形象的和极其生动的,因此也收获满满。

如向阳小学五年级男生许蕴章,作为学校社团鲁迅知己社的社长,2年来就已通过学习和宣讲鲁迅作品,初步了解到了什么是旧中国、什么是新中国。通过参加天平德育圈的集体收看仪式,他这样表示:"当我看到解放军叔叔挺拔矫健的身姿和坚毅自信的目光,当我看到方阵编队有如机器打造的一般,当我看到战车隆隆驶过、战机呼啸长空……我只能用心潮澎湃、热血沸腾来形容我的感受。我发自内心地为我们人民军队的无比强大、为我们祖国的繁荣昌盛而感到骄傲,也因此告诉自己——一定要发奋学习,长大以后成为国家的有用之材。"

许蕴章还告诉小伙伴和老师:"如果说这属于远大理想,那么,小目标我也有一个——说真的,看完阅兵式,我已经彻底被解放军叔叔'圈粉'啦!从今天开始,我要把背挺得再直一些,说话做事再沉稳一些,不断培养自身的阳刚之气,把自己锻造成一个小小男子汉!"对此,他得到了父亲许莽和大家的积极赞赏。

无独有偶,建襄小学二年级男生秦义云是个多才多艺的绿领巾。他不仅会弹钢琴、喜欢普希金的诗歌,最近还获得了上海业余围棋五段的证书。更重要的是秦义云所在的小队被徐汇区总工会和天平德育圈命名为"王承小队",这是全市第一家以劳模名字命名的儿童团小队,当时秦义云才一年级。不过,他和他的小队全体队员就是和劳模、徐汇区总工会副主席王承交上了朋友,知道了什么是劳模和全国"五一劳动奖章"。对此,天平街道总工会主席李琼感慨地说:五育并举中的"劳育"是有待加强的,通常家长也很少安排孩子参加家务劳动;而通过和劳模交朋友、零距离地接触劳模包括采访劳模,就可以增强孩子们对劳动光荣和劳动创造财富概念的活化认知。可称佳话的是,劳模王承也来到天平街道社区文化活动中心陪同秦义云同学一起观看阅兵式,并见证了更多的劳动模范和先进集体如中国女排出现在天安门广场游行彩车上。陪同秦义云的还有父亲秦武平,他知识结构丰富,对儿子极其耐心,并为他逐个讲解装备方阵,当然也为大家共享。

上师大一附小的五年级女生王淇仪,是个小才女。她会弹柳琴(俗称"土琵琶"),经常参加市区两级的庆典演出。国庆70周年前夕,她还精读了国家名誉主席宋庆龄的传记,并在天平德育圈的安排下瞻仰了宋庆龄故居;她因此还撰写了观摩心得文章为《新民晚报·夜光杯》所刊发。这回,为参加集体收看阅兵式主题活动,她一早就特别认真地系上前一天晚上洗净熨平的红领巾,怀着激动的心情来到活动现场。响亮的口号、整齐的步伐、精锐的武器……当电视荧屏出现这一幕幕时,她和在场的小伙伴们都情不自禁地拍起了手。她还告诉大家:这几天,她的学校语文课正在学习《少年中国说》,同学们都知道了"少年强则中国强"。为此,她表示"沐浴在阳光下的我们,以伟大祖国而自豪,更要为祖国明天的建设努力奋斗"。她的感言,得到了全体小伙伴和家长们的赞叹。

值得指出的是,初中孩子已经意识到中华人民共和国的建立是无数先烈的牺牲换来的。如南洋中学的杨承龄同学就告诉大家,在参加天平德育圈主题活动之前,已经参加了自己学校祭奠十烈士校友的活动和国庆升旗仪式。她还参加了南洋中学校本德育教材《南洋魂》的撰稿工作,更加深切地了解到了中华人民共和国诞生前革命先烈的艰辛付出。而西南位育中学的陈铱婷表示,长假结束后,到学校将和同学们积极传播革命元勋的信念故事;她还说今后会和爸爸、妈妈一起多多去参观天平德育圈的红色革命遗址。在主题活动中,孩子们和家长都自发带着手持式五星红旗。令大家感动的是:高安路第一小学二年级男生宋余睿祺因大雨赶路,上衣外套明显湿了,但小红旗却鲜艳明亮,不沾一滴雨珠。他说:保护好五星红旗,是对国家的尊敬!

在和孩子们的互动中大家还发现,小朋友在观看阅兵式时求知欲很强。如光启小学的四年级女生刘佳怡和男生洪进,都对无人机装备产生了浓厚兴趣,希望能有机会多了解这方面的知识。对此要求,科技特级教师、光启小学校长曹庆明当即表示:长假结束、开学之后,就在校园里举办无人机科普讲座。即积极发掘好国庆阅兵式的德育和智育的双重矿产。

与此同时,天平街道辖区的10多所天平德育圈主力学校,都纷纷举办了全体师生都参与的中华人民共和国七十华诞主题教育活动,热烈地唱响了自己心中的中国梦和祖国颂。这种局面是十分可喜的,也正可谓"有此少年多壮志,安能国家不富强!"

(作者:丛海燕,天平街道社会发展中心主任;黄海君,天平街道团工委书记)

众志成城篇

平战结合与三位一体的
徐汇行政服务中心

吴欣一

2020年1月1日,上海《优化营商环境条例》正式施行,优化营商环境也成了今年以来最大的热点话题之一。而此前,上海市举行了两次重大会议,都分别重点讨论了关于"营商环境"这一议题。尤其在十一届市委八次全会上,时任上海市市长应勇就将话题集中于发展优质的营商环境所需要匹配的城市管理上,例如政务服务"一网通办"、城市运行"一网统管"。这个议题,让我想起了上学期班主任施海红老师给予了我一项合作学习的研究型任务,即了解家门口的国情。于是,我在2020年1月13日和同学们一起组队,参访学校附近的先进集体徐汇区行政服务中心。对此,西南位育中学党委书记金琪老师也热情鼓励指导我从一个高中生的视角,去观察最新的服务体系。在这一方面,徐汇区结合自身发展情况,已经作出了一定的战略部署,走在了前列。

在进行徐汇区行政服务中心的参观之前,我先行做了一些了解。上海市徐汇区行政服务中心主任宋开成提到,徐汇一直是按照国家部署、上海的要求与徐汇的实践相结合。又根据现在的热点"营商环境",徐汇区形成了"1+4S+N"的服务形式。其中"1"为一体化,"4S"是行政服务、市场监管、社会治理、数据支撑4个领域的跨界融合,"N"为街道与镇等更小分支的延展。为实现一体化,给予"4S"的实体化支撑,徐汇区行政服务中心分成区行政服务中心、区网格化综合管理中心、区大数据中心,3个中心以"一网通办"的形式运作。在行政服务中心分成的诸多部分中,最让我期待的是区网格综合管理中心。

走进区网格综合管理中心,一块"顶天立地"的大屏幕占据了我所有的视野。版面被分成了4块,有今日值班人员、徐汇区13个街道和镇的罗列、部分路面监控、区网格综合管理中心的4个主要板块。这些全部由同一个后台统一管理,正是徐汇区"一网统管"想法的落实。这四个主要板块中最贴近我们每个人生活质量的是网格化城市管理。网格管理遵循了"1＋13＋63＋X"的运作形势,"1"为一个区级管理中心,"13"为徐汇区13个街道和镇的第二级管理,"63"为徐汇分成的63个网格块,"X"为居民区和工作站的最低一级延展,深入居民生活的方方面面。可见,徐汇区行政服务中心的运行模式正符合了习近平总书记在上海考察期间所提到的"城市管理要像绣花一样精细,要有绣花般的细心、耐心和巧心,绣出城市的品质"这一要求。当然,这种意义上的绣花针还需依托技术进步。

如网格化城市管理的内容包括:第一,城市问题处理——详细记录12345市民服务热线上市民投诉和监督检查员上街巡查时城市问题反映的处理全过程;第二,徐汇无人机的运用——日常巡航:帮助检查河流、发现高空违章建筑、大型工程建设监测,应急和三维建模。区网格综合管理中心有一句每个员工都烂熟于心的话:"天上有云,地上有格,格中有人。人能管事,事皆有序,序后评估。"而他们的所有程序,也彻底印证了这句话。经过讲解和我的观察,第一块的闭环构建已经相当完善;第二块由于"无人机"这一新技术的引入,似乎没有很充分地得到利用。

这自然引发了我的思考。现今交通管理大部分已经从人力监管转型成了电子监控,无论是从时间还是空间上来说覆盖面都更广了,但不足之处是有大量的线路排布有不可避免的安全隐患。那在日后无人机是不是可以应用到交通管理层面,将城市网格化,每一个区域配备一台无人机进行日常巡航,利用"一网统管"传到统一的网格管理中心协调,只需配套安装相应数量的充电桩,所需的线路数量一定会大大减少,也提高了无人机的利用效率。又如现在的医疗急救,人们只是停留在拨打120等待救援,虽已比许多年前进步不少,但无法预估的交通状况依然会使一些紧急患者的黄金急救时间白白流失,而造成这些现状的原因一是会心肺复苏术和使用AED的市民少;二是我市AED的数量少。那么在日后,我们在普及AED使用的前提下,一部分用于应急的无人机是不是可以携带一些急救设备,例如AED、纱布绷带之类,由急救调控中心统一调控实现"一网统管",给予一些情况较为紧急的病人第一时间的救助。而对于"一网通办"政务服务方面,在未来是不是可以在 24 小时自助机器上拓展出与学生相应的服务,如学籍转移等,让学生自己参与自己的事务办理,更早获得个人办理事务的能力而不是过多的依靠大人们;抑或为高龄及行动不便的市民的政务办理提供更多的便利,例如通过"网络视频+拍照传输"的形式在家中即可完成身份认证等业务的办理,又如开辟窗口为他们特别办理事务,业务员不一定要固定在此,可装配一个按钮随时调人,防止不必要的人员浪费。

上海一直为推动高质量发展,创造高品质生活而自我加压,市长应勇在参加徐汇区代表团审议时说道,"不断提高社会主义现代化国际大都市的治理能力和治理水平,让人民群众有更多获得感、幸福感、安全感"。一直走在创新前沿的徐汇以百姓更优质的生活为宗旨,以"优化营商环境"为大背景,以习近平总书记的话为引领,以市政府领导的话为助推,率先开发了"一网通办""一网统管"等综合性政务服务与城市运行项目,把市民服务由分类进步至综合,由零散进步至统一。徐汇作为"互联网+政务服务"示范区的同时也渴望推动与长江三角洲各城市的协同发展,用区域政务一体化构建智慧"长三角"。上海正在一步步由立足"基础工作",升至服务"产业发展",最终到达提升"城市功能",也正是这种为追求更高更好的驱动力,助力了上海更进一步的发展。

2020 年一季度,新型冠状病毒肺炎的疫情爆发,上海和全国各地都以最快的速度开展了一系列的防疫工作,可谓战时状态。徐汇区更是发挥了其"一网通治"的优势,接受过我们采访的宋开成指导行政服务中心根据抗疫局势,协同行政服务、区网格管理、区大数据三大中心推出了新的服务,将网格化管理遍布到区内的所有角落,为市民和企业提供了最周到"网络防护"。就像企业密度极大的漕河泾开发区所属的虹梅街道,辖区内大量的返沪务工人员健康状态的监测就是一个大难题,因此区大数据中心研发出了疫情防控系统内的"智能外呼机器人"。它主要服务于居家隔离的人群,每日会主动呼叫询问体温、健康状态以及是否需要帮助 3 次,这是来自大数据的主动关怀。而隔离人员需要做的就是利用疫情防控系统中的居民信息登记和居家观察服务功能每天按时上报体温,同样,如果有日常生活方面的需求,如买菜、购置生活用品等也可以通过该功能向居委会、物业上报,由它们进行下一步的服务。假如隔离人员有要出门的迹象,该功能也会将情况立即反馈给居委会与物业,并派人上门劝阻警告。中小企业的复工也是疫情期间非常重要的事情,为了保障企业的安全,大数据中心开发了"企业复工"板块,只需点击系统中的该功能即可上传企业复工备案,最简化的步骤程序使效率最大化地提高,达成了让中小企业尽早复工的目的。徐汇区疫情防控系统还在与有关部门合作,未来还将改善"重点工地管理"板块,让工地也进入网格化统一管理的视野。徐汇区行政服务中心在此次疫情防控中有着重要的地位,以大数据为基础开发创新了诸多线上便民服务,徐汇区区长方世忠也在讲话中提道:"徐汇区新组建疫情防控大数据组,希望能够平战结合,以大数据更好地赋能疫情应急防控的精准度,也同步更好地赋能城市常态治理的精细化。"

  我期待着徐汇区行政服务中心可以拥有更积极的宣传,让更多居民知道它先进要素的存在,会拥有更进一步与时俱进的发展,也期盼着我的奇思妙想在将来某天会变成现实。

(作者单位:上海市西南位育中学)

白衣战士出征武汉
瑞金天使抗击疫魔

刘思源

  2020年寒假开始了,尽管冬雨缠绵了10多天,但随着春节的临近,大街小巷里年味愈浓,你看那高悬的大灯笼,对称的红春联;你看那孩子们脸上灿烂的笑容,主妇们手中沉甸甸的年货;商场里熙熙攘攘的人流,远处豫园老街色彩绚丽、俏皮滑稽的老鼠生肖花灯。

  然而,这祥和喜庆的氛围突然被打破了。小年夜前两天晚饭时,都在医院工作的爸爸、妈妈忧心忡忡地说起在湖北武汉发生了严重的病毒感染疫情,我好奇地问:"这种病毒感染和元旦前上海很多学校里发生的甲流和乙流一样吗?也需要隔离吗?"妈妈紧张地说:"看样子要严重得多,病毒传染性很强,不少病人很快从危重到死亡。"爸爸一脸严肃地说:"形势和2003年SARS大流行很像,钟南山院士认为疫情严重,武汉多名医护人员被传染了!"

  我吓得吐了吐舌头,担心地问爸爸:"你们在医院里上班会被传到吗?""都有可能,所以要加强自我防护,我们今天上班已经全副武装了,口罩、帽子和防护面具齐上阵,个个穿得像太空人了!"唉!爸爸真是的,这时候居然还有心情开玩笑。但第二天,地铁里的乘客们脸上都戴上了五花八门的口罩,车厢里出奇地安静,但大家都步履匆匆,脚下生风。真是和往日大不相同啊!连我也比平日洗手更自觉,啃手指这个坏习惯也改了。

  转眼来到1月23日小年夜,第二天终于可以不上课了,当然要美滋滋的睡个大懒觉了!可是,当我刚走进小区,就听到邻居们纷纷地议论说:"武汉封城了,一切交通都停了""很多人家在饭店预订的年夜饭都退了""可不是,今年好多人家都自己烧年夜饭""大富贵、德兴馆熟菜窗口等候的人排成条条长龙"……

我一声不吭,赶紧溜回家,脱鞋、洗手、洗脸,来得个勤快。"看看我还是很讲卫生的吧!"当天晚饭时,我得意地对妈妈说。"还好我们没出门旅行,有好几艘邮轮都停航了,很多游客们都败兴而归了",爸爸说。"安全第一,健康最重要",我嘴里突然蹦出这句话。妈妈欣慰地说:"思源长大懂事了!"这表扬得来真省力啊!

除夕晚上,我和父母陪爷爷正在吃团圆饭,电视里传出了这样的场景:上海瑞金医院重症医学科主任陈德昌教授和呼吸与危重症医学科护士沈虹,与上海医疗队共136位医护人员,在除夕夜乘坐包机MU5000整装出发,奔赴武汉。"快看,爸爸,你们医院的同事"……"是的,我医院的同事们!"爸爸自豪地说。随后的这些天,我们全家都关注着在武汉抗击疫魔的白衣战士们的感人故事。

如57岁的重症医学科陈德昌主任是上海首批支援武汉的医生之一,1月24日,也就是除夕之夜,家里的年夜饭刚做好,他扒了几口米饭就匆匆赶往医院集合出发。陈德昌随上海第一批医疗队驰援武汉,年初一凌晨降落在天河机场。1月26日,上海第一批医疗队正式接管武汉最大的专科传染病医院——金银潭医院的北二、北三楼病房,他负责的北三楼ICU病房,重病人较多,很多都需要呼吸机支持。陈德昌主任说:"工作量非常大,尤其是护士,一进去就要4个小时以上,而且一个人管4个重病人,工作压力特别大。在隔离病房帮患者做护理治疗操作,每一步都要严格按照要求来进行,不能有一点马虎,每做一次操作都要进行手消毒,手冻得都发红了。""抗击非典的经验对这次非常有帮助,我对队员们千叮咛万嘱咐,一定要做好防护,如果口罩湿了、衣服湿了就会失去防护作用,很容易病毒暴露,因此一定要出来换。""每次穿脱防护服要花至少半个小时,每个步骤都要洗手,而且潜在污染区、过渡区、全污染区,中间每一个部分都是严格隔离,要一扇门关了才能开另一扇门。"

陈德昌还动情地讲了一个小故事:"有位周医生听到隔离病房里面说有个病人情况不好,就不顾安危想赶紧冲进去,但是她的脸特别小,而N95(1860型)面罩又大又硬,她戴上后四面都在漏气,一旦进去就暴露了,我赶紧帮她调整好位置,她急急忙忙地就冲了进去。她的举动充分体现了医生的责任和义务,明知有风险还是义无反顾地冲进去,知难而上,奋不顾身。我们第一批队员里差不多一半都是党员,我想在艰苦环境里,党员一定要带头冲锋陷阵,党员先锋模范作用和党支部的战斗堡垒作用,在这个时候必须要体现出来!"

上海第二批医疗队领队、瑞金医院副院长陈尔真,呼吸与危重症医学科主任医师李庆云,以及第一批医疗队中的陈德昌,都是富有经验的"老兵",他们曾经历经抗击 SARS、H1N1 流感、H7N9 禽流感和抗震救灾等多次战役。召必应、战必胜,他们再次尽到了用医者大爱担当保卫生命的责任。

而护士们也一样的英勇无畏,如 26 岁的施伟雄是瑞金医院重症医学科的一名男护士,他今年很早就答应了爸妈,回福州老家过年。小年夜的上午,一直在密切关注疫情变化的他,和爸妈商量后,毅然决然地退了车票,又一次留守上海,随时等待科室、医院的召唤。当接到医院赴武汉医疗队招募通知时,他毫不犹豫,第一时间就报名了。施伟雄说:"我爸妈肯定有过担心、不舍,虽没有流露出来,但对于这个决定,我连任何解释和宽慰他们的话都没来得及说,爸妈的理解和支持,这是我没有想到的。"

2020 年 2 月 9 日,按照国家卫生健康委统一部署,副院长胡伟国带领 136 人瑞金医院第四批援鄂医疗队出征武汉。医疗队涵盖重症医学科、呼吸科、感染科、护理等学科,其中有 66 名党员,33 名团员。这第四批救援队中的第 136 人,备受关注,他就是瑞金医院血液科医生薛恺。在出征仪式上瑞金医院宁光院长告诉大家:昨夜报名时,当得知薛恺妻子 2 月底即将生产时,曾经劝小薛与妻子一起迎接新的生命。据此,他才从名单上"消失";但想不到,出征那天一早,薛恺还是出现了,成为第 136 人。

25 岁心外监护男护士陈家辉,原本定于 2020 年 2 月结婚。除夕的傍晚,得知他已经报名准备远赴武汉驰援当地医院时,未婚妻体贴地问他:"要不,我们提前领证吧?"陈家辉说:"等我回来,我们结婚。"谈及父母与未婚妻,小陈说:"家人肯定会有所担忧,但是在与他们认真地交谈过后,他们都支持我的决定。相信在武汉,通过自己的业务知识,包括操作 ECMO 设备、透析等,我想我会实实在在帮助到当地患者。"

还有一对父子的故事:父亲赵华明是铁路上海客运段京沪车队的列车

长。17年前非典时期,他跑1461/1462次京沪绿皮车。今年新型冠状病毒疫情之际,作为列车长,在疫情面前,他带头做好榜样,做好列车的疫情防控工作,保障旅客的安全舒适出行。当年在读小学的儿子赵程,如今是上海瑞金医院北院的一名护士。家里宝宝还不满半岁时,接到医院电话征求意见时,他妻子就在身边,也是同单位的护士。爸爸是列车长,妈妈还没退休。好在赵程的岳父岳母同样很支持他去武汉,他们勇挑重担,负责照顾宝宝。于是赵程1月28日出发,投入武汉第三人民医院光谷院区参与新冠病毒肺炎重症患者的抢救工作。就这样,新爸爸和新爷爷一起冲上了前线……

从2月10日22时45分起,瑞金医院第四批援鄂医疗队接手武汉同济医院光谷院区的两个病区,紧急收治重症新冠患者28名。共有12名医生和25名护士进入感染病房参加医疗和护理,实施临床诊断和制定方案,此时距离医疗队入驻还未满24小时。队员们放弃休息,一边等待物资陆续运到,一边争分夺秒完成了包括治疗、护理、感控等各方面的临战培训。所有人都严格执行医疗规则,保证医疗救治的质量。

这么多感人的事例实在不胜枚举,广博慈爱,追求卓越,是所有在武汉抗疫最前线医疗队员的真实写照。由此,我爸爸刘晓天为其瑞金医院战友们写下一首诗,体现了所有留守上海的白衣战士家属、朋友和同事们对疫情前线医护人员的赞美之情和由衷祝福:

援 鄂 赞
大疫当前骨更硬,中华儿女志愈坚。
九州军民共甘苦,白衣战士照肝胆。

(作者单位:上海市西南位育中学)

市八医院：二宝妈妈周春燕出征记

朱 健

这真是一个战斗的春节！习总书记和党中央一声号令，全国迅速进入针对新型肺炎疫情的人民战争氛围。各地白衣战士们就像部队野战集团军主力一样快速集结，不分昼夜、无惧风雨地驰骋武汉主战场。大年初三之夜，根据前方局势，上海又一批由50名护士组成的白衣天使从铁路南站启程，并于初四黎明抵达火线。和全国各地支援武汉保卫战的白衣战士一样，上海援鄂医疗队中也有数不清的舍小家为大家的感人事例，上海市第八人民医院(以下简称八院)呼吸科护士周春燕就是其中的一个代表。

八院地处徐汇区漕宝路，是全国各地患者口口相传中的"老百姓自己的好医院"。那里的白衣天使医术精湛、和蔼可亲，而且还普遍具有白求恩大夫的那种风范。如护理部主任益伟清就是个有温度的人，好些年轻的护士都告诉过我："是她，让我们在职业生涯和公益活动中重新认识自己的价值。"在益伟清这位大姐姐眼里，每一个八院护士都是她的小妹妹。益伟清和八院党委副书记兼工会主席李银萍，当仁不让地在初三夜晚一起到南站去为周春燕壮行。

益伟清向我介绍道：周春燕是主动请战的，她2009年毕业于护理专业，曾经在同仁医院工作过，2012年来到八院呼吸科工作至今。周春燕平时话不多，但她是这个科室的患者及家属最放心的责任护士，也是实习生们喜欢的带教师傅。虽然平时看上去比较腼腆，但是在抢救危重患者时总能看到她快速的反应、坚毅的身影。而呼吸科主任储德节也告诉我：10来年的呼吸科专业护理工作，使得"小周同志积累了丰富的临床经验，她的健康宣教、她的穿刺技术等业务能力，都得到了患者和同事们的积极称赞"。任劳任怨、精益求精是她的本色。

周春燕有个幸福的小家庭，爱人就在八院附近的锦江乐园工作。她有两个可爱的小公主，分别是5岁和20个月大。然而，这回白衣战士所面临的"敌情和病毒"是严峻的，且具有不确定性的挑战。可是，周春燕却说李克强总理亲临前线指挥和解放军医疗队的快速抵达第一线，给了她磅礴的力量和必胜的信心。于是就在出发告别亲人和送行领导的这天，周春燕向八院党委递交了火线入党申请书。

周春燕的逆行壮举，得到了爱人的全力支持；婆婆帮助照顾两个宝宝和料理家务，甚至才20个月大的二娃也帮着一起准备行李。送行的李银萍告诉我其深受感激，感激"周春燕第一时间请缨逆行，感激她关键时刻挺身而出，无谓凶险，奔赴前线；感激她的家人毫无怨言，甘当她的后盾"。作为工会主席的李银萍又觉得过些天有必要用电话、微信或者视频慰问周春燕的家属，大人之间的交流自然是沟通自如的，但是如何向那么小的孩子"说明妈妈的英勇"呢？

自然，不可能和5岁的大娃、20个月大的二娃讲冠状病毒，以及武汉离上海有多远。在微信交流时，我脑海里出现的第一个概念是孙悟空要三打的白骨精。那么，现在的小孩子知道"白骨精"吗？我没有把握。想了想我干脆去询问一个也是5岁的忘年交女孩谢舨若。小舨若家住金山区朱泾镇的大茫村，八院党委书记周建元教授和李银萍曾多次率益伟清、储德节等医院骨干前往义诊。聪明伶俐的小舨若很钦佩八院，知道武汉保卫战，但微信沟通中她却告诉我："现在和她一样大的小朋友大都看过动画片《睡衣小英雄》，讲的就是小英雄们探索神秘事件和人们拯救城市的故事。很坏的东西，就是怪兽！"我大受启发。

也就是说，工会主席李银萍如果视频或微信慰问周春燕的家属，和大娃、二娃交流时可以解释为"妈妈是英雄！妈妈去另一个城市打怪兽去了！妈妈一定赢！"而让我很感动的是，小舨若还表示等"打怪兽的八院妈妈回来，要做点心去慰问"。

与此同时，整个八院早已经进入战备状态。党委书记周建元教授自豪地说：八院党委一贯注重医院党的建设，时刻以人民利益为最高服务目标；27日，党委向全院白衣战士发出倡议书，目前各支部都体现了高昂的斗志。

且八院已组织了特别行动骨干小组,只要上级一声令下,随时都能够按需赶赴武汉前线。而我对此的深切感受则是:值此重大战役,"把骨干培养成党员、把党员培养成骨干"的八院党建经验将焕发出更富有感召力的光芒和力量。武汉保卫战,必胜!

附:《八院党委倡议书》

为坚决打赢疫情阻击战、夺取防控斗争胜利而贡献"八院人"力量

全体党员、干部职工:

当前,新型冠状病毒感染的肺炎疫情防控工作处于关键时期。以习近平同志为核心的党中央对疫情防控工作高度重视,发出了打赢疫情防控阻击战的战斗号召。此次疫情发生后,医院高度重视,周密部署,健全工作机制,完善流程布局,组建应急医疗队伍,积极投入抗击防控疫情第一线。更在阖家团圆的除夕夜,我院6名经验丰富的优秀医护员工响应市卫健委紧急"召集令",做好应急准备奔赴疫区前线,驰援武汉开展新型冠状病毒感染肺炎的救治工作。关键时刻挺身而出,临危不惧扶危渡厄,再一次用行动诠释了"八院人"的使命和担当。

疫情就是命令,防控就是责任。值此关键时刻,医院党委号召全体党员、干部职工要把疫情防控工作作为当前最重要的工作,积极踊跃报名,主动投入疫情防治的第一线,坚决服从医院的安排,做到政令畅通。

一、高度重视,严阵以待。全体党员、干部职工要充分认识这场战疫的严峻性、紧迫性,树立大局意识和全局观念,坚定打赢疫情防控阻击战的信心和决心,心怀全局、勇挑重担,全力以赴、恪尽职守,坚决执行国家及院部联防联控的各项规定和措施。

二、示范引领,勇于担当。各基层党支部及全体党员要坚守初心使命,加强组织、号召和引领;党员干部要身先士卒、率先垂范,不惧风险、迎难而上,关键时刻站得出、危急关头豁得出,冲在抗击疫情的最前线,用自己的模范言行带领身边群众,彰显新时代党员的光辉形象。

三、服务大局,积极作为。职能部门要积极支持、全力配合做好抗击防控疫情保障工作。各基层党支部及工会小组要关心、爱护一线医护员工,齐

心协力,通力合作。同时,要落实好疫情防控有关规定,发现疫情主动报告、主动隔离、主动就诊,坚决遏制疫情蔓延势头。

全体党员、干部职工要大力弘扬"敬佑生命、救死扶伤、甘于奉献、大爱无疆"的职业精神,以高昂的斗志、科学严谨的态度、坚韧不拔的毅力,为打赢疫情防控阻击战和夺取防控斗争胜利而贡献"八院人"力量!

中共上海市第八人民医院委员会

2020年1月27日

(作者单位:上海市第八人民医院)

高安路一小：
晚报凝聚着的亲情寒假

王泠一

庚子鼠年不寻常，寒假骤然延长中。可能不少家长、老师会陷入焦虑，就是对于那些学霸来说，居家学习也绝对是个崭新的挑战。不过，在笔者所熟悉的上海市高安路第一小学，焦虑正在被更加合理的寒假生活所打败。而打败焦虑的法宝，正是年年飞入寻常百姓家的《新民晚报》及《东方体育日报》和《新民周刊》。

这，是为什么呢？原来1956年在徐汇区成立的高安路一小，从校长到老师（不局限于语文老师）一直有订阅《新民晚报》的习惯，而把晚报版面上的好新闻（主要是反映社会主义建设成就的内容）和好文章（主要是副刊《夜光杯》刊发的散文、随笔和文史知识普及小品文）引入课堂，更是重要的教学补充手段。如80多高龄的社会学家邓伟志的女儿曾经就读高安路一小，那时邓先生的家就安置在天平街道，离学校很近。有一回，邓先生对我和高安路一小滕平校长就深情地回忆道：晚报在改革开放后复刊不久他就成为撰稿人，教过他女儿的老师就常常把他的文章在课堂上朗诵，并让孩子们自由讨论；这种学习方式特别好！

我、滕平校长和邓先生的想法是完全一致的，滕平本身还是语文老师，尤其推崇《夜光杯》副刊，她还强调朗诵佳作时要做到声情并茂。那么，佳作的选择权在谁手里呢？一般是在班主任老师手里，有时候教研组组长或年级组长等老师也会直接推荐。我以前倒是呼吁过：让孩子们或中队（每班都是一个中队）自主选择佳作诵读。不过，老师们往往并不愿意"放权"。这回，这个超级寒假的突如其来，则让孩子们有了居家自我选择《新民晚报》佳作的充分权力和亲情交流时间。

在高安路一小,不少学子家庭是三代同堂为《新民晚报》的忠实读者。如二年级(1)班的孙梦琪同学,她还在科技幼儿园大班时就受外公外婆的启蒙而接触晚报的。她的外公曹宝祥和外婆郑秀岐都是地道的上海本地人,一方面阅读晚报是他们重要的生活方式;另一方面希望小孩子不要忘记自己是上海人。但这小孩子的父亲是江苏人,又在南京工作,她老是觉得自己是长三角人,喜欢读晚报上的长三角一体化的新闻报道,尤其是南京方面的消息。

孙梦琪同学还告诉我:"每次从晚报上看到上海白衣天使宣誓出征湖北的报道,心里就会非常难受。因为这些伟大'逆行者'的医护人员也有自己的爸爸妈妈,也有自己的孩子。当我们都在家与亲人欢聚一堂时,而他们却要在一线战场上冒着生命危险艰辛地抗击着疫魔!"读着这一感言,我突然觉得小朋友长大了。

对于孩子们来说,我一直认为,阅读晚报的意义不仅仅在于了解国家大事,还有持续性地增强人文素养的价值,这一点也得到了很多高安路一小老师和家长的认同。如三年级(5)班的楼博岳同学喜欢读《夜光杯》上的文章,写出来的作文也逐渐具备了些《夜光杯》的风格。尽管这个早春二月特别地寒冷,但居家的他在题为《找春天》的文中这样描绘:有一天,我兴冲冲跑到院子里,开始找春天。我走过"叮叮咚咚"的小溪时,她仿佛对我说:"听啊,春天来了,就在我这儿!"我加快脚步,来到了一大片迎春花前,一朵朵迎春花就像一张张笑脸,你挤我碰,从枝条上挂下来,一串串连在一起,既像一片金黄色的瀑布,又像在天空中绽放的礼花,她们仿佛对我说:"看啊,春天在我这儿!"正在这时,一丝丝的春雨落在我的脸上,像毛线一样细,又像棉花一样柔软,舒服极了,好像在告诉我:"春姑娘回来啦!"我冒雨继续向前走,看见了一排排桃树,花骨朵儿害羞地躲在叶子里,就要开放,仿佛在对我说:"春天马上要来啦!"终于,我找到了春天!

爱晚报、读《夜光杯》的孩子,比我还要乐观!楼博岳同学还告诉我:"其实哪怕在家里,春天也无处不在,你只需要有一双会发现的眼睛,我相信,抗击疫情的春天也马上会到来!"是啊!春天应该不远了。这种信念还表现在书法作品上。

也是高安路一小三年级(5)班的周博源同学就是突出的例子。这个活泼、阳光的男孩,毕业于天平德育圈的另一个主力单位——机关建国幼儿园。教育家张敏薇曾经长期担任这家幼儿园的园长,而"一切为了孩子、为了孩子的一切"就是她提炼出来的闻名全市的教育格言。周博源在幼儿园大班时就开始了书法学习,我在调研时见到过他。张敏薇现在还记得周博源和我对答自如的神情。那时候,张敏薇园长已经在全市率先组织了幼儿水墨画社团,因为,家长们对自己孩子也有传统文化素养上的要求。周博源从那时起就练起了书法并坚持到如今,他在家里比较关注星期天《夜光杯》,因为经常会刊发孩子的书法作品和绘画佳作。目前的周博源擅长写篆书,还糅合了些许钟鼎文的风格呢。同时,他也常常注意《夜光杯》上对于唐诗的介绍,尤其对李白、汪伦的作品和交往佳话的分析文章等;他还熟悉杜甫的不少名句。他为武汉保卫战所写的作品则是:中国必胜!

当然,抗疫不是这个寒假的全部生活内容,体育仍然是孩子们的挚爱。高安路一小是姚明的母校,现役中国女篮队长邵婷也是其杰出校友;学校篮球文化底蕴深厚,几乎班班有篮球队。如学校篮球队叫"小姚明篮球队",二年级(2)班则叫"小鳄鱼队",且这个班的中队还在中华人民共和国70周年华诞之际被天平德育圈授牌为"东方体育日报中队"。该班李思昱同学就是学校篮球队的队员,他和目前幼儿园大班的妹妹都是《东方体育日报》的热情读者,因为读报,兄妹俩有说不完的篮球话语。如哥哥很自豪地告诉妹妹李思涵:"中国女篮2分险胜上届奥运会亚军西班牙女篮,真是激动人心!因为西班牙女篮实力很强,中国女篮最后突破重围体现了竞技场上顽强拼搏的精神。特别让我兴奋的是女篮队长邵婷表现出色,真正起到了带头作用。而且她和姚明一样,都毕业于高安路第一小学,是我们的校友和自豪。"他还向妹妹这样表态:"我要向邵婷大姐姐学习,希望今后能在学校篮球队里刻苦训练、勇攀高峰!"确实,体育的激励魅力是不可替代的。

与此同时,在学校大队部的鼓励下,东方体育日报中队的小才女乔梓曦同学代表大家给邵婷大姐姐写了封致敬信。她在这封长信中表达了自己的欣喜之情:"我们大家都知道,姚明主席和您都是高安路一小的校友。老师跟我们讲过许多关于姐姐您的故事。姐姐不但打球打得好,读书成绩也非常优秀,是一位女博士！我也和姐姐一样,爱打篮球,也爱学习。所以呢,我是从2月6日开始就在电视机前关注比赛了。2月9日,我和姐姐、爸爸一起第三次观看比赛直播,当终场的计时器响起,替补席上的女篮姐姐们也一起冲到篮球场中央,所有的人都紧紧拥抱在一起的时候,我激动得忽的一下就从沙发上蹦起来,好像自己打赢了比赛一样！"

乔梓曦说最紧张的是第二场比赛。因为"领先西班牙队整整13分了。但紧接着,西班牙队突然'发力',又把比分反超为62∶61,我的心像秤砣似的坠下去,握紧的拳头里都是汗。关键时刻,还是邵婷姐姐挺身而出,利剑一般的攻入篮下,一记漂亮的反手上篮2+1,奠定胜局！第三场对战韩国队,其实之前连胜两场,奥运会的入场券已经拿到了。但最后一场,女篮姐姐们打得一点儿也不含糊,不但胜了,还是大胜,最终以100∶60的漂亮比分为这次出征交上完满的答卷"。乔同学还告诉邵婷姐姐:"我能清晰地看见胜利的喜悦洋溢在每一个人的脸上,但胜利却来得不容易。这次因为我们国家正经历着新型冠状病毒疫情,女篮姐姐们失去了主场之利,这是之前备战的时候完全没有想到的事情。比赛的对手,又都是强队,尤其是英国和西班牙队,都出现了被对手领先的揪心时刻。面对强大对手的时候,想要打胜仗,就要具备一种信念,'永不言败'！"

乔梓曦最后说:"岂曰无衣？与子同袍。怀着必胜的信心,全国人民团结在一起,无论什么样的困难都可以战胜！我们一定能赢！"读着孩子的公开信,我忽然觉得中国女篮不仅重新回到了世界舞台的中央位置,而且已成为一座崭新的精神坐标。这一坐标的种子意义,就像《新民晚报》所传播的理念一样,必然会获得丰收。

（作者单位：上海社会科学院）

中国加油：
韩国友人力挺武汉保卫战

王泠一

中韩一家,守望相助！中国加油！武汉加油！"只要你们的党和政府一声令下,我们即赴救灾抗疫第一线！""这个时候,物流人的血都是热的！""我们与中国人民同在！我们决不会放弃物流企业的使命！"当鱼在赫等韩国友人、这些多年从事中韩双边经贸交流和在华生活的韩国企业家们向笔者这样拜年时,我深深地被这种真挚表达和积极行动所感动。武汉不是孤城,谁都不会放弃战斗的号角和对胜利的渴望！武汉和上海一样,在韩国友人心中具有很崇高的历史地位。

从1990年参加中韩建交可行性研究开始算起,笔者从事韩国研究已经30年了。笔者参与了位于上海马当路的"大韩民国临时政府旧址"的确认、开发和保护工作;也参加了韩国驻沪总领事馆的开张典礼;1996年获得复旦大学博士学位,博士学位论文题为《韩国独立运动对韩国民族凝聚力的影响》,也是中国的第一位韩国学博士……因此,笔者有很多韩国友人,甚至和其家庭都有多年的交往;"一带一路"和命运共同体,是交流的主旋律。

如1995年,我就结识了意气风发的朴根太,当时他是一家韩国领袖型企业在上海的首席代表;这家韩国企业有过世界五百强排名第18位的辉煌纪录。朴根太最初是在香港学习的中国话,发音都是粤语,自然也爱吃粤菜;但他的属地适应性特别强,马上就融入了上海,普通话也越来越标准。他喜欢看上海的报纸和电视新闻,甚至还在《新民晚报·夜光杯》上发表了关于自己中国缘分的随笔,并得到了当年市领导(如今上海交大党委书记)姜斯宪的亲笔祝贺信函。

朴根太如今是韩国著名企业 CJ(希杰)公司社长兼中国总部总裁,其常驻地是韩国首都首尔和我国首都北京。和很多在华韩国友人一样,近年来朴根太喜欢阅读"习近平总书记的著作"并经常和我交流心得。"十九大以来……人类命运共同体……中美贸易谈判第一轮协议前景……四个自信……"当这些我们的习惯用语,从朴根太等韩国友人聚会时的口中娓娓道出时,我常称呼他为"老朴同志"。去年春天,为纪念"大韩民国临时政府"在上海成立100周年并庆祝中华人民共和国七十华诞,韩国官方在上海举行了隆重的庆典活动。前来上海出席庆典的"老朴同志",一方面告知我"已进步为爷爷了";另一方面还很自豪地说将应邀出席"亚洲文明对话大会"。

他自豪的这个"亚洲文明对话大会",是中方根据习近平主席的提议在北京召开的。后来,朴根太在这个盛会上用普通话进行了演讲,并且见到了习近平主席。因为在中国生活得久了,日积月累的感知让他认为中国企业制度中有一股力量是西方企业制度中所不具备的,那就是中国国有企业中"党的建设"和两新组织党建以及工会的积极导向作用。由此,他居然还经常阅读中组部的机关刊物《党建研究》杂志,并接受过该刊的采访。去年年底,即 CJ(希杰)公司中国总部表彰会之后,"老朴同志"还很认真地告诉我:他对中国市场的未来充满信心!

如今,新年的第一个月里,朴根太强调他和同事们继续"对中国的未来充满信心!"他指挥企业骨干全力投入武汉保卫战,保障各类武汉和湖北所急需的战略物资的输送。在调度中,我发现韩国友人对武汉充满着情感。百忙中的沟通中得知,80多年前抗日战争中的武汉保卫战,就有很多韩国独立运动志士的热血参与。韩国驻武汉的总领事馆非常注重鄂韩经贸合作和人文交流,其不少驻武汉的外交官都是当年在鄂从事韩国独立运动志士的后代。今日武汉,作为华中地区的龙头城市和九省通衢的物流枢纽,在经济合作领域和韩国各道(省及行政区划)及主要城市往来密切。从武汉出发的航班,可以到达韩国境内的各大城市。

2019年的统计数据还显示:武汉从韩国进口达 1 000 万美元的企业有 19 家,出口达 1 000 万美元的企业有 22 家。朴根太先生所在的 CJ(希杰)公司也在武汉建立了广泛的市场朋友圈,因此协助武汉抗击疫情,一方面是为了朋友(这方面韩国友人很注重人情味);另一方面也是保卫市场。经过认真比对,CJ(希杰)公司在上海设立的物流企业CJ荣庆成为支援武汉的主力单位。CJ荣庆总裁鱼在赫告诉我:疫情就是命令!从武汉1月23日封城令后他就进入战斗状态。1月27、28日,3批驰援武汉的救援物资先后从CJ荣庆广州分公司、上海宝山运转中心和嘉定马陆总部出发,火速驶向武汉。仅嘉定方面,就在28日之前运出4批医用物资,包括160吨消毒水和酒精、315万只口罩与手套、5车医疗器械;经10余个小时的高速公路网抵达武汉第一线。1月30日下午,鱼在赫向我发出的微信中豪迈地声称:"我们应当负责到底!中国必胜病毒战争!"

与此同时,韩国政府也在外交层面对中国表达了支持抗疫的友好姿态。1月30日和31日,韩国政府与民间共同筹措的200万只口罩,防护服、护目镜各10万套等医疗救助物资转交给了中方。此外,韩国驻武汉总领事馆、大韩贸易投资振兴公社武汉代办处等韩方单位,也共同捐赠了8万只口罩(含儿童口罩2万只)。捐助者还表示,希望这些活动能够传达出韩国民众和中国心连心的友谊!

除了物资捐赠,精神层面的互动、慰问等也显示了中韩友谊。如和"老朴同志"相对应的还有个"小朴同志",他叫朴恩模,是CJ(希杰)公司在上海的首席代表。今年是他在中国工作的第20个年头了,其中14年在上海,之前则在杭州、成都、北京工作过。他毕业于韩国名校延世大学(和复旦大学是友好学校),是个中国通,还会说上海方言,每年看上海"两会报道"特别认真。他还是《新民晚报》及《东方体育日报》的老读者,甚至还很了解我在徐汇区的红领巾公益项目天平德育圈的意义;去年暑假他还让侄女到天平德育圈的爱心暑托班当志愿者。他经常强调企业应主动承担社会责任,也到安徽等地的希望工程学校捐赠过学习物资。

春节,也是韩国人民的传统团聚佳节。不过,这回"小朴同志"在首尔可没有休闲呢,他一方面关注武汉保卫战;另一方面根据中方延长假期等特定要求重新安排新年工作规划;他还积极参与了援助武汉物资的筹措。大年初六,他在微信中先是祝我"六六大顺",同时很庄严地表达道:"王泠一博士您好!历史上中国什么危难都被智慧地克服了。中国湖北省、武汉市及所有城市都加油。特别是我心中的中国朋友们保重身体!好事多磨啊!2月1日,我会回到上海,和中国朋友们一起手拉手地克服困难!我会带来这里需要的物资和中国朋友们共享!"

行文至此,我忽然想起了80多年前诞生在上海四行仓库的悲壮歌谣:"中国不会亡!中国不会亡!四面都是炮火,四面都是豺狼!你看那:民族英雄谢团长,孤军奋战东战场!情愿死,不投降!情愿死,不退让……"而如今中国共产党领导全国人民投身的抗击新型肺炎病毒的保卫战中,武汉绝不是孤城,中国也不是"孤军奋战东战场",我们的朋友遍天下,韩国友人则是共同的战友。我们还涌现了钟南山、李兰娟、张文宏等新时代的民族英雄,而他们同时都是共产党员。这也让"老朴同志"等韩国友人们在钦佩其事迹的同时,更加坚信中国必胜!

(作者单位:上海社会科学院)

东京塔:日本地标闪亮祈福中国红

要 英

2020年2月1日,一架春秋航空公司包机从东京羽天机场起飞,载着111位滞留东瀛的湖北国民回归武汉。这是春节里,中国政府宣布动用国家力量直接救援滞外侨民之后回归到祖国的第一个航班。对此,笔者所熟悉的日本友人和留学生们纷纷发来微信表示祝贺。其中,有一位曾经在武汉大学留学的友人还附言道:希望下一回的包机是湖北游客前往日本观赏樱花和富士山的。这让我觉得,春天已在眼前了。

由于近年来中国国民消费实力的上升,东邻日本逐渐成为武汉、上海、杭州等大城市居民境外观光的主要目的地之一;同时,这三个中国城市也是日本游客热衷光顾之地。如果没有这场突如其来的冠状病毒阻击战,中日两国间的观光航班将十分繁忙。不过,眼下打赢武汉保卫战是第一位的,也是亚洲这两大邻国间的最重要共识。日本外相在和王毅外长的热线通话中就表示,将提供全力的支持。

中日两国外长通话之后,日本民间的对华友好互动就迅速启动起来了。因为日本民间机构普遍信任上海这座城市的工作效率,以及25年前浦东机场的首批银团贷款中有日本资金的助力,因为,很多援助物资通过浦东机场中转。当然也有很多定点航班直接飞往武汉,以及日本城市对应的中国友好伙伴城市。如从鼠年初一开始,日本民间机构和在日华侨组织就开始筹措武汉急需的物资。到1月30日子夜,日本各界和旅日桥界就募集善款1 357.8万日元(约合86.6万元人民币)、人民币1 132.5万元;筹集了284万只口罩、7.3万余套防护服、8万余副护目镜、2.6万副橡胶手套、6 000个体温枪、1万个体温计和1吨消毒粉等物资。中国驻日本大使馆对这些友好力量的捐赠表达了衷心感谢并协调运输。

与此同时,一些对两国有社会影响力和公共知名度的日本友人,也在积极主动地发挥作用。如影视明星矢野浩二,就是日中友好的一位民间文化使者。他1974年出生于大阪(上海友好伙伴城市),最早就是在上海获得电视媒体日语活动的主持人角色,然后出演了多部中资的电视连续剧(如《铁道游击队》)并获得中国观众喜爱。1月31日上午,矢野浩二在个人社交媒体上宣布向武汉捐赠13万只口罩,并和志愿者也就是其影视作品的粉丝们一起为援助物资打包。

值得说明的是,日本文化机构并不希望这次武汉疫情对两国文化交流产生过多的负面影响。如日本汉语水平考试 HSK 事务所本身就和武汉大学有多年的合作关系,该机构积极地向湖北捐赠了一批物资,包括2万只口罩和一批体温计。有意思的是:在打包物资的纸箱上,除了两国国旗和加油中国、加油武汉等鼓励词语外,还有一行很有文化底蕴的小字——"山川异域,风月同天"!熟悉中日友好交往历史的读者都知道,这是和唐代高僧鉴真大师密切相关的一个典故。原来早在唐玄宗时期,日本就有一位长屋亲王力主对华友好;他曾经动用全日本的绣衣工匠制作了1 000件袈裟,而上面就绣着这八个表示渴望文化交流的汉字。那个中日友好交往的童年时代,东京不断向长安(今西安)派出遣唐使,而鉴真大师历经6次海上磨难也终于抵达日本传授佛教,其影响力则保持至今。这已是1 300年前的佳话了,而如今日本援助物资伴随着这个典故再到武汉更是意义非凡。

作为一衣带水的邻邦,春节也是中日两国人民共同的传统佳节。典故"山川异域,风月同天"的现代意义,还表现在对于东京除夕气氛营造中。如游客熟悉的东京塔官方名称为日本电波塔,是一座以巴黎埃菲尔铁塔为范本而建造的红白色铁塔,高332.6米,比埃菲尔铁塔高出13米。这是东京的著名标志,它曾经无数次地出现在日剧的镜头中。塔上设有展望台,且整个东京都的景色尽收眼底,天气晴好的时候可远眺富士山。铁塔正下方建有4层的东京铁塔楼,除设置了通往展望台的出入口外,还设有东京铁塔水族馆、海贼王主题乐园以及各种纪念品小卖铺。打卡东京塔夜景有好几个绝佳的观景位置,可以说越是夜深越美丽。我曾经研究过东京塔,知道它是1958年竣工的,用料比埃菲尔铁塔居然还要节省1/3;而且其钢铁原料的主要来源还是美军在朝鲜战争期间被击毁的坦克。东京塔除了展示日本的工艺和设计,还有着祈福和平与发展的象征。

今年1月24日为农历除夕,夜间全日本的电视新闻转播中都出现了亮起"中国红"的东京塔。当日,这个日本东京地标建筑东京塔为庆祝中国农历新年,亮起特别的"中国红"。在东京塔下,同时还举办大锅煮水饺、舞狮表演和赏花灯等活动。虽然不久之后传来武汉封城、中国全力抗击疫情的消息,春节期间一些原定的东京塔文化传统活动项目被迫延期,但是,东京晴空塔依然安排为中国祈福。1月31日的夜晚,即从17点至23点的这段时刻,晴空塔闪亮着分别象征"祈愿感染症蔓延早日平息"的蓝色和"为中国加油"的红色特别光芒!蓝色和红色,均闪亮3个小时。与此相对应,千里之外的上海南京西路商圈也分别打出了蓝红相映的应援灯光。此后,日本各界纷纷投入对中国的声援。

如多位在日本享有国际声誉的对华友好人士,用两国人民所熟悉的传统书法直接抒怀以激励共同抗击疫情的民众士气。96岁的前首相村山富市先生就毅然写下了遒劲的"上海加油""武汉加油"等书法作品,并通过社交媒体在第一时间予以公布。他的义举感动了无以数计的中国民众,上海樱花园小学一位名叫吴孟函的女孩就提笔给老爷爷写了封情感真挚的感谢信;同时这位多才多艺的小朋友还绘制了一幅富士山背景的水彩画,作为礼物赠送给老爷爷。吴孟函给村山富市爷爷的信,全文如下:

敬爱的村山富市爷爷:

您好,新年好!

我来自中国上海,是一名小学四年级的学生。我叫吴孟函,大家都喜欢叫我梦梦,爸爸妈妈说希望我可以带着人生美好的梦想,长大以后做一个对社会有贡献的人。

我和爸爸妈妈一起看了您通过书法为中国、武汉、上海加油的视频,您洪亮又坚定的声音,给了我们每个人极大的鼓舞。我相信,在您与很多像您一样的外国朋友们的鼓励和支持下,中国一定可以战胜这场突如其来的疫情。

我从爸爸和他的好朋友王泠一博士那里听说了一些关于您的故事,他们说您是"中国人民的老朋友""小朋友们敬爱的爷爷",说您为中日友好、世界和平做了很多了不起的事情!爸爸给我介绍说,《论语》有言:"知者不惑,仁者不忧,勇者不惧。"在我心里,您就是这样一位不惑、不忧、不惧的智慧爷爷。

我还没有去过日本,不过我从书上看到"樱花和富士山是日本的象征",我还知道今年夏天日本要举办奥运会。满脑子的美景,让我不由得想作一幅画送给您,也非常期待能有机会去日本看樱花、去日本看望您。

再给您分享一个我喜欢樱花的小秘密,因为很巧的是我学校的名字就叫樱花园小学,我们的学校创办于1942年,坐落在上海市徐汇区。学校边上的中环公园,每年春天都会举办"樱花节",志愿者们和小朋友们都会一起来参加活动。每当这个时候,满园的樱花让人陶醉。

我还在冰心奶奶的《樱花赞》中看到一句诗歌,"……倾城看花花奈何,人人同唱樱花歌……十日之游举国狂,岁岁欢虞朝复暮",诗歌描绘的是春天日本举国赏樱的盛况,那又是一番怎样的景象呀!好期待,有一天可以有机会去日本看樱花。

最后,我想再一次感谢您对中国、武汉、上海的加油和鼓励。

衷心祝愿您:身体健康,寿比南山,福如东海!

祝愿日本成功举办奥运会!祝愿中日两国人民世代友好!

上海市樱花园小学四(3)班
吴孟函

对此民间外交温暖情节,我更相信中日友好是两国人民的坚定选择和必然趋势。待到樱花烂漫的季节,风月同天将更有意境!

(作者单位:复旦大学国际文化交流学院)

跋一　探访宜家家居商场

方文轩　徐诚鸿

2019年7月12日,我们参加完天平街道庆祝中华人民共和国成立70周年主题活动后,就一起去漕溪路的宜家家居商场参观。在参观宜家商场之前,我们都没有去宜家考察过。但家里大部分的家居都是宜家的,因为父母都认为宜家的家具很好很实用。方文轩的爸爸还告诉我们:宜家1998年刚刚进入上海的时候,他正好念大学一年级,所以印象很深。方文轩的妈妈则说:宜家是瑞典的大品牌。瑞典虽然不大、很冷,但却是一个很富有很有创造力的国家。安全带、家用冰箱、儿童安全座椅、拉链等都是瑞典人发明的。所以我们非常期待宜家之行,也充满好奇。

那天下午在宜家家居商场门口,我们看到了徐汇宜家店的大楼。这座建筑由蓝色和黄色刷成,因为瑞典的国旗就是蓝色和黄色。进了城堡一样的宜家后,宜家徐汇店的工会主席、上海市劳模王承叔叔就像一个导游一样,带着我们边参观边讲解。

我们还看到一个身穿制服的高个子外国叔叔热情地向我们招手。后来我们才知道,他是这里的店长。这是我们认识的第一个瑞典人。我们不会瑞典语,怎么和他交流呢?原来北欧国家的教育很棒,瑞典人都会说流利的英语;就英语交流。

我们坐了自动扶梯去2楼,发现自动扶梯边上也有各种商品,这样既能节约商品展示的空间,又能吸引大家"买买买"。在宜家2楼,我们看到了各种各样的家居产品——有能变成床的沙发、漂亮的椅子,还有几乎像火球一样的灯⋯⋯

王承叔叔告诉我们:"宜家的理想是为大众创造更美好的日常生活。其商业理念是提供种类繁多、美观实用、老百姓买得起的家居用品。直到今天,宜家集团已经成为全球最大的家具用品商家,销售主要包括座椅、沙发、办公用品等。"

  宜家这个品牌的真正核心是让顾客成为品牌的传播者,而不是硬性的广告宣传。就像英国的一家媒体评价宜家的评语:"它不仅仅是一个店,它更是一个住宅;它不是在卖家具,它是在为你搭起一个梦想。"每年8月,宜家都会进一批新款的家具用品,所以在8月要多卖掉一些旧货,腾出地方给新货放置。这样一来在每年8月,宜家都会有打折、优惠的活动。宜家的家具基本都是环保的,宜家的理念强调:"我们希望人们能够感觉到,购买宜家的产品可以让自己做出更好的选择。我们认为可持续性的产品不应该成为一种奢侈品,而能够真正融入大众的生活。为了实现这个理想,宜家在环保和公益的道路上也总是在默默地前进着。"

  如宜家的艾斯塔塑料袋就使用了可再生、回收的生物塑料,一方面帮助食物保鲜、延长保存;另一方面也能够降低塑料袋产生的污染。宜家通过调研还进一步发现:大多数家庭中40%的能源消耗发生在厨房里,比如水、燃气、电能。宜家的水龙头带内置节能装置,在不影响水压的前提下,能够节省高达30%的用水量。遥控器、闹钟、电话等家里的许多设施都少不了电池的加入,宜家在电池上做了一些"手脚",让电池可以反复使用。宜家发明的拉达充电电池大约可以充电1 500次左右,使用寿命约为5年,这样既可以减少浪费,又可以节省开支。

  宜家有许许多多的样板房设计成家的模样,王承叔叔说:"这些样板房都是按照徐汇区的居民的屋子而设计的,让每一位客户都认为这是他们的家,会有一种亲切的感觉。这些样板房的设计师都是先为这间样板房写一个小故事,然后再按照这个故事来设计这间样板房。"最让我们惊奇的是:有些角落做成了房间的样子,而且没有围栏,我们可以自由进出。每个房间都有自己的风格,有大人的房间,有小朋友的房间,有卫生间,有卧室,还有厨房。我看到有个房间里装饰着滑板,这让我感觉是一个大学男生的房间。这时我们突然懂了,宜家这样展示会让顾客一目了然,知道怎样的家具和搭配更适合自己。如看中了一个用木偶来装饰孩子的房间,还要准备适合的儿童床,等等;而这些家具目前网上也可以购买了。

路过宜家餐厅的时候,王承叔叔告诉我们这里的瑞典肉丸很出名。我们还发现:这里的家庭就餐区有让小朋友玩的空间,非常适合感受一下亲戚聚餐的气氛。

当然,对我们来说最重要的是考察"地下城"而不是美食。王承叔叔带我们去了宜家的地下停车库。他告诉我们,这里大概有600个停车位,到处都有沟通指示牌。2017年宜家家居积极响应政府号召,在田林街道、徐汇区建交委和徐汇区交警支队的支持配合下,打开车库为附近社区居民提供"潮汐式停车",大大缓解了附近社区居民停车难问题。而且,为了确保停车场的安全,宜家还专门投入了近100万元来更新停车系统和消防系统。什么是"潮汐式停车"呢?原来晚上宜家关门后,停车场就空出来了,但是周围小区可能挤满了车,有些人还没有位置停车,所以可以让那些车辆停到宜家。这真是一个好办法!解决了停车难问题!

表面上,宜家这个地下停车库和普通的停车库差不多,但其实有一些与众不同的地方。比如,这里设置了宽敞的停车位,专门给家庭或残障人士使用。这样的设置让人感到温暖,而且,宜家还考虑到不同人群可能需要不同的照明。这次考察很开心也很难忘,宜家在设计方面很用心,无论是地下停车库还是家具展示。我们都相信以后还会去宜家的,因为这里还有更多好玩的事情等待我们去发现呢!

(作者单位:方文轩,华师大二附中附属紫竹双语学校三年级(3)班;徐诚鸿,上海市徐汇中学预初(9)班)

跋二　二娃和我的色彩

王泠一

二娃,是朋友家的第二个女孩、刚刚入学幼儿园小班。我和她成为朋友,是因为她的姐姐也就是大娃是我徒弟。目前,三年级的大娃在写作上很有天赋,她还喜欢实地调研以及和我进行必要的讨论。这种场合,往往二娃跟着一起来;这当然是她们家庭的天伦之乐。不过,我还是觉得二娃冷不丁提出的问题很难回答。

和不识字的孩子交流,是个很费劲的事情。2016年1月诞生的二娃,居然还喜欢和我说些心里话。如何进行必要回应,仿佛是个幼儿心理探究课题。如曾经因为和大娃讨论医患和谐的五院案例问题,二娃跟着一起聚餐。好客的女主人孙老师安排了贝贝座,小美食家二娃就能平视我们了。一开始,二娃对我并不热情,我也懒得搭理,只是听大娃在叙说妹妹如何可笑。大娃还让我放心,意思妹妹听不懂的,挖苦一下没关系的。可是我感觉到二娃是听明白的,因为年龄实在太小也不会说很多话,无法抗议而已;二娃的反应就是离开餐桌自己去观鱼。

因为孙老师安排的聚餐据点是复式的,一楼有个活水机制的金鱼池。二楼就是聚餐的空间,可以下棋,可以茶道,还有一张20人欢聚的圆桌;连接这两处空间的则是黄杨木的楼梯。二娃不想听我们议论她,就独自坐在楼梯的第一格台阶上,静静地看着金鱼的游动以及活水轱辘的转动。此时,她就像一个天上下凡的小仙女,出奇的安静恬然。第二次见面还是这个好地方,我主动陪同她观摩金鱼和轱辘,还陪她爬上楼梯;到了二楼她继续坐在地板上,我也就和她一起坐着。

二娃,开始对我友好了。可是,她还不怎么会说话,说出来的都是单词;

不过,她的眼睛会说话、会放出光芒。如遇到她欣赏的美食就会用眼睛示意我也赶快尝尝,我照办之后呢她就会举杯表示肯定。慢慢地,她也能听进去我的一些短句,如给爸爸、妈妈敬酒,一起谢谢女主人孙老师等。第三次见面,是在久负盛名的闵行饭店,那天正好是"五四运动"的百年之日。我和大娃,还有两个五年级的男孩自然聊起了"五四运动",不想二娃听得很认真。而且二娃突然会提问了,居然问我什么是"五四运动"?我不知道怎么回答,就说很多年以前,很多人没饭吃,大家一起在要求有饭吃。二娃还问"我们以后会没有饭吃吗"?我答"当然不会"!

二娃很高兴,话别时和我们每一个人拥抱,还表示要经常一起聚餐;我也觉得这就是幸福了。第四次见面是 2019 年 7 月 12 日的下午,地点是宜家,起因是介绍大娃采访劳模王承,并且在王承的安排下观摩宜家家居商场地下空间。本来是安排二娃和她爸爸直接在饭店里碰头的,因为二娃没必要参加宜家调研。可是,二娃兴致勃勃还是到宜家来和我们会合。而这次我发现,仅仅过去两个多月,二娃居然长了很多见识呢!如她很自豪地告诉我,这个暑假过后就要去幼儿园读书了。

我答应会去幼儿园看她。突然,她要求我写她的幼儿园以及她如何可爱,我很爽快地答应了。可是,二娃是怎么知道我会写文章的呢?她似乎还明白写文章以及被表扬的意义。这一点,她爸爸也说不清楚,也许是姐姐发表文章的暗示吧。

二娃又知道钱可以采购美食的概念了。她告诉我在她的家里只有她是没有钱的,她还特地强调"姐姐是有稿费的",嘿嘿,知道的还真多啊。我问你要钱干吗呢?"吃汤包、小馄饨,还有冰激凌",这可以理解,毕竟是小美食家啊!"难道姐姐不请你吗?""姐姐总是觉得汤包很贵!"哦?这汤包难道很贵吗?我马上就查询了一下,如果仅仅是南京汤包,一家四口打个牙祭也不过是 100 元嘛!

于是,我和二娃建议:"你不要光说汤包好吃,你要说姐姐很好;你多说几句好话呢,姐姐就会请客的。""不是的。我看到她有稿费,我说了好多好听的话啊!她每次都是答应的。答应了以后呢,就是不请客啊!""是的。就是这样的。我提要求,大娃也不理;她妈妈总是护着大娃呢!"一旁的爸爸"愤然"地作证。

唔！我觉得不方便选边站队,再说大娃也是我的科研小伙伴,虽然是天平德育圈小记者但挣点稿费也不容易。我脱口而出:"二娃,要不你自己也挣点稿费吧！有了钱,你也可以请姐姐和妈妈呀！""我还不会写文章,挣不了稿费怎么办呢?""你应该会唱歌和跳舞吧?""会的。""那就好,表演节目也有稿费啊！"

二娃曾问我：既然我是她的好朋友了,为什么不能经常请她吃饭呢?为什么要两个月一次呢?我就说"朋友"的"朋"字,就是"两个月的意思啊！"二娃不甘心,还反问"两个星期一次不行吗?"我说那就是"半个月"一次,意味着会很"胖"啊！虽然二娃是小小美食家,尤其喜欢汤包和面点,还是怕发胖的呢。

由此,二娃接受了两个月见面一次的游戏规则。同时呢,我也不想让她姐姐的写作频率过高。但碰头时不能轻易和二娃说话,因为,她的反问往往让大人们很费思量。如8月15日的晚餐时候,有大人祝贺二娃即将读幼儿园啦！她马上就发问道：读幼儿园会有什么好处呢?祝贺者很吃惊,一下子语塞。我赶紧回答说：你去了幼儿园嘛就会学会画画了。"我现在就会画画啊！"她居然这样回复我。"她老想画在墙上！"二娃爹这样"揭发"。我来了灵感,和二娃说：你去了幼儿园就会掌握画在纸上的技巧了。但她又问："为什么一定要画上纸上呢?"

这没难倒我。我说："这是你的作品呀。如果画在纸上,你就可以给朋友和老师看；如果大家觉得好,你还会得到奖章。如果画在你家里的墙上,怎么带出去给大家看呢?"二娃被我说服了,去了幼儿园之后老老实实按老师的要求在纸上认真描绘。先是贴纸,知道了五星红旗的模样。然后再绘出彩笔画,还真得了奖！

关于色彩,二娃喜欢黄的、蓝的和红的。二娃爹说她还知道这三种颜色的英语单词。在幼儿园长了本事的二娃自然很得意,就主动问我在幼儿园时会啥?那是2019年11月8日也正好是记者节,傍晚我陪作为天平德育圈小记者的大娃采访了乌南幼儿园和龚敏园长。我不小心回答了二娃：我会用旧报纸折叠出一只小船,然后在小河里漂呀漂呀……一说出口我就后悔,因为我已经忘了这门手艺,就像是童年已经远远离我而去。但这二娃很是向往,我只好转移她的注意力,声称以后会带她去划真正的小船。至于绘画用的色彩,我无法说明我小时候的贫穷。

我只是笼统地告诉二娃,我和幼儿园的同学喜欢黑色和白色。我没告诉她我的幼儿园老师,没有钱采购彩笔或提供彩色颜料。我家有彩笔的,但我的父母怕我拿出去炫耀,只允许我在家里使用。在幼儿园,我当时的小伙伴们特别渴望夏天。那时校园旁边的小河荷花盛开时就是我们的染料库啊!即:荷叶,绿色;莲花,红色;花蕊,黄色。我和小伙伴们榨出三种颜色的汁,再小心翼翼地存放在小瓶子里。其中,黄色的颜料总是不够。我后来想出办法,把鸡蛋壳磨成了淡黄色的颜料。我们当时提倡集体绘画,也得奖章了,不过主题是"一定要解放台湾!"

二娃好像知道点我小时候"美食不多"的事情了。她很谨慎地问我在幼儿园里吃啥?我说主要是豆沙包子和青菜包子,肉包子要周末才能享用。我还强调我小时候是没有肯德基、比萨和汤包的!大排面嘛,一年才能吃一次。我没告诉她吃大排面的缘由是庆祝毛主席的生日,我怕她问我"毛主席是谁"?

二娃,对我小时候没有很多好吃的东西居然表示同情,还说我要是和她一样大就好了,这样她就可以请我吃汤包了。为了给我自己的童年添彩,我对二娃说自己小时候最好吃的东西就是冰糖葫芦。大娃马上补充说就是山楂,而乌南幼儿园的余佳老师会教小朋友把山楂加工成冰糖葫芦!乌南还有好多果树!这可让二娃很是神往,她立马向我打听能否去乌南幼儿园做客?我则很豪爽地答应了下来。除了我和二娃都是属羊的缘分外,我更想去看看如今小朋友们绘画的色彩和颜料。

(作者:上海社科院上海国际经济交流中心研究员)

跋三　在姚明母校感恩祖国

曹　敏

10月的阳光格外明媚,借着中华人民共和国七十华诞的东风,上海市高安路第一小学于10月11日正式成立东方体育日报中队(以下简称东体中队)。高安路第一小学是一代巨星、如今的中国篮协主席姚明的母校,该校的体育特色项目自然是传统的篮球以及目前青少年们所喜爱的飞镖。我和市人大代表、该校特级校长滕平结识已有一段时间了;而且学校是徐汇区天平德育圈主力单位,以体育界校友精忠报国的故事来对学子进行爱国主义教育是其一贯坚持的抓手。如今这一宏大主题又有了更加丰富的内容,即民盟精英和开国元勋的体育贡献;有的贡献我们一直都在享受!

一、代表国家队比赛时国徽的来历

自郎平豪迈地说:中国女排的使命就是"升国旗、奏国歌"之后,体育健儿和体育爱好者以及广大学子,都有热血沸腾的自豪感。不过,滕平校长和我都认为在世界杯和奥运会赛场上,能够站在最高领奖台上得到"升国旗、奏国歌"殊荣的毕竟不是全部体育健儿。更多的体育健儿在代表祖国出征赛场时,最为广泛的国家标记就是胸前的国徽。那么,国徽是如何诞生的呢?东体中队的李思昱同学在暑假里就进行了精心的资料检索和文案准备。他告诉与会的同伴们:参与中华人民共和国成立的爱国力量中,有个重要的民主党派叫民盟。而民盟对中华人民共和国成立的极大贡献是参与了新的政治协商会议,包括对国歌、国旗、国徽等国家主要象征符号的探讨。民盟创始盟员、清华大学教授林徽因曾设计了4种国徽样图,最后一张成为如今的国徽。终于在1950年9月20日,中央人民政府主席毛泽东向全中国颁发了公布国徽的命令。国徽从此挂到天安门城楼上,并成为国家队队服的国家标志。

我补充告诉孩子们:中华人民共和国成立之后,原中华全国体育协进会改为中华全国体育总会,并直接行使中国奥委会的权利。但在本届奥运会之前,新的中国奥委会未得到当时国际奥委会的及时承认。由于已与中华人民共和国建立外交关系的芬兰政府及其他友好国家的努力,中华人民共和国在第15届奥运会开幕前的国际奥委会第48届年会上,终于取得了参加1952年赫尔辛基奥运会的资格。这是中华人民共和国第一次参加奥运会,中国代表团一行40人着统一的运动服,运动员胸前就印着鲜红的国徽。

中华人民共和国的奥运会代表团一行是乘坐游轮向赫尔辛基出发的,但是游轮因恶劣天气在海上漂泊耽误了很多时间,这是事先所没有预料到的。当他们到达赫尔辛基的时候,比赛已经进行到了第10个比赛日,但这时候距离赫尔辛基奥运会闭幕只有5天了。本次的奥林匹克运动会事先预计15天,闭幕式将会在第15天进行,足球和篮球比赛都已经进入复赛阶段;因此中华人民共和国代表团中的运动员只能坐在场边充当看客了。后来经过大会的通融,决定对中华人民共和国代表团的运动员不给予弃赛处理。所以,还是有一名中华人民共和国的运动员得以参加了最后的奥运会游泳比赛!

这名祖籍福建的运动员叫吴传玉,是印尼归国华侨。吴传玉虽然赶上了这场比赛,但因为在路途上耽误太久,体力的消耗实在太大,他在男子100米仰泳的预赛第一轮就被淘汰了,不过他作为中华人民共和国的运动员在奥运会上留下了第一项比赛的纪录;吴传玉游出的1分12秒3的成绩还是载入了史册,被誉为东方飞鱼。

二、民盟元勋陶行知的体育观

东体中队的另一位骨干乔梓曦表现也很出色,她向同学和老师们介绍了大教育家、民盟元勋陶行知的体育观和主要事迹。我知道陶行知很晚,是高中时候我当老师的母亲杨建华告诉我的;她还特地带我去宝山参观陶行知纪念馆,那是国庆35周年之际。弹指一挥间,35年过去了;这回是祖国七十华诞,我得以再次仰望星空,而且这也是我第一次听孩子讲述陶行知的教育理念。

乔梓曦告诉大家:早年陶行知曾经考入杭州广济医学堂,和鲁迅一样想通过学医来解除广大劳动人民的病痛,实现自己报效祖国的志向。但是,因这所学校非常歧视不参加教会的中国学生,青年陶行知不愿意自己的思想受外国人的随意摆布,入学仅3天即愤而退学。接着,陶行知考入当时在南京的金陵大学,大学期间他曾经号召全校同学:努力学习和工作,发出自己的光和热;报效祖国,"使中华放大光明于世界"。陶行知后来成为教育学博士,在教育实践中付出了大量的心血和创造性劳动,被毛泽东赞誉为伟大的人民教育家。

关于陶行知的体育观,乔梓曦认为这是其教育思想的重要组成部分。陶行知是我国最早提出以"德智体"促进学生全面发展的教育家,并十分注重提高体育在学校生活中的地位。陶行知坚持从中国的基本国情出发,强调健康是生活的出发点,也是教育的出发点;体育为德智二育基本,没有体育德智就无从谈起。故教育应以养成坚强之体魄、充实之精神为标准;强调三育并重全面关心学生的成长。并且他通过吸收外国先进的教育理念,从实践中总结出"健康第一"的体育观。他的体育名言还有——忽略健康的人,就是等于在与自己的生命开玩笑。乔梓曦同学还对于自己学校高度重视体育和成立东体中队,倍感自豪。

而陶行知的挚友,另一位同时代的大教育家张伯苓(南开中学和南开大学的创始人)则说过:一个人的身体,绝不是个人的,要把它看作是社会的宝贵财富。凡是有志为社会出力,为国家成大事的青年,一定要十分珍视自己的身体健康。而这必须从年轻时期就打好基础,随时随地去锻炼身体。张伯苓甚至还说:教育里没有了体育,教育就不完全;不懂体育的,不应该当校长!对此,我和滕平校长都深以为然。这体育所给予我们的,其实就是生活对于我们的馈赠啊!

三、北京奥运盛世开启中国新纪元

我还告诉孩子们:自改革开放以来,中华人民共和国逐渐成为世界体育强国;身着国徽礼服的国家队运动员们一次次地把五星红旗在各个赛场升起在最高端。而中华人民共和国随着综合国力提升,直接举办了2008年的北京奥运会并自豪至今。这届北京奥运会中国代表团的入场式旗手,就是高安路一小的杰出校友、男篮国手姚明!

值得说明的是:2008年北京奥运会,是奥运会历史上一次别开生面的体育盛会。2008年北京奥运会的口号是:"同一个世界,同一个梦想";这个口号体现了奥林匹克所宣扬的团结、友谊、进步、和谐、参与和梦想等精神。而北京奥运会的会徽为"中国印·舞动的北京",这个会徽把中国特色、北京特点和奥林匹克运动等元素巧妙地结合了起来。2008年北京奥运会的吉祥物为"贝贝""晶晶""欢欢""迎迎"和"妮妮"这5只可爱的大熊猫,其字面含义为"北京欢迎你",同时也象征着中国人民爱好和平的愿望。2008年北京奥运会奖牌为金镶玉、银镶玉、铜镶玉,这是一种中国文化底蕴与奥林匹克精神相结合的伟大创新。

国际社会公认:2008年北京奥运会,是迄今为止历届奥运会中最成功的一届奥运会。为了举办好这次奥运会,中国特地修建了不少的符合奥运会标准的体育场所,其中最有名的就是鸟巢和水立方。其中,鸟巢是国家体育场,不但规模庞大而且外形壮观,工程总造价耗费了22.67亿元。而水立方是国家游泳中心,总建筑面积为8万平方米;其中,地下部分的建筑面积更是达到了1.5万平方米。

值得铭记的是:2008年北京奥运会总计有204个国家与地区参加,参赛运动员为11 438人,共有28种302项运动比赛,总计有6万多名运动员、教练员和官员参加。较以前的奥运会而言,北京奥运会还取得了43项新世界纪录及132项新奥运纪录的突破;同时中国奥运代表队首次以51枚金牌而排名世界第一。

可以说:2008年北京奥运会,是中华人民共和国成立70周年以来举办的最为盛大的一次体育盛会。北京奥运会的成功举办,不仅让世界看到了一个热爱和平又非常强大的中国,而且还宣扬了奥林匹克精神,加强了世界各国与中国的文化体育交流,同时也让世界更进一步了解到了中国的文化。2008年北京奥运会的圆满成功,赢得了国际社会以及各国体育界的一致好评。有意思的是,一晃12年过去了;北京奥运会举办之际,如今的高安路一小的孩子们都还没有诞生呢！但这历史荣光值得孩子们去感悟,因为中华人民共和国的体育成就毫无疑问是新时代的德育资源。

四、高一小学东体中队的今后目标

由天平街道团工委和高一小学大队部共同打造的高一小学二年级(2)班东体中队的成立,得到了天平街道党工委书记高路、徐汇区民盟老领导周秀芬教授和东方体育日报社、上海社科院统战部及文明办等部门的关心与支持。那么东体中队怎么展开今后的活动呢?王泠一博士在挂牌仪式上和孩子们取得了高度共识:

(一)了解姚明校友,推介篮球文化。滕平校长注重孩子的个性化发展,她曾经提出:不是每一个高一小学学子都会成为姚明的。而王博士衍生了她的理念:高一小学的每一个孩子都可以了解国人引以为豪的杰出校友姚明,了解他的爱国情怀和报国故事。而高一小学东体中队的全体同学更是责无旁贷,有必要积极在全校以及在力所能及的社区活动中推介好篮球文化,篮球文化里有故事、有祖国!

(二)跟着《东方体育日报》,知晓祖国体育新动态和新成就。滕平校长、高一小学体育教研组组长陆顺芳等老师都认为,《东方体育日报》有着丰富多彩的新时代元素,见证了21世纪尤其是党的十九大以来新中国体育战线的伟大成就,充分体现了习近平总书记关于全民健康与积极促进群众体育的重要思想,同时还有国际体坛的第一手最新新闻要素,是学校体育工作和师生实践健康观的绝好帮手。

(三)学习好体育术语英语,掌握国际校园体育交流的新本领。高一小学的英语特级教师、民盟盟员袁赟兴致勃勃地担任了东体中队的辅导员,她认为英语是一门主课,也是高一小学的学科强项,现在则可以增加体育英语的新特色。如英国的学校和高一小学的教学交流已经成为常态,如果东体中队的孩子们今后能够用英语和海外来宾交流体育话题,介绍《东方体育日报》的相关报道,该是多么有意义!

(四)继续了解新中国杰出人物的体育佳话,讲好中国故事。如东体中队顾问、上海市地方志办公室主任洪民荣研究员告诉师生们:人民英雄纪念碑的主创者、民盟元勋之一的梁思成,是中华人民共和国最负盛名的建筑大师;他的理想就是城市不仅要像花园,还要让群众能够尽情地锻炼和愉悦心情。如今梁思成的理想已经在上海等各大城市实现,尤其是邻近高一小学、地处徐家汇的上海体育场就在2000年被授予国家首届"梁思成建筑奖"!缅怀他,也就是不忘初心啊!

(作者单位:上海社会科学院)

图书在版编目(CIP)数据

2020年上海民生发展报告 / 王泠一主编 .— 上海：上海社会科学院出版社，2020
 ISBN 978-7-5520-3162-1

Ⅰ. ①2… Ⅱ. ①王… Ⅲ. ①社会保障—研究报告—上海—2020 Ⅳ. ①D632.1

中国版本图书馆 CIP 数据核字(2020)第 068380 号

2020 年上海民生发展报告

主　　编：王泠一
责任编辑：杨　国
封面设计：陆红强
出版发行：上海社会科学院出版社
　　　　　上海顺昌路 622 号　邮编 200025
　　　　　电话总机 021-63315947　销售热线 021-53063735
　　　　　http://www.sassp.cn　E-mail:sassp@sassp.cn
排　　版：南京展望文化发展有限公司
印　　刷：上海天地海设计印刷有限公司
开　　本：710 毫米 × 1010 毫米　1/16
印　　张：22
插　　页：1
字　　数：333 千字
版　　次：2020 年 5 月第 1 版　2020 年 5 月第 1 次印刷

ISBN 978-7-5520-3162-1/D·577　　　　定价：89.80 元

版权所有　翻印必究